Helga Egner (Hrsg.)

Das Eigene und das Fremde

W

Helga Egner (Hrsg.)

Das Eigene und das Fremde

Angst und Faszination

Mit Beiträgen von Hans-Eckehard Bahr, Yaacov Ben-Chanan,
Leopold-Joseph Bonny Duala-M'bedy, Heidi Gidion,
Jörn-Erik Gutheil, Verena Kast, Hans-Joachim Maaz,
Wulf-Volker Lindner, Elisabeth Moltmann-Wendel,
Christian Scharfetter, Dietmar Seiler, Eva-Maria Steiger und
Annette Streeck-Fischer

Walter-Verlag
Solothurn und Düsseldorf

Veröffentlichung der Internationalen Gesellschaft
für Tiefenpsychologie e. V. Stuttgart
Geschäftsstelle: Postfach 1147, D-73201 Plochingen

Diesen Band erhalten unsere Mitglieder als Dokumentation der Arbeit der Gesellschaft. Ihr gehören als Mitglieder an: Ärzte, Seelsorger, Psychotherapeuten, Psychagogen, Psychologen, Pädagogen, Juristen, Sozialarbeiter, im Heilberuf Tätige. Die Jahrestagung 1993 stand unter dem Leitthema «Das Eigene und das Fremde – Angst und Faszination». Die Vorträge wurden durch vielfältige Gruppenarbeit vertieft und ergänzt.

Umschlagbild:
Franz Politzer «Die Mauern der Dunkelheit»
Aus dem Zyklus «Die Visionen des Franz P»
Farbradierung 1980, Plattengröße 39,2 x 48,7 cm
© Edition und Galerie Böhler, Bensheim

Die Deutsche Bibliothek – CIP-Einheitsaufnahme

Das Eigene und das Fremde : Angst und Faszination ;
[Veröffentlichung der Internationalen Gesellschaft für
Tiefenpsychologie e. V. Stuttgart] / Helga Egner (Hrsg.). Mit
Beitr. von Hans-Eckehard Bahr ... – Solothurn ; Düsseldorf :
Walter, 1994
ISBN 3-530-18901-4
NE: Egner, Helga [Hrsg.]; Bahr, Hans-Eckehard; Internationale
Gesellschaft für Tiefenpsychologie

© Walter-Verlag AG, 1994
Satz: Utesch Satztechnik GmbH, Hamburg
Druck und Einband: Clausen & Bosse, Leck
Printed in Germany
ISBN 3-530-18901-4

Inhalt

Vorwort

Die Begegnung mit dem, was uns fremd ist, kann uns ängstigen, weil wir es nicht kennen und es oft kaum zu beschreiben oder zu definieren wissen, weil es uns um unser Eigenes fürchten läßt. Eine Begegnung mit dem Fremden kann uns aber auch faszinieren, weil es Unbekanntes und Verborgenes zu entdecken gilt, das eine Erweiterung und Bereicherung dessen verspricht, was wir unser Eigenes nennen.

Was aber ist das Eigene, das wir kennenlernen und entwickeln wollen und das wir vielleicht schützen zu müssen glauben? Was ist das Fremde, wer sind die Fremden eigentlich, die uns Angst machen, uns aber auch in ihren Bann zu ziehen vermögen? Wie können wir mit der Angst und der Faszination umgehen, die uns bei der Begegnung mit dem Fremden ergreifen? Diesen Fragen gingen von ganz verschiedenen Seiten her die Vorträge nach, die 1993 erneut einen großen Zuhörerkreis zur Jahrestagung der Internationalen Gesellschaft für Tiefenpsychologie e. V. nach Lindau geführt haben.

Das Fremde, das gleich zu Beginn der Tagung einmal als das Unvertraute, Unbekannte, Unbewußte definiert wurde, auch als das ungelebte, das aus Angst nicht gelebte Leben, beeindruckte durch konkrete Sachverhalte. Einzelne Schwerpunkte seien herausgestellt.

Der bewältigt geglaubte und nun neu aufflammende Rechtsextremismus in Deutschland, zu dessen Erscheinungsbild Haß und Gewalttätigkeit gegen die Fremden so signifikant gehören, rückte als Thema immer wieder in den Vordergrund. Es ging dabei um die Faszination überlebt geglaubter Parolen und um das Befremden, das Unverständnis und die Angst, die ihre Anhänger, besonders junge Menschen, erregen, aber auch um die Angst und Unsicherheit, die sie selbst erleben. Es wurde zu verstehen gesucht, was etwa der Skinheadszene angehörende Jugendliche als ihr Eigenes ansehen, wo sie in der von ihnen so empfundenen Atmosphäre der Zukunftslosigkeit, der Isolierung und des Abgelehntseins eine stabilisierende Identität finden können. Was erleben sie als das, für den anderen so fremde, Eigene, wie sehen sie ihre eigene Identität und die des Fremden? Begegnungen mit Skinheads in der Gemeinde und in der Psychiatrie oder der Versuch, mit ihnen zu sprechen, zu leben und sie an allgemeinen Aufgaben zu beteiligen, wurden eindrucksvoll beschrieben.

Dem gewalttätigen Haß vieler Jugendlichen gegen Ausländer, Asylanten und Minderheiten kann eine «selbstreparative Funktion» zugeschrieben werden. Zugleich scheint er ein Symptom für das auch bei Erwachsenen verbreitete Ressentiment gegen Menschen zu sein, die anders leben und denken als sie selbst. Diese Einstellung und die sogenannte Angst vor Überfremdung sind vielleicht mit ein Grund für unbeugsamere Maßnahmen von seiten der Behörden und für die Neufassung des Artikels 16 GG, welche die Möglichkeit einer Asylzusage für politisch Verfolgte stark einschränkt. Allerdings widersetzen sich immer mehr Menschen dem Ressentiment gegenüber Ausländern und unterstützen sie dabei, zum Beispiel Gesetze und staatliche Anordnungen zu verstehen oder bei sozialen Einrichtungen Hilfe zu bekommen. Wie oft sie in ihrer Auseinandersetzung mit Behörden der «gastgebenden» Länder scheitern, ist bekannt und wurde an Berichten über Erfahrungen verdeutlicht, die eine von der Ausweisung bedrohte türkische Familie oder auch jene Sinti und Roma machen mußten, die ein Kirchenamt besetzten, um das Bleiberecht zu erlangen.

Von Fremdheit und Sich-Fremdwerden ist in bezug auf das Verhältnis der Deutschen in West und Ost zu sprechen, die sich nach der «Vereinigung» eigentlich näherkommen wollten. Es herrschen Nichtverstehen und, wie nach dem «Verlust einer Utopie», Enttäuschung und Unsicherheit vor, verursacht unter anderem durch den Zusammenprall gegensätzlicher Gesellschaftssysteme, die gewachsen und zum Eigenen geworden waren und sich nun bei den Betroffenen in einer Identitätskrise psychischer, sozialer und wirtschaftlicher Art äußern.

Im Fremden das Eigene erkennen – dieser Satz durchzog wie ein cantus firmus die Vorträge, gleichsam als Aufruf und Zusicherung, daß, wer sich um die Erkenntnis des ihm Fremden, ihn Beunruhigenden, vielleicht von ihm Abgewehrten und Verdrängten kümmere, sich ihm stelle und es aufnehme, Bereicherung und Erweiterung seines Eigenen und Eigentlichen erfahren werde. Dabei wurde das Eigene einmal als «das zum Ich Gehörige» bezeichnet oder auch als ein Wir oder das Allgemeinmenschliche, an dem jeder teilhat – auch der Fremde. Auch kann es ein noch Umfassenderes meinen.

Das Eigene steht in enger Beziehung zur Identität – in vielen, oft tiefenpsychologisch ausgerichteten Beiträgen ein Schlüsselbegriff. Dabei ging es nicht nur um das Selbstverständnis des einzelnen, sondern auch um die Selbstwahrnehmung und Selbstdarstellung kollektiver Identitäten, wie sie beispielsweise in Religionsgemeinschaften, Ethnien, Staatssystemen oder in Gruppen von Minderheiten ihren Ausdruck finden. Es zeigte sich, daß sowohl das persönliche Eigene, die Identität des einzelnen, als auch die kollektive Identität weder unwandelbar noch stabil oder sicher sind, sondern sich im Lauf der Geschichte ändern. Ein einzelner wie ein Kollektiv können sich in diesem Prozeß zur Beziehungsfähigkeit und Offenheit dem Unbekannten gegenüber entwickeln, können zur Persönlichkeit werden, was immer auch heißt, daß durch Kennenlernen Fremdes an Fremdheit und Beängstigendem verliert und letztlich dem Eigenen integriert werden kann. Wie dem Fremden begegnet wird, hängt dabei immer wesentlich mit dem jeweiligen, sich wandelnden Identitätsgefühl zusammen. Gelingt es nicht, sich dem zu öffnen, was fremd und anders anmutet, so daß man es erkennen kann, so ist Verarmung des Lebens und des Eigenen die Folge und wir laufen Gefahr, in unserer Entwicklung steckenzubleiben. Statt Bereicherung des Lebens dürften dann Rigidität oder Stagnation die Folge sein und statt Humanisierung des Lebens Unmenschlichkeit und archaisch-gewalttätige Verhaltensformen. Dies war beispielsweise in Beiträgen problematisiert, die von der Entfremdung der Frau und ihrem Weg zu sich selbst oder vom Prozeß der Findung einer eigenen jüdischen Identität oder davon handelten, wie bei einer selbstkritischen Wiederbegegnung mit DDR-Literatur, vor allem mit dem Werk Christa Wolfs, ein Wandel im persönlichen Verstehenkönnen festgestellt wurde.

Am 18. März 1993 hätte Wilhelm Bitter, der Gründer unserer Gesellschaft, seinen 100. Geburtstags feiern können. Wie sehr seine impulsgebende Kraft, die 1949 die Stuttgarter Gemeinschaft Arzt und Seelsorger ins Leben rief, heute noch wirkt und wie sehr seine Grundidee als verpflichtend empfunden wird, zeigt der große Spannungsbogen der diesjährigen Tagung, der sich von dem, was als Eigenes naheliegt, zu dem, was befremdlich und unbekannt ist, hinüberzog. Immer war es die Absicht Wilhelm Bitters gewesen, Menschen aus verschiedenen, oft unvereinbar scheinenden Wissenschafts- und Lebensbereichen zu Gesprächen über ein gemeinsames Thema zusammenzubringen. Daß dies 1993 erneut gelang, ist der steten Lebendigkeit des Gedankens, aber auch den beiden Wissenschaftlichen Leitern der Gesellschaft, Ingrid Riedel und Hans-Georg Wiedemann, zu verdanken, die erneut kompetente Referenten und Referentinnen für die Vorträge und Kurse gewinnen konnten.

Darmstadt, im Februar 1994   Helga Egner

Christian Scharfetter

Im Fremden das Eigene erkennen –
Erfahrungen aus der Psychiatrie

1. Der Prozeß der Bewußtseinsentfaltung mit seinen kognitiven, affektiven und ethischen Konsequenzen

Die noch nicht weiter reflektierte Unterscheidung eigen/fremd ist eine Setzung des mittleren Tageswachbewußtseins. In diesem Alltagsbewußtsein gilt die Alltagssprache, welche unzureichend ist, um Erfahrungen anderer Bewußtseinsbereiche, des Überbewußtseins und des Unterbewußtseins, ausreichend zu gestalten.

Der Mensch hält sich im mittleren Wachzustand in seinem Alltagsbewußtsein auf, in welchem die Kategorien von Logik, linearer Zeit, Kausalität gelten und in welchem der Mensch offen ist für eine menschengemeinsame, das heißt intersubjektiv geteilte Realität. Dieses mittlere Tageswachbewußtsein wird in der westlichen Kultur am meisten wertgeschätzt und darum fälschlicherweise oft für das einzige Bewußtseinsfeld gehalten, unter Vernachlässigung, Verleugnung der anderen Bewußtseinsbereiche. Das Unterbewußtsein erhält diese (nicht als diskriminierend zu verstehende) Bezeichnung «unter», weil es in herabgesetzter Wachheit erfahren wird: Hypnagoge und hypnopompe Phänomene, hypnoides Bewußtsein und Traumbewußtsein sind Beispiele für das Unterbewußtsein. Auch die meisten psychedelischen Zustände, ob sie nun mit halluzinogenen Drogen induziert sind oder non-pharmakologisch in Gang gekommen sind, gehören dem Bereich des Unterbewußtseins an. Der Bereich des Überbewußtseins ist aus den orientalischen Meditations- und Bewußtseinslehren bekannt, sowohl im Hinduismus wie auch im Buddhismus mit seinen vielen Verzweigungen. Die mystische Richtung des Islam, das Sufitum, hat solche Konzepte übernommen. Im Abendland ist die

christliche Mystik von einer Traditions-Erfahrung des Überbewußtseins getragen.

Überbewußtsein ist bezogen auf das alle Einzelgestaltung überschreitende Eine, eine immanente Transzendenz, auf ein Übergreifendes,
Umgreifendes im Sinne von Jaspers, auf die Gottheit Meister Eck-
harts, auf Gott in den theistischen Religionen.

Das Ziel ist nicht die isolierte Entwicklung einzelner Bewußtseinsbereiche, sondern die Entfaltung eines kosmischen Universalbewußt-
seins, eines holistischen Bewußtseins, wie zum Beispiel der Sufimei-
ster Pir Inayat Vilajat Khan es nennt.

Die Stellung des Individuums im Universum, ja sogar der Bedeu-
tungsgehalt des Begriffes Individuum, hängt vom Grad seiner Bewußtseinsentwicklung ab. Das Tageswachbewußtsein ist geozentrisch,
anthropozentrisch, egozentrisch. Die westliche Kultur, in der das Tageswachbewußtsein als einziges kultiviert wird, ist in der kulturellen
Evolution in ein Zeitalter des Narzißmus geraten (Laasch).

Das Verhältnis zu allem Begegnenden, zu allem Vorfindbaren, zu dem
Erfahrenen, zum Seienden, hängt von der Bewußtseinsentwicklung
ab. Wenn wir im Tageswachbewußtsein von einer Sache, einem Objekt, einem Ding, einem Ereignis sagen: «*Es* ist», so meinen wir damit
eigentlich: «*Es* erscheint mir/*es* zeigt sich/*es* tritt auf/*es* gestaltet sich
in meinem Bewußtsein». Die Aktivität dieses *Es* verweist auf ein
größeres, umgreifendes Transintelligibles. In den Kulturen, in welchen
alles Erscheinende auf transintelligible Kräfte verweist, ist die Hierophanie noch bewußt. Solche Hierophanie betrifft nicht nur Anderes,
Fremdes sondern auch Eigenes. Nicht nur das Fremde, lo extraño, das
Numinose, das Heilige, das Transintelligible ist Hierophanie, sondern
auch das Eigene. Genauer gesagt: In dieser Perspektive individuums-
und persönlichkeitsüberschreitenden, deshalb transpersonal genannten Bewußtseins, der Bezogenheit auf ein Übergreifendes, in dieser
Perspektive tritt die Unterscheidung Eigenes/Anderes/Fremdes zurück. Da ist das Ich ein Anderes geworden, darum auch das Nicht-Ich
und das Fremde. Aus solcher Bewußtseinsperspektive konnte Buddha
sagen: «In allem sich selbst erkennen», in jedem Gegenüber eigene
Anteile erkennen können. Und in sich selbst das Andere erkennen.

Das Bewußtsein, gerichtet auf das Eine, aus dem wir alle kommen, in das wir alle gehen, verweist auf ein Allgemeinsames in der Wurzel. Darum das Sanskritwort: Aham brahman asmi (ich selbst bin Brahman), was zur Aussage führt: Tat tvam asi (das bist du selbst). In theistischer Sprache: Gott als Lebensflamme, als essentia in jedem Wesen. Das Verhältnis zum Personalen als dem auf den ersten Blick am meisten ausgeprägten Eigenbereich ist abhängig vom Bewußtseinszustand. Ken Wilber hat die nützliche Unterteilung getroffen in präpersonal, personal, transpersonal. Damit schuf er eine Ordnung in Bereichen, die viele Autoren der New Age-Bewegung und der Esoterik vermengen, eine klare Trennung von einem Bereich des Noch-nicht-Ich oder Prae-Ego und dem ichhaften, egoifizierten Entwicklungsstadium, das übergehen kann in eine ich-überschreitende Bewußtseinsentwicklung, transegohaft, transnarzißtisch oder, wie Wilber das nennt, transpersonal.

Der Stand der Bewußtseinsentwicklung bestimmt die Einsicht und Erkenntnis. Die Bewußtseinsentwicklung umgrenzt, was unter Wissen, unter Erkenntnis, unter einsichtsvoller Schau, unter Gnome, vidya, Episteme verstanden wird. Wo das individuelle Ich seine egozentrische Selbstherrlichkeit verliert, wird der Raum frei für ein Anderes, Größeres, ein Nicht-Ich, an welchem das dann kleine Ich gleichwohl teilhat (Gott, Atman, Maha-Atman, Purusha, Brahman, Tao, die Buddha-Natur aller Dinge). Diese Bewußtseinsentwicklung bedeutet Teilhaben, Eingebettetsein in, Verbundenheit mit. Das heißt, diese Bewußtseinsentwicklung in Richtung auf das Überbewußtsein vermittelt die Erfahrung (oder zumindest die Ahnung) des All-Eins-Seins, der All-Verbundenheit, der Geschwisterschaft aller Wesen. Aus solchem Bewußtsein kommt die Selbstverständlichkeit, mit der Franz von Assisi vom Bruder Tier, von der Schwester Sonne sprach. Bei Rilke im «Stundenbuch» sagt der junge Mönch zu Gott aus der selben Ahnung heraus, daß der Andere über seine physiognomische Identität hinaus auf eine gemeinsame Quelle aller Wesen und damit auf eine geschwisterliche Verbindung verweist: «Ich finde Dich in allen Dingen, denen ich gut und wie ein Bruder bin.» Solche Einstellung begründet ökologische Ethik und Ethik gegenüber Migranten.

Dieses Bewußtsein bringt die Erfahrung der Geborgenheit in einem überindividuellen Größeren, nicht ein Geworfensein in eine chaotische Existenz. Im Aufgehobensein liegt der Friede der Einkehr, die Stille der Heimkehr. Ausgang und Rückkehr in das Eine. Eros, Liebe ist das All-Verbindende, als éros synthetikós, éros therapeutikós. Diese Bewußtseinsentwicklung führt zur Entfaltung der vier brahma viharas (wie sie im Buddhismus heißen): metta (die all-einschließende Güte), karuna (Mitleid, Erbarmen), mudita (Mitfreude) und upekkha (die Gelassenheit).

Die ethische Konsequenz dieser Bewußtseinsentwicklung liegt eben in diesem Verbundensein: Sie bedeutet Verantwortung, Mitverantwortung, universelle Responsibilität. Diese Reziprozität hat Buddha eindrücklich so formuliert: «Schützt euch selbst, so schützt ihr andere. Schützt ihr andere, so schützt ihr euch selbst».

2. Das Eigene und das Fremde in wechselnder Perspektive

Die Perspektivität (s. Graumann) auf das mit den Worten Eigenes/Fremdes Gemeinte wandelt sich mit dem Stand der Bewußtseinsentwicklung. So wie das Ich aus der jeweiligen Sicht eine andere Bedeutung und Position erhält, so das Ichhafte, Eigene – und damit auch das Nicht-Ichhafte, das Andere, das Fremde.

Das heißt: Was eigen/fremd genannt wird, ist nicht unwandelbar, stabil, sicher. Es wird, es formt sich in einem Werdensprozeß, in der Ontogenese, so auch in der kulturellen Evolution. Es ändert sich im Lebenslauf, sofern dieser eine lebendige, wachsende Bewußtseinsentwicklung zuläßt mit der entsprechenden Wandlung der Perspektivität und damit der Bedeutung des Eigenen und des Fremden.

In der Perspektive des Alltagsbewußtseins ist das Eigene (proprium) zunächst schlicht das, was zu mir, zu einer bestimmten individuell-physiognomisch unverwechselbaren Person gehört, was sie charakterisiert. Das Eigene ist das zum Ich Gehörige (das proprium des ego), das als ichhaft Erkannte, das dem Ich Ein- oder Zugeordnete, das dem Ego Attribuierte: Das Eigene ist in dieser Sicht das Egoifizierte.

Aber es gilt über diese enge Sicht hinaus: Das Eigene (proprium) meint in erweiterter Bedeutung das proprium humanum. Dann ist das Eigene das allgemein Menschliche, an dem jeder teilnimmt, vor jeder Unterscheidung zwischen gesund und krank. In dieser Perspektive werden wir dafür offen sein, daß wir selbst angesichts hochgradiger Abnormität, ja Pathologie, die Einsicht bewahren können: Tua res agitur. Hier wird, wenn auch in vergröberter und verzerrter Form, etwas ausgetragen, was jedes Menschen und damit auch eigene Lebensmöglichkeiten sind. In diesem Sinne kann der lateinische Spruch «nil humanum me alienum puto» verstanden werden. Nicht etwa nur als ein sich Rühmen, viele Erfahrungen gemacht zu haben, sondern teilzuhaben am Allgemein-Menschlichen (proprium humanum) und dabei zu Einsicht, Güte, Toleranz gewachsen zu sein.

In der erweiterten Bedeutung kann das Eigene (das proprium) auch das Eigentliche, Wesenhafte der Gemeinschaft alles lebendigen Seienden meinen. In dieser Perspektive steht, wie schon angedeutet, das «ich bin brahman» oder das «das bist du», die Einsicht in die Buddha-Natur aller Wesen, oder in christlicher Formulierung: Gott in allem in Erscheinung Tretenden finden. Das eben heißt Erfahrung der Hierophanie und verantwortliches Antworten auf diese Erfahrung.

Aber zurück zur Perspektive des mittleren Tageswachbewußtseins: Wenn das Eigene das Egoifizierte ist, dann wird gelten: das Andere (alius, alia, aliud) ist, in Abhängigkeit und Abhebung davon, das Nicht-Ich. Das Ich entsteht und erhält sich in systemischer Interdependenz vom Nicht-Ich.

Das Andere ist aber nicht einfach das Fremde. Das Andere kann sehr wohl vertraut, es kann nahe sein, als analog empfunden werden (nicht: homolog). Ja, das Andere kann das Eigene stärken und stützen. Am Du erkennt sich das Ich. Das ist auch für die Psychotherapie wichtig: Dualität ist in schweren Leiden der therapeutische Raum des Prozesses.

Das Fremde (alienum, xénon, allótrion) ist das Unbekannte, Unvertraute, sei es im Eigenbereich als Unbewußtes, als ungelebtes, aus Angst nicht gewagtes Leben, sei es außerhalb des Eigenen oder in nicht-menschlichen «Objekten».

Um es nochmals deutlich zu machen: Das Eigene als Individuelles – insofern es dem Ich attribuiert ist – ist nichts Stabiles, Bleibendes, Besitzhaftes, nichts Statisches, nichts, was ein Mensch definitiv hat. Zu vermuten ist eher ein in der kulturellen Evolution vielleicht ähnlich dem in der Ontogenese ablaufenden Prozeß allmählicher Gestaltung, Formung des Ich und des Eigenen (expansive Gestaltung des Ich), gefolgt im mittleren Lebensabschnitt von Perioden relativ stabiler Ich- und Eigenform und dann im Alter ein Wechsel des Ich und des ihm attribuierten Eigenen, eine weitere Entfaltung in Transego-Bereiche (sofern das Alter nicht eine Einengung und einen Rückzug des Ich mit sich bringt).

In diese Sicht gehört die buddhistische Anatta-Lehre: Die Lehre, daß das Ich nichts dauerhaft Substantielles ist, sondern eine temporäre Konstellation von Funktionen. Bei dem indischen Heiligen Ramana Maharshi finden wir viele Belege für seine Art, dieses Ich in Frage zu stellen und nach dem der Illusion eines stabilen Ich zu Grunde liegenden, das Ich überhaupt erst ermöglichenden Größeren zu fragen: nach dem Atman, das in der westlichen Literatur meist mit Selbst übersetzt wird und das bei Nietzsche und in der Folge davon bei Jung, unter dem Einfluß von Nietzsche und indischen Gedankenguts, das ihm von Heinrich Zimmer vermittelt war, zum Begriff des Selbst führt. Das ist ein anderer Selbstbegriff als das Selbst der psychoanalytischen Selbst-Psychologie. In der Bewußtseinsentwicklung kann zunächst das ichhafte Eigene, gebunden an das Ego, als das Wesentliche erscheinen, es kann dann relativiert, ja überschritten werden. Dann ist die Bedeutung des Eigenen eine ganz andere, es geht um ein transindividuelles Selbst. Als Eigenes wird dann die Zugehörigkeit zum Ganzen erfahren, während die Welt mit all ihren getrennten Formen und Gestalten fremd wirkt. Dann wird der Pilger «weltfremd» (vgl. Milarepa: «Doch allen Weltsein bin ich fremd»).

Aus der Fülle von Fragen, die sich in diesem Zusammenhang stellen, nenne ich hier einige wenige:

Welches ist das Verhältnis des Eigenen, und damit implizit auch des Fremden, zum Ich? Es ist klar geworden: Das ist abhängig vom Ich-Begriff und vom Verständnis des Eigenen. Es ist abhängig davon, ob der Mensch in einer egozentrischen Position verharrt, in Eigendünkel und Eigensucht, oder das Ich in zunehmendem Maße überschreitet.

Was außer dem Ich gehört noch zum Eigenen? Das Eigene erscheint ja auch in der Bedeutung des Wir: Wir haben gemeinsam, zu uns gehört. Hier ist gemeint das Eigene, das ein Paar gemeinsam hat, eine Kleingruppe, Familie, Sippe, ein Dorf, ein Staat, eine Nation, eine Rasse, bis hin zum Eigenen der Menschheit. Was gehört uns, im possessiven Sinne der Bedeutung?

Gehört uns als eigen unsere Erde als ein gegen Fremde zu verteidigendes Land, als ob es um eine Abschirmung eines narzißtisch besetzten Gebietes ginge? Sind wir nicht vielmehr treuhänderische Lehensverwalter, Gäste eher als Einheimische der Erde?

Was gehört zu uns, charakterisiert uns als Eigenschaft, in Abhebung von anderen, charakterisiert unsere eigene Identität, vielleicht sogar als idiosynkratische Eigenart, Eigentümlichkeit? Ist das Eigene auch das Eigentliche? Das Eigentliche im Sinne von unverwechselbarem Identitätskriterium? Ist das das personal-individuell-biographische Eigene oder ist es der, das individuelle überschreitende, transpersonale Kern?

Was gehört zum Eigenen, zunächst in der engeren Perspektive des Ichhaften? Welches ist das Verhältnis des Körpers zum Eigenen? Ist der Leib, um diesen Begriff aus der Anthropologischen Psychologie und Psychiatrie zu nehmen, näher dem Eigenen, näher angeeignet als der physische Körper? Es sind unterschiedliche Grade, in dem Teile des Körpers, seine Organe, zum Eigenen gehören. Gesicht und Hände sind sehr eigen, individuell-physiognomisch. Im psychomentalen Bereich der Gedanken, Gefühle, Triebe gibt es kulturverschiedene Attribuierungen als eigen. In der westlichen Kultur und den sie tragenden Sprachen erscheinen sie wie selbstverständlich als eigene. In anderen Kulturen ist das nicht unbedingt so. In der Psychiatrie begegnen wir schwer ich-kranken Menschen, die ihre Gedanken, Gefühle, manchmal auch Triebe, nicht mehr als ihre eigenen erleben.

Welches ist das Verhältnis des Eigenen, damit implizit auch des Fremden, zum Selbst? Es ist abhängig vom Begriff des Selbst und seinem Bezug zum Ich und zur Person. In diesem Zusammenhang ist Karen

Horneys und Winnicotts Unterscheidung vom wahren, echten Selbst in Gegenüberstellung zum falschen Selbst bedeutsam: Die Idealgestalt des wahren, echten Selbst wäre repräsentiert in der ganz zu sich selbst gekommenen Person (ein Ideal, das vielleicht immer nur annäherungsweise erreichbar ist), während der Mensch im falschen Selbst partikulare Aspekte seiner selbst überbewertet, wechselnde Facetten, Persönlichkeitsaspekte, gar Teilpersönlichkeiten manifestiert.

Dieser Fragenbereich berührt den nächsten: das Eigene (und implizit das Fremde) und das Selbstbild (self concept). Wir unterscheiden ein echtes, zutreffendes Selbstbild und korrespondierendes Verhalten, in Gegenübersetzung zum falschen Selbstbild. Wir sprechen auch von einer Selbsttäuschung. Woran ermißt sich aber zutreffend und unzutreffend? In der Begegnung mit dem Anderen (dem alius), allenfalls auch mit dem Fremden (dem alienus), profiliert sich das Eigene. Das gilt für Individuen genauso wie für Kulturen. Das Eigene wird deutlicher als ein durchtragendes, durchhaltendes, kernhaftes im Sich-Aussetzen an das Leben. In diesem Sinne gilt auch hier das Wort von Schiller aus «Wallensteins Lager»: «Und setzet ihr nicht das Leben ein, nie wird euch das Leben gewonnen sein.» Im Schmelzprozeß hält das Eigene stand.

Zu diesem Themenbereich gehört auch die Überlegung, was an Unbewußtem, Abgelehntem, Verdrängtem, Abgespaltenem, zunächst als Nicht-Eigenes, als Fremdes erscheinen mag, bis im Verlaufe einer gelingenden Psychotherapie der Mut zur Offenheit und Ehrlichkeit der Introspektion so wächst, daß das als Eigenes erkannt werden kann. Dann kann unter Umständen zurückgenommen werden, was vorher auf Andere projiziert oder im Prozeß der projektiven Identifikation an Anderen agiert wurde. Es geht darum, in Abhebung vom Anderen (welches aber Inbeziehungtreten voraussetzt) Eigenes zu verdeutlichen, aber auch Verwandtes in Anderem zu erkennen. Dies ohne in Identitätsdiffusion dabei das Eigene zu verlieren, in Abwertung seiner selbst zu verfallen oder in Ablehnung und Bekämpfung des Anderen zu geraten. Oft muß ein zu enger Eigenbereich erweitert werden, manchmal ein zu weit ausgespannter, überhöhter, inflationärer «Eigenbereich» enger eingegrenzt werden.

In solcher Sicht gilt das Eigene als das Bewußte, das Fremde als das Unbewußte, im Jungschen Sinn als Schatten.

Das Fremde in der historischen Dimension ist die unaufgehellte Vorgeschichte. Das Fremde kann auch die Zukunft meinen. Die Zukunft mit Alter und Tod wirft die Frage nach dem Verhältnis zum Tod auf: Ist der Tod das Fremde, Unheimliche, Gefürchtete, oder kommen wir so weit zu sagen: Komm, Bruder Tod.

Das Fremde im geographischen Sinn ist das «andere» Land, die andere Kultur, welche den neugierigen Reisenden anzieht, den seßhaften «Landhaber» in feindselige Abwehr der Fremden drängt.

Fragen wir nach dem Eigenen im Hinblick auf das Bewußtsein der geschlechtlichen Identität: Ist der Mann der Frau, die Frau dem Mann fremd, bleiben sie einander letztlich fremd? Können sie einander vertraut werden als der/die Andere: Der Andere ist nicht der Fremde, muß nicht der Fremde sein. Alius/alia ist nicht gleich alienus/aliena. Ist eigene Harmonie zu finden im Ausgleich des Verhältnisses von männlichen und weiblichen Anteilen im Eigenbereich des einzelnen?

Und wiederum leitet diese Überlegung über zur Frage des Verhältnisses des Eigenen zum Menschengemeinsamen, Überindividuell-Kollektiven, zum proprium humanum, und darüberhinaus zum Allgemeinsamen. In der Perspektive des holistischen Bewußtseins, gerichtet auf das individuumüberschreitende Eine, wird das Eigene als Leihgut des Allgemeinsamen erscheinen, für das der Einzelne in Treuhänderschaft verantwortlich ist. Das Gewicht der ethischen Folgerung ist groß. Die Antwort wird im einzelnen abhängig sein vom Menschen-, Lebens-, Weltbild, von der religio-philosophischen Einstellung. In anderer Formulierung: Ist Gott der Fremde oder ist er das eigentlichste Eigenste? (vgl. Dualismus versus Advaita).

Die Relativierung des Eigenen in der Reflexion hat ethische Konsequenzen. Auf einer ich-verhafteten Stufe erscheint das Eigene als Egoifiziertes, als Besitz zur eigenen Verfügung. Auf einer weiter entwickelten Stufe erscheint das Eigene als Transegohaftes, Transnarzißtisches, schließlich Transpersonales, damit als ein Eigenes, das allen Wesen gemeinsam ist. Dann ist das individuell Eigene das Anvertraute, das Lehen des Allgemeinsamen. Dann kann eine Frau/ein Mann nicht mehr sagen: mein Leib, mein Kind, meine Entscheidung, sondern: Ich bin nicht aus mir selbst, mein Leib, meine lebenstragenden Möglichkeiten sind mir zur Verantwortung anvertraut.

3. Eigenes und Fremdes in der Sicht der Psychopathologie und Psychotherapie

Kein einziges psychopathologisches Symptom ist grundsätzlich fremd. Es ist immer menschlich, drückt ein allgemein Menschenmögliches aus. Dies gilt transkulturell. Dennoch: Das gesamte Erleben und Verhalten eines psychisch Kranken kann befremden: im Autismus, im psychotischen Rückzug, in der Einkapselung im Wahn wird der Kranke entfremdet: alienus mente. Der Kranke ist dann im Elend aus dem menschengemeinsamen Lebensraum entrückt, ist isoliert, aus der Intersubjektivität und Interpersonalität heraus geraten oder hat sich entzogen.

Der Verwirrte ist nicht mehr erreichbar und in diesem Sinne entfremdet, den Anderen und sich selbst. Ratlosigkeit erfüllt den, der sich in der Umwelt und in seinem Eigenbereich nicht mehr auskennt.

Der Demente, der schwer Oligophrene, der Bewußtlose ist in ähnlicher Weise unzugänglich dem intersubjektiven Austausch.

Der Depressive ist, in der Formulierung von Griesinger, von einem «krankhaften In-sich-Sein» befallen. Dies so sehr, daß manche phasisch Depressive in gesunden Zeiten, im Rückblick auf die depressive Phase, sich selbst fremd vorkommen. Manche dysthyme Persönlichkeiten hingegen sind viel mehr zu Hause in einer gewissen basalen Depressivität als Lebenseinstellung und kommen sich fremd vor, wenn sie sich einmal anders verhalten, zum Beispiel in exzeptionellen Sozialsituationen oder unter dem Einfluß alkoholischer Enthemmung. Wenn sie dies hingegen in Gruppenerwartung und -interaktion zulassen können, kann es als befreiend erlebt werden.

Der Manische, nach Griesinger ein Mensch in einem «krankhaften Außer-sich-Sein», ist ebenfalls aus der Intersubjektivität herausgerückt und in diesem Sinne entfremdet.

Manche persönlichkeitsgestörte Menschen erscheinen uns durch ihren Sonderweg fremd, sie leben als Sonderlinge, Eigenbrötler, entrückt dem Menschengemeinsamen.

Von dem im Gebiet des Autismus infantum erfahrenen Kinderpsychiater Jakob Lutz lernte ich, welcher Reichtum an Innenleben und Sensibilität unter der unzugänglichen Schale autistischen Verhaltens verborgen sein kann.

Bei instabilen Persönlichkeiten entgleitet das verläßliche Ich, damit auch die zwischenmenschliche Erreichbarkeit. Besonders bei alternierenden und multiplen Persönlichkeiten kann dieses plötzliche Fremdwerden des vorher Vertrauten für den Betroffenen selbst und den Anderen erschreckend wirken. Die Depersonalisation ist ein sich selbst Fremdwerden, das den Betroffenen sehr ängstigen kann.

In der schweren Ich-Krankheit des schizophrenen Syndroms erleidet der Betroffene, wie Eigenes verloren geht und Fremdes, Unheimliches chaotisch überbordet.

Das sogenannte schizophrene Erleben ist ein partiell «ent-ichtes» (desegoifiziertes) Erleben. Das Gewißheitsgefühl für das sonst so selbstverständliche «Ich bin» geht verloren: Ich bin lebendig da (Vitalität), bin eigenaktiv im Vernehmen, Erfahren und Handeln (Aktivität), bin von einheitlicher Beschaffenheit und zusammenhängend (Konsistenz und Kohärenz), abgegrenzt von anderen und doch in Austausch mit ihnen (Demarkation) und ich weiß mich selbstidentisch (Identität) (Scharfetter 1990). Die Synthese zu einem solchen basalen, empirischen Ich (im Sinne von Kant) ist gestört. In der indischen Philosophie gibt es den Begriff des aham-Kara (Ich-macher). Dieses aham-Kara ist hier fehlerhaft. Worin diese Ich konstituierende Kraft besteht, die die Entstehung dieses Ich mit den kulturellen und ontogenetischen Einflüssen ermöglicht, ist unbekannt. Daher kennen wir auch die ätiopathogenetischen Bedingungen nicht, die ein Ich desintegrationsbereit machen. Im Gegensatz dazu ist die Phänomenologie der Ich-Desintegration und sind ihre Folgen in der Psychopathologie der Schizophrenie im Querschnitt und im Verlauf der Beobachtung und Teilnahme zugänglich.

Im Ich-Verlust geht das physiognomische Eigene verloren, manchmal auch das dem Menschen überhaupt Eigene. Es ist dem Kranken nicht mehr sicher, ein Mensch zu sein. Da «Ich und die Welt eines sind» (wie Monique, die in diesem Elend so erfahrene Frau, sich ausdrückte), gehören Ich-Verlust und Welt-Verlust zusammen. Mit ihrem erhaltenen Beobachter-Ich (witness consciousness) erfährt sie das Leid und teilt es mit.

Monique sagt zum Ich-Verlust:

Es ist überhaupt kein Ich da.

Ich bin kein Ich mehr – ich spüre das überhaupt nicht.

Ich habe mich selbst verloren.

Ich bin selber gar nicht.

Nun habe ich kein Ich mehr. Aber um in dieser Welt zu leben, braucht es ein Ich.

Mir fehlt das selbstverständliche Ich – und das ist das Kostbarste, was es gibt.

Verlust der Personalität und des Menschseins:

Meine Innenwelt ist unpersönlich geworden.

Meine Gefühle sind nicht menschlich.

Ich habe richtig gesehen, wie ich das Menschsein verliere.

Ich wurde selbst zum Tier.

Verlust der natürlichen Selbstverständlichkeit (Blankenburg):

Ich habe wenig Realitätsbewußtsein: Es ist nichts selbstverständlich.

Die Welt ist nicht selbstverständlich.

Das Einfachste ist furchtbar geworden.

Ich habe keine Zeit mehr und keinen Ort, keinen Raum, keine Kausalität.

Heimatlosigkeit, Wohnungslosigkeit, Ferne:

Nie war ich auf der Erde zu Hause.

Ich bin auch nicht zu Hause in meinem Leib.

Ich habe keinen verläßlichen Boden, bin nicht auf der Erde.

Es ist eine unendliche Erdenferne, das Nirgendland,

die Erde – ein Rätselraum.

Ich wohne nicht.

Da ist eine wahnsinnige Angst, die letzte Beziehung zur Welt zu verlieren.

Selbst die Gewißheit, lebendig da zu sein, geht verloren:
Ich bin tot – jenseits von tot und lebendig.
Ich lebe nicht mehr.
Ich bin weder tot noch lebendig.
Was ich erlebe, ist lebendiger Tod.
Verlust des Eigenen, Entfremdung:
Ich spüre nichts Eigenes – es spult mich einfach ab.
Ich erlebe alles, was ich mache, sehr verfremdet.
Es ist ein entmenschlichter Zustand.
Es ist ein total verfremdetes Leben.
Verdammt zu einem Pseudodasein.
In einem Brief schrieb Monique:
«Ich schreibe und schreie, weil das unendliche Bewußtsein in seiner negativen Umkehrung an mir seine Unendlichkeit beweist. Das unendliche unbeschreibliche Leiden einer Geisteskranken. Es ist eine Reise ohne Anfang und Ende, eine Reise von Nirgendwo nach Nirgendwo, der Steuermann eine Seele, die ihren Zusammenhalt verloren hat, eine abwesende Seele, das abwesende Ich.»
Solche Menschen, die wie Monique gewissermaßen stellvertretend für alle anderen Menschen, die nicht so schwer krank sind, so schweres Leid des Verlustes des Ich, des Menschseins, des selbstverständlichen Lebens, der Welt austragen, führen uns erschütternd die Ungewißheit, die Verletzlichkeit, die Zerbrechlichkeit, die Gefährdung des Menschen überhaupt vor Augen. Sie bewegen, berühren, ergreifen, betreffen, packen uns und fordern uns ganz, uns in der therapeutischen Begegnung als Begleiter, als Partner, als Wegweiser, Lotsen, Bergführer, Herbergsmütter, -väter zur Verfügung zu stellen. Über aller Pathologie können sich ungeahnte Möglichkeiten sensibler Verbindung als Brücken des Zwischenmenschlichen auftun. Solche Menschen ermöglichen dem dafür offenen Therapeuten ein Wachstum in werktätiger selbstloser Liebe (im Sinne des éros therapeutikós), welche in günstigem Falle für den Kranken ich-resynthetisch heilsam wirkt oder (wie für Monique) den spirituellen Weg zur Erlösung weist.
Die Psychopathologie zeigt Stufen des Fremdseins. Doch auch da wird für uns erhalten bleiben: Die psychopathologische Manifestation

ist nicht das schlechthin Fremde, auch da gilt: tua res agitur. Auch da gilt Buddhas Wort: In allem sich selbst erkennen. Das, was der Andere, scheinbar Fremde, Unheimliche, Böse manifestiert, kann bei entsprechend mutiger Selbstehrlichkeit auch im Eigenen erkannt werden. Darum sagte Jesus, als die Menge die Ehebrecherin steinigen wollte: «Der aber hebe den ersten Stein», der selber nie einen solchen Gedanken, eine solche Phantasie, einen solchen Traum hatte. Dann ist die Entfremdung des Anderen und die damit verbundene Ausstoßung des Anderen aufgehoben. Der Andere ist wieder Schwester, Bruder, einbezogen ins Mitleid. Dann entfaltet sich die ethische Lehre Buddhas: «Schützt euch selbst, so schützt ihr andere. Schützt ihr andere, so schützt ihr euch selbst.»

Die Begegnung mit dem Kranken erlaubt, bisher unbekannte und in diesem Sinne fremde eigene Seiten zu erkennen. Dies im positiven Sinne von Werdens- und Verhaltensmöglichkeiten, von Chancen der Bewährung in der therapeutischen Antwort auf das Pathologische. Andererseits erkennen wir Eigenes angesichts der Kranken durch die Einsicht in die allgemein-menschliche Fehleranfälligkeit, Gefährdung zum In-die-Irre-Geraten, Vulnerabilität, Fragilität, in die Unvollständigkeit und Leidhaftigkeit (dukkha im Buddhismus).

Psychotherapie, betrachtet aus der Perspektive Eigenes/Fremdes, ist ein dualer Prozeß des immer mehr zum Eigenen Kommens, um das Eigene danach wieder loszulassen. Psychotherapie ermöglicht das Loslassen von unheilsamem Eigenen und das allmähliche Aneignen des Fremden in sich selbst, des bisher Unbewußten, Abgelehnten, Verdrängten, Verleugneten. Das vorher Fremde kann allmählich zum Eigenen werden, das alte, belastende Eigene kann abgelegt werden. Dies geschieht in dem Prozeß des «Werde, der du eigentlich bist». Aus der Sicht der Common-factor-Forschung der Psychotherapie, wie sie von Frank ausgearbeitet wurde, ist diese Aneignung von neuen Werdensmöglichkeiten, dieses eigentliche zu sich selbst, zu seinem Eigentlichsten Kommen, ein Prozeß der cognitio, des ergreifenden Begreifens, welcher in der Dualität und der sie tragenden emotio und in der actio des verbalen und averbalen Austausches der Psychotherapie geschieht. Cognitio vermittelt eine Erweiterung, Klärung und Korrektur der intrapersonellen, interpersonellen und transpersonellen Wissenskreise (wie Frau Rösing, auf den Spuren von Frank, ausgearbeitet hat). In der kommunikativen Kooperation der Psychotherapie wird der éros therapeutikós wirksam, die Zuwendung stärkt das Eigene, gibt den Mut zum Loslassen, zum Eigenen zu stehen, zum Aneignen des bisher Fremden. Jenseits der Therapie dann, das heißt meta-therapeutisch, kann in der Bewußtseinsentwicklung die Dichotomie Eigenes – Fremdes überbrückt werden. Es ist der Weg der Liberation und Salvation, gleichzeitig der Weg der Entfaltung der brahma viharas: Güte, Erbarmen, Mitfreude und Gelassenheit. Diese wiederum können direkt oder indirekt anderen Leidenden zugute kommen.

Der Autor dankt Frau Prof. Dr. Erna Hoch für ihre hilfreichen Vorschläge zur Manuskriptbearbeitung.

Leopold-Joseph Bonny Duala-M'bedy

Xenologie
Sinn und Zweck einer Lehre vom Fremden

1. Einleitung

Gleich eingangs möchte ich vor zu hohen Erwartungen an einen Außenseiter, der ich allemal bin, auf dieser Arbeitstagung warnen. Ich bin weder Tiefenpsychologe noch Seelsorger oder Arzt, um den Zielen und Idealen der Gesellschaft entsprechen zu können. Lediglich in meiner Eigenschaft als Forscher und als jemand, der auf ein Erkenntnisobjekt gestoßen ist, das bisher wissenschaftlich verkannt worden war und weltweit ins Abseits gedrängt zu werden droht, möchte ich meinen Beitrag in diesem gebotenen Rahmen der Internationalen Gesellschaft für Tiefenpsychologie leisten. Es geht darum, einen neuen Denkansatz zu präsentieren, der sich mit der Frage des Fremden theoretisch auseinandersetzt.

Bekanntlich ist der Fremde nicht unbedingt Gegenstand erkenntnistheoretischer Reflexion. Was soviel heißt, daß der Vergleich zwischen seiner potentiellen Existenz und seiner Tatsachenbestimmung bisher nicht gezogen wurde. In der Xenologie wird der Versuch unternommen, beiden Parametern wissenschaftstheoretisch Rechnung zu tragen. In dieser Welt, die sich mehr denn je als ein System begreift und in der gleichzeitig der Gedanke des Fremden stereotype Formen annimmt, stellt sich die eindringliche Frage, was letztlich die Natur des Fremden ist. Aber nicht die Antwort auf diese grundphilosophische Frage kann den Gegenstand der folgenden Überlegungen ausmachen, mit denen bisher noch nicht artikulierte Probleme vorweggenommen werden bzw. ein Entwurf angeboten wird, wie die Probleme in Zukunft angegangen werden sollten. Nicht nur ist der hierfür nötige Rahmen nicht gegeben, sondern die Xenologie würde dann einem Apriori entstammen. Ebensowenig kann die Xenologie als eine wissenschaftliche Synthese jeglicher Form von Verfremdung verstanden werden. Sie entspräche dann der *physique sociale* des Auguste Comte und würde sich nach einer vorgefaßten Physiologie mit der Beschreibung des Fremden befassen.

Die Identifikation des Fremden ist nicht Gegenstand der Xenologie, sondern eher Gegenstand der traditionellen Fremdheitslehre mit ihren negativen Formen der Repräsentation vom Fremden, die sich auf die Kulturdifferenz beziehen und mit denen die Xenologie aus erkenntniskritischen Gründen brechen muß. Wenn also die Rückkopplung auf die gängigen Probleme des Fremden nicht der Fall einer *Lehre vom Fremden* sein soll, was ist Xenologie? Damit kommen wir auf unsere Frage nach Sinn und Zweck der Wissenschaft von der Xenologie zurück, nach wie vor ohne die Gewähr, daß den Erwartungen eines tiefenpsychologischen Kreises entsprochen werden kann. Hätte ich gewußt, was mir widerfährt, dann hätte ich mich auf etwas Leichteres eingelassen und für dieses, seiner Sache geweihte Publikum eine Materie gewählt, die nicht wie die Xenologie noch im Prüfstand ist. Deshalb kann es sich hier auch nur um eine Einführung handeln.

In einem ersten Schritt soll der Meinung entgegengetreten werden, die Xenologie sei das Ergebnis seines konjunkturellen Vorgangs, der zur Zeit die Frage des Fremden erfaßt hat. Diese Annahme verkehrt sich ins Gegenteil, macht man sich die Mühe, die Epistemologie, abgeleitet aus der Entstehungsgeschichte der neuen Wissenschaft, zu hinterfragen, und umschließt den Erkenntnisstand des Problemkomplexes um den Fremden. Anschließend daran folgt die Frage der Epistemologie selbst.

2. Zum heutigen Erkenntnisstand in der Frage des Fremden

Es ist erfreulich festzustellen, daß die neue Wissenschaft der Xenologie Wurzeln schlägt. Das ist weder mein unmittelbares Verdienst noch dasjenige einer besonders regen Aktivität, die trotz der relativ späten De-facto-Gründung des Kaiserswerther Instituts für Xenologie Ende der 80er Jahre – der Vorsatz ging mit der wissenschaftlichen Entstehung einher – entfaltet werden konnte.[1] Ihren schnellen Publikumszugriff verdankt sie dem Umstand, daß sich im ausklingenden 20. Jahrhundert der unumschrittene Phänotyp der modernen Geschichte in der Existenz und im Gesellschaftsgeschehen zurückmeldet, nachdem die ziemlich schwache Resonanz der «Klassiker der Fremdheitsforschung» sich durch «die derzeitige Konjunktur des Fremdheits-Themas» (Wierlacher, S. 19) sich hat ablösen lassen. Die theoretische Identifikation des Phänotyps des Fremden, die zur Entdeckung der Xenologie führte, erfolgte unabhängig vom konjunkturellen Auftreten anhand wissenschaftlicher Quellenanalysen. Insofern hängt die Xenologie nicht vom Fremdheitsthema schlechthin ab, und ihre Epistemologie ist nicht in der Konjunktur zu suchen.

Der im ausgehenden 20. Jahrhundert weltübergreifende Komplex der Migration wird gewöhnlich zum ureigensten und ursprünglichen Problem des Fremden gemacht. Er löst eine allgemeine Euphorie in den Wissenschaften bei Menschen aus, die «die gemeinsame Suche nach Antworten auf die Herausforderungen durch das Wanderungsgeschehen» (Bade, S. 17) zum Gegenstand haben. Die Ursachen für das Wanderungsgeschehen werden in der Auflösung der osteuropäischen Staatengebilde und den daraus entstandenen Migrationsimpulsen sowie in den vielschichtigen Bewegungen der nicht zu den klassischen Migranten der Moderne gehörenden Völker der südlichen Hemisphäre gesucht. Dem Aufenthalt der Letzteren in den Metropolen insbesondere der ehemaligen Kolonialmächte und in den Industriestaaten im allgemeinen wird nachgesagt, den Verfremdungseffekt verursacht zu haben. In Gesellschaften des Nordens mit hohem Anspruch an *ethnische Homogenität* wird deshalb das Verhältnis zum Anderen für gestört gehalten, und es wird zu radikalen Maßnahmen gegriffen, die dem Zustrom der sogenannten Fremden Einheit gebieten sollen. Aber weder die Politik noch entsprechende Gesetzesänderungen, weder die Reform von Institutionen noch eine vorübergehende Änderung der Einstellung durch Sympathiewerbung und Massenveranstaltungen gegen handgreifliche Aktionen und Fremdenfeindlichkeit können zu einem Normalzustand hinter die zugrunde gerichtete Realität zurückführen. Die durch die Vermengung der Probleme der Migration und des tiefgreifenden Gefühls der Verfremdung überhitzte Stimmung und der Versuch, die Wissenschaft in kritischen Fällen zu hinterfragen, scheint die Xenologie besonders in die Pflicht zu nehmen. Ihre wissenschaftliche Zuständigkeit für ein globales Phänomen, das sowohl über die Migrationsproblematik hinaus – als auch in die der Integration von Minoritäten hineinreicht, wird damit überzogen. Denn ohne ihre wissenschaftstheoretischen Grundlagen vorher wahrgenommen zu haben, kann die Xenologie nicht für eklektizistische Problemlösungsansätze der Alltagswirklichkeit herangezogen werden. Dies soll allerdings nicht geschehen, ohne zuvor die Zweckentfremdung der Epistemologie der jungen Wissenschaft zu bedenken. Der erkenntnistheoretische Neologismus «Xenologie» ist nämlich nicht geschützt vor einer Vermengung mit dem Begriffspaar Xenophobie und Xenophilie, das zwar auf Anhieb als praktischer etymologischer Indikator in Erscheinung treten mag, aber doch von keinem Nutzen für eine Wissenschaftstheorie vom Fremden ist. Nicht zuletzt wird die Xenologie als ein Ersatz für Wissenschaftstraditionen gehalten und für Zwecke in Anspruch genommen, die sich, wie bei kulturspezifisch artikulierten Wissenschaften von der Fremdheit üblich, im Verlauf der explorativen und erhebungsstatistischen Arbeit der Ethnologie bzw. der Anthropologie entwickelt haben. Dieses allgemeine Mißverständnis, das sich auf den Nenner eines erkenntnistheoretischen Problems einschränken läßt, gilt es hier aufzuklären.

Geht man von der konjunkturellen Ebene aus, mag sich das Phänomen des Fremden greifbar machen und sich wie im folgenden in seinen Grundeigenschaften selektiv erfassen lassen.

«Wenn ich nicht irre, gibt es drei Aspekte des Fremden, die zwar nicht oder jedenfalls selten getrennt vorkommen, die aber aus Gründen begrifflicher Klarheit unterschieden werden sollten. So liegen der Behauptung, daß jemandem etwas fremd sei, eigentlich drei Verneinungen zugrunde:
1. die Verneinung der Zugehörigkeit
2. die Verneinung des Wissens
3. Die Verneinung der Vertrautheit» (Hogrebe, S.358).

Selbst wenn man sich vergegenwärtigt, daß die Überlegungen, die dieser Einteilung zugrunde liegen, «dem formalen Charakter des Fremden nachgehen» (ebenda), kann man nicht umhin, die erwähnten Verneinungsformen für das Grundelement der Definition zu halten und die dazugesetzten Tätigkeiten als selektive Rahmenbestimmungen des Fremden zu begreifen. Sie mögen graduell unterschiedlich zum Objekt der Definition stehen (während zum Beispiel die Vertrautheit als Gegenbegriff der Fremdheit naheliegt, wohingegen das Wissen – um was auch immer – gedeutet werden muß), dennoch scheint die Negation die Grundvoraussetzung für die formale Wahrnehmung des Fremden zu bilden. Obwohl es nicht sein kann, daß ein fremdes Subjekt durch Negationen schlechthin zu bestimmen ist, rufe ich, wenn ich *fremd* sage, negative Assoziationen hervor, was soviel heißt, daß das, was ich für fremd halte, auch in Wahrheit fremd ist bzw. eine Struktur ist, die mit negativen Begriffen befrachtet ist. Aber ist das, was ich aus meinem Bewußtsein heraus als fremd verneinend auffasse und als solches definiere, gleichzeitig seiner Natur nach Gegenstand der Negation? Wäre dies der Fall, dann wäre die Fremdheit ontologisch der Verneinung verschrieben. Fremdes und Nichtfremdes wären demnach seinsgegeben und würden sich von Natur aus unterscheiden. Daß dies nicht der Fall sein kann, ist ein Axiom, wonach jedes Bewußtsein die Funktion eines bestimmenden Subjekts ausübt und deshalb nicht gleichzeitig wie ein Objekt als fremd bezeichnet werden kann. Diesem Argument zufolge wäre die Bestimmung des Fremden durch Verneinung fraglich. Gleichzeitig aber soll uns die formale Betrachtung des Fremden, diejenige also, die mit Verneinungen operiert, zwangsläufig dazu dienen, in die theoretische Problematik einzuführen, welche den Beweis erbringt, daß Inhalt und Begriff des Fremden hypothetischer Natur sind.

Dem prinzipiell fehlenden Element in der Definition wenden wir uns anhand folgenden Kommentars zu, zunächst der *Verneinung der Zugehörigkeit*.

Mit «der Verneinung der Zugehörigkeit wird der objektive Sachverhalt behauptet, daß eine Person, ein Ding, ein Ereignis nicht zu einer Gruppe, zu einer

Menge, einer Klasse, zu einem Besitz gehört. Unter diesem formalen Begriff des Fremden gehört der, der nicht von hier ist, im physiologischen Sinn auch der Fremdkörper, im mathematischen Sinn teilerfremde Zahlen (solche, die außer 1 keine gemeinsamen Teiler haben) und fremde, d. h. nicht uns gehörende Hunde etc.» (ebenda).

Der Erkenntnisprozeß beschränkt sich hier offensichtlich auf die Auslegung der negativen Aussage bezüglich der Zugehörigkeit, die sich vor allem auf die Beobachtungssituation stützt. Die Frage der Zugehörigkeit wird im allgemeinen auch *idealtypisch* für das Problem des Fremden aufgeführt. Als soziologischer Begriff schließt sie die beiden anderen oben erwähnten Verneinungsvarianten mit ein.

Der Fremde ist aus einem vorgegebenen äußeren Sachverhalt der objektiv ausgeschlossene Teil eines Ganzen. Er ist durch die Negation der Teilhabe an einer Gelegenheit nicht nur hierdurch objektiv erkennbar, sondern auch physiologisch erfahrbar und formallogisch nachvollziehbar. Die so angegebene Realität des Fremden, die sich aus seiner unverfehlbaren Identifikation ergibt, ist nur ein Teil der Wahrheit. Sie geht von einem unausgesprochenen Subjekt aus, das von vornherein das Fremdheit spendende Bewußtsein ist und dasjenige des «Anderen» ausschließt.

Die Frage, die sich durch die negative Bestimmung des Fremden stellt, ist aber diejenige, die den Aspekt der Zugehörigkeit ausschließlich betrifft. Ist Zugehörigkeit nicht eine auf Ansicht und Situation bezogene Sache? Läßt sich das Problem des Fremden epistemologisch durch den Balanceakt zwischen Zugehörigkeit und Ausschluß, zwischen Teilhabe und dem Gegenteiligen erschöpfend klären? Führt das Kriterium der Zugehörigkeit nicht zu einer normalwissenschaftlichen Betrachtungsweise unter Umgehung des Bewußtseins des Fremden? Selbst bei der derzeitigen «Hochkonjunktur» der Frage des Fremden setzt dabei kein innovativer Denkprozeß ein. Üblicherweise wird die Frage des Fremden anderweitig fachlichen Interessen unterstellt und zum thematischen Anlaß genommen, um der Möglichkeit der Konzeptualisierung des Fremden anderen erkenntnistheoretischen Zielen den Vorzug geben zu können.

Der Praxis, den Fremden zu keinen zentralen theoretischen, sondern zu peripheren Überlegungen wissenschaftlich in Betracht zu ziehen, entspricht auch die der *Verneinung des Wissens* zugrunde gelegte Analyse. Sein idealtypischer Wert ist fachlich bezogen: «Im zweiten Fall, der Verneinung eines Wissens, wird eigentlich nichts vom Gegenstand behauptet, sondern der Sprecher behauptet etwas von sich selbst», nämlich nicht zu wissen, «wie ein Ding, eine Person zu identifizieren ist» (ebenda). Die Interpretation des epistemologischen Begriffs der Verneinung des Wissens, dem der Autor neben dem soziologisch-juristischen und dem psychologischen Aspekt eine besondere Gewichtung schenkt, weicht der Frage nach dem Fremden zugunsten eines Sich-selbst-Fragens aus. Er orientiert sich nicht an dem unergründbaren Wesen des Fremden, das bekanntlich das philosophische Staunen weckt, sondern richtet sich darauf, die eigene Insuffizienz kund zu tun. Die philosophische Konnotation des Wissensarguments ist unübersehbar und illustriert die fachliche Beanspruchung des Themas. Im «Wissen um das Nicht-Wissen» des Philosophen oder des Menschen, um den es sich in diesem Fall handelt, kommt das Drama der Existenz zum Ausdruck, dessen herausragendstes Symbol der Fremde ist. Das Fremde sperrt sich gegen die Gnosis und gibt Anlaß zu Bescheidenheit.

Zur *Vermeidung der Vertrautheit*, die nicht unerwähnt bleiben darf, so sehr hängt sie von dem innovativen Versuch ab, die Frage des Fremden zu einem «Kulturthema» zu machen, wird gesagt, daß es sich dabei um ein Pendel zwischen einem eingetretenen, einem weiterhin bestehenden und einem nicht mehr bestehenden Zustand der Fremdheit handelt (Hogrebe, S. 359). Die Frage aber ist, ob eine kulturelle Rethematisierung, ohne den theoretischen Ansatz der Xenologie zu berücksichtigen, vorgenommen werden kann.

Kehren wir zum zentralen Problem der Negationen zurück. Der Fremde wird mit Negationen behaftet – nicht aus ontologischen Gründen, sondern von einem Bewußtsein, das die Zugehörigkeit zu einem Milieu charakterisiert. Das Milieu, zu dem man zugehört (oder auch nicht), und das Subjekt der Zugehörigkeit (oder der Nichtzugehörigkeit) bilden die beiden unzertrennlichen Kriterien für die Bestimmung dessen, was fremd ist. Sie sind konstant aufeinander bezogen und bilden die unerläßlichen Bestandteile des Definitions- und Interaktionssystems der Fremdheit. Selbst wenn auf das fremde Bewußtsein nicht explizit Bezug genommen wird, ist es präsent, wenn auch unausgesprochen. Es ist latent in den verschiedenen Artikulationsformen, die das fremde Bewußtsein, das selbst kein primäres Artikulationsvermögen hat, ansprechen. Dennoch steht es in einem Interaktionssystem.

Dem formalen Verständnis des Fremden ist im Sinne der Xenologie entgegenzuhalten, daß die Erfahrung des Fremden vorausgesetzt wird. Sie wird von einem *subjektiven Bewußtsein* angenommen, dem «etwas fremd sei» (ebenda). Von diesem Bewußtsein geht die Verneinung eines potentiellen Bewußtseins mit folgender Konsequenz aus. Als verneinendes Subjekt gebe ich dem Fremden seine Bestimmung, die mich gleichzeitig in die Rolle eines bestimmenden Faktors, gewissermaßen schicksalhaft, einbindet. Diese bestimmende Funktion kann von einem Individuum, einem Personalsubjekt, das die Fremdheit definiert, übernommen werden; oder an seiner Stelle bestimmt die Gesellschaft, eine Gruppe – als Bewußtseinszustand verstanden – den Charakter des Fremden.

Im Unterschied zu einem xenographischen Erkenntnishorizont der reinen Beschreibung und einer formalen Definition des Fremden – der entgegen gehalten wurde, daß ohne Bezugskriterium des etwas oder jemand als fremd definierenden Subjekts, ohne dessen Willensäußerung wiederum die Fremdheit nicht entstehen bzw. die Verneinung nicht erfolgen kann – dringt die Xenologie in die Welt des Fremden und seines Bewußtseins ein und trägt der binären Bestimmung des Fremden Rechnung.

3. Zum Begriff der Xenologie

Die negative Definition des Fremden ist im bisherigen Rahmen kulturbedingter Fremdheitslehren epistemologisch zulässig. Aber sie ereignet sich im voranalytischen Feld von Affirmation/Negation und geht von einem subjektiven Pol aus, der in der xenologischen Betrachtungsweise keine erkenntnistheoretische Relevanz hat. Eine Kategorie, die sich nur negativ erfassen läßt, kann nicht das Konzept sein, worauf eine Wissenschaft aufbaut, insbesondere nicht für die Xenologie, eine Wissenschaft, deren Erkenntnisprozeß vom fremden Bewußtsein ausgeht.

Die Entstehung der Xenologie läßt sich anekdotisch erzählen. Damit ihre Epistemologie um so mehr verdeutlicht wird, begeben wir uns mit dieser Erzählung auf eine quasi mythische Reise in die Antike. Zuvor der folgende Hinweis: Wie bereits erwähnt, hat der Begriff der Xenologie mit der bloßen Wortassoziation von *xenos* und *logos* zu seinem konstitutiven Element nur insofern zu tun, als sie glückliche Aufhänger sind, um sich mit der Xenologie, wie man sich wie mit etwas Fremdem anfreundet, vertraut zu machen.

Im Zusammenhang mit einer wissenschaftlichen Arbeit, in der auch eine Ethnologiekritik vorgenommen werden mußte, stellte sich heraus, daß das in der europäischen Wissenschaft vom Fremden mit ihren anthropogenen Wendungen angewandte Vokabular sprachspezifisch, unartikuliert und monokausal die Erfahrungstypen außereuropäischer Kulturen festhält. Danach unterscheiden sich die afrikanischen Völker im ethnologischen Wissenschaftsjargon nicht von den asiatischen oder indoamerikanischen Völkern. Die Sprachsymbolik, welche die Kosmologie etwa der Fang Zentralafrikas umschreibt, ist nicht anders als diejenige, die für die Yanomani im Amazonasgebiet oder die Ainus in Japan verwendet wird. Aus der Erkenntnis dieser Tatsache, die nicht nur aus der Ethnologie abgeleitet, sondern auch als Geisteshaltung in der Konzeption der internationalen Politik bezüglich der Entwicklungsländer beobachtet werden kann – als wären ihre existentiellen Probleme prinzipiell entwicklungspolitischer Natur –, ergab sich die Feststellung, daß es sich hier um die Bildung eines Fremdentypus aus der Sicht des europäischen Menschen im allgemeinen handelt.

Der homerische Mythos der «Odyssee» wurde wegen seines universalen Charakters für eine umfassende Untersuchung über den Fremden gewählt. Auffallend in diesem Mythos ist der Typus des Zeus Xenios, der in seiner Bedeutung als «Beschützer des Fremden» dem Gedanken der Gastfreundschaft in anderen Kulturen entsprach.

Die epistemologische Relevanz des Zeus Xenios wurde zum Eckstein für die Xenologie. Der homerische Typus kann den Anspruch erheben, über kulturelle und gesellschaftliche Besonderheiten hinaus für die Universalität des Menschen, die einen göttlichen Bezug hat und von daher für alle Menschen verbindlich ist, gültig zu sein. In der Ordnung, die von Zeus ausgeht, kann das Axiom einer allgemeinen der Menschheit innewohnenden Wahrheit gesehen werden. Der Fremde steht deshalb unter dem Schutz Zeus', weil er sich dieser Ordnung fügt, und von daher weilt er in einem Universum, dem er theoretisch als Subjekt angehört. Sobald er aber die Gesellschaft, die seine physische Existenz sichert, verläßt, wird er zum Fremden. In dieser seiner Qualität als Fremder kommt er in den Genuß des besonderen göttlichen Schutzes, der ihm von seiner Gesellschaft nicht mehr gegeben werden kann. Im Gegenzug muß er lediglich der dem Menschen gegebenen übergreifenden göttlichen Ordnung mit Achtung begegnen. So ist es zu verstehen, daß die physisch fremden und geographisch fernen Äthiopier nicht zu den Xenoi, den Fremden, gerechnet werden, weil sie die Ordnung Zeus' wie in einem Glaubenstestat beachten. Dahingegen beachten die benachbarten, in ihren Zügen wahrscheinlich absichtlich entstellten Kyklopen die Ordnung Zeus' nicht, deshalb werden sie auch nicht als zu dieser Ordnung gehörig angesehen. Zudem werden sie mit unmenschlichen Sitten in Verbindung gebracht und sowohl als Anthropophagen als auch als Riesen dargestellt, um zu offenbaren, daß sie die Unordnung menschlicher Gemeinschaft verkörpern.

Am Beispiel der einäugigen, riesigen und menschenfressenden Kyklopen entwirft der Autor der «Odyssee» das Bild eines Unmenschen, das als Wesens außerhalb der menschlichen Oikumene steht. Der Kyklop wird zum Typus des Fremden schlechthin gemacht, der entsprechende physische Merkmale erhält. Dieser Fremde als Folgeerscheinung der mythologischen Spekulation wird als Typus aus seiner Befangenheit, seinem Fehlverhalten gegenüber Zeus konstruiert. Er ist eine Deduktion einer auf ethische Prinzipien zentrierten Spekulation und wird nicht a priori gebildet, wie dies in den späteren Jahrhunderten und im Rahmen der Ethnographie sein wird, bei der es sich genau genommen um die sogenannten anthropogenen Wissenschaften handelt, die in der vorkolumbianischen Zeit einen Fremden konkret außereuropäischer Prägung geliefert haben.

Zusammenfassend läßt sich sagen: Es stellte sich die Verbindlichkeit des Mythos für die Erkenntnistheorie des Fremden heraus, die in folgenden relevanten Aspekten hervorgehoben wird:

1. Der Held des Epos nimmt ausdrücklich Stellung zu der Begegnung mit den fremden Kulturen und bewertet sie nach einem universalen Muster, das die Ordnung des Zeus darstellt.

2. Das rationale Ordnungsprinzip hat eine gesellschaftlich übergreifende Relevanz und bindet alle Kulturen in eine Realität ein.

3. An diesem Ordnungsprinzip partizipiert jeder Mensch, ungeachtet seiner spezifischen gesellschaftlichen und geschichtlichen Artikulation.

4. Die Beziehung zu dieser Ordnung ist gleichzeitig ihr Spender und Garant; der Mensch steht zu ihr in einem intelligenten Verhältnis.

5. Das ethische Moment der Gastfreundschaft ist dem Gegenstand inhärent.

Vor dem Hintergrund des homerischen Mythos läßt sich somit die epistemologische Herkunft der Xenologie erkennen, die ein gesellschaftsübergreifendes Subjekt der Menschheitsgeschichte zum Gegenstand hat und einen allgemeinen Fremden zu ihrem Theorem macht.

Der göttliche Bezug wird in der Xenologie durch den wissenschaftlichen Anspruch ersetzt, daß das Wissen um die Subjektrealität des Anderen diesen auch als intersubjektives Ordnungselement von Gesellschaft und Geschichte erkennen läßt.

Wie bereits erwähnt, ist der Wissenschaftsbegriff der Xenologie nicht willkürlich entstanden, sondern gründet sich auf einem Erkenntnisprozeß, dessen Anwendungsmöglichkeit im Mythos als hermeneutischem Instrumentarium angelegt ist. Die potentielle Analogie des Mythos mit der Xenologie mag darin bestehen, daß letztere ein wissenschaftliches Erklärungsmuster für das Universale des Fremden anbietet, und zwar aus der Überlegung heraus, daß die Rolle, die der Mythos in der Antike gespielt hat – und noch heute bei Gesellschaften spielt, deren Paradigma der Existenz von kosmologischer Herkunft in

dem Sinne ist, daß das Ordnungsdenken dem Kosmos als Ordnungs-
quelle semiotisch angepaßt ist –, heute der Wissenschaft zukommt.

Mit der Xenologie ist eine wissenschaftliche Kategorie geschaffen
worden, die einen Komplex erforscht, der in allen Gesellschaften auf-
tritt und geschichtsübergreifend verifiziert werden kann. Entgegen diversen Wissenschaften von dem Fremden, die, wie sich am Beispiel
der Ethnologie, Anthropologie usw. zeigt, geschichts- und gesell-
schaftsspezifisch geprägt sind, entzieht sich die Xenologie kulturspe-
zifischem Denken. In diesem Zusammenhang versteht sich die Xenologie als eine normative Wissenschaft vom Menschen in seinem Da-
seinsmodus und als allgemeines Subjekt der Geschichte. Eine Definition der Wissenschaft kann jedoch nicht vorgenommen werden, ohne
daß vorher ihr Gegenstand bestimmt wurde.

4. Zur Soziogenese des Fremden

Was ist fremd? Das ist die Frage, die wir an dieser Stelle aufwerfen
müssen, bevor wir definieren, was Xenologie an sich ist. Fangen wir
damit an zu betonen, daß sich in der Xenologie eine Wissenschaftsin-
tention verbirgt, die weder auf die willkürliche Rezeption des Fremden abzielt noch mit der Reproduktion geschichtsspezifischer Probleme erklärt werden kann. Vielmehr führt die Xenologie in eine Theorie
ein, die mit der vorherrschenden Rezeption des Fremden nur in einem
erkenntniskritischen Zusammenhang steht.

An sich ist die Kategorie des Fremden vorgegeben. Sie ist bewußt-
seinspräsent, ohne notwendiger Gegenstand eines Diskurses zu werden. Das Bewußtsein, das man latent vom Fremden hat, hängt von
Erfahrungsanlässen ab, die entweder partikularistischer Natur oder
allgemeingesellschaftlich gestimmt sind. Unter dem Eindruck eines
historischen Vorfalls kann es über das, was fremd ist, zu einer Auseinandersetzung kommen, an der die Gesellschaft als Ganzes teilhat oder
für die das Individuum eine ihm eigene Form entwickelt. So kann es
in der Psyche eines Einzelnen angelegt sein, mit Furcht auf eine bestimmte Begegnung mit dem Fremden zu reagieren, oder in der Psy-

che einer Gesellschaft, die Eigenschaft eines Nachbarvolkes zu konnotieren und verallgemeinernd danach zu benennen. Ein Beispiel dafür wird in der ersten Abhandlung zur Xenologie im Zusammenhang mit dem Mythos angeführt: Die Inuit (was übersetzt «Mensch» heißt), werden deshalb Eskimo («Fisch[fr]esser») genannt, weil sie rohen Fisch essen (Munasu Duala M'bedy, S. 44). Einen solchen stigmatisierenden Diskurs haben auch die Anthropologen in ihrer Konzeption des nichteuropäischen Menschen durchgeführt. Die mythische wie die wissenschaftliche Erörterung haben beide eine gesellschaftlich prägende Ähnlichkeit und lassen erkennen, wie sich die Struktur des Fremden stereotyp bildet.

Die Frage, was nun fremd sei – und zwar in dem Sinne, daß wir fragen, ob das Fremde nur von einem ihm fremden Bewußtsein anempfunden werden könne –, muß zur Antwort haben, daß mindestens zwei Faktoren in Interaktion treten, wenn es sich um die Definition des Fremden handelt: einerseits das Objekt der Definition, das sogenannte Fremde, und andererseits das ihn definierende Subjekt, das entweder ein Individuum sein kann oder eine Gesellschaft bzw. ein bestimmtes Milieudenken. In jedem Fall ist es ein dem zu definierenden Objekt fremdes Bewußtsein, das definiert, was fremd ist, und nicht – wie in der rein subjektiven Definitionsweise üblich – die dem zu definierenden Objekt naheliegenden Eigenschaften, was von vornherein zu der subjektiven Entscheidung eines epistemologischen Vorverständnisses nach dem Grundprinzip führt: dieses oder jenes sei mir fremd. Anstelle dieser formalen Vorgehensweise soll die binäre Definitionsebene hervortreten, die zur Strukturbildung des Fremden zwei wechselseitige Akteure ins Spiel bringt und somit ein binäres System als Entstehungsrahmen des Fremden ansieht.

Die einzige wissenschaftliche Definition des Fremden, die meines Wissens dem binären Bestimmungsvorgang Rechnung trägt, ist jene naturwissenschaftliche, die von Kurt Lewin in seiner «Topologischen Psychologie» aufgestellt wird.

«Die Topologie als die allgemeinste Wissenschaft von räumlichen Beziehungen kann auf das Verhältnis von ‹Teil› und ‹Ganzem› gegründet werden, oder anders ausgedrückt, auf den Begriff des ‹Teilseins›. Eng verbunden mit diesen Begriffen ist der von der ‹Umgebung› eines ‹Punktes›» (Lewin, S. 105).

Die Berücksichtigung des Raumes, und die somit angesprochene Umgebung eines an diesem teilhabenden Elements, kommt der Bestimmung des Fremden, wie sie in der Xenologie vorgenommen wird, außerordentlich entgegen. Sieht man von der mathematischen Anwendung ab, welche die subjektive Natur des Menschen außer acht läßt, ist sie gar xenologisch relevant.

«Geht man vom Begriff des ‹Fremdsein› aus (…)», so Lewin, «sind zwei Bereiche A und B dann als fremd zu bezeichnen, wenn sie keinen gemeinsamen Teil besitzen, oder genauer ausgedrückt, wenn der Durchschnitt von A und B ‹leer› ist» (ebenda).

Die Abwesenheit von Fremdheit ist somit gegeben, wenn Strukturen eine gemeinsame Teilmenge haben. Auch die Definition von Lewin erfolgt via negativa. Dennoch knüpft Lewin an das wesentliche erkenntniskritische Merkmal an, das die Struktur des Fremden bestimmt und durch den komparativen Faktor der zweiten Figur vertreten ist. Die Struktur des Fremden wird nicht alleine eingegrenzt, sondern durch das tertium comparationis, das sowohl durch eine Figur wie durch eine Umgebung bzw. Milieu in ihre semantische Bestimmung übergeführt wird.

Die aus der topologischen Psychologie stammende und naturwissenschaftlich konzipierte Definition belegt in einer überschaubaren Weise die These von der Bestimmung des Fremden in einem System. Noch expliziter in der systemischen Betrachtungsweise des Fremden ist der soziogenetische Ansatz von Frantz Fanon. Der Psychiater und Revolutionstheoretiker Frantz Fanon führte die Kategorie der Soziogenese ein, die er in der Frage der Entfremdung herausgearbeitet hat.

«Freud, der auf die konstitutionalistische Tendenz des ausgehenden 19. Jahrhunderts mit der Psychoanalyse reagierte, forderte, daß man dem individuellen Faktor Rechnung trage. An die Stelle einer phylogenetischen These setzte er die ontogenetische Perspektive... Neben der Phylogenese und der Ontogenese gibt es die Soziogenese» (Fanon, S. 10).

Die von Fanon erkannte Soziogenese empfiehlt er, auf die beiden konstitutiven Strukturen der Fremdheit anzuwenden.

Die Repräsentation des Fremden ist komplexer Natur, zu ihr gehört ein Pendant als struktureller Bestimmungsfaktor, das als originärer Träger der Fremdheit überhaupt in Erscheinung tritt. Demnach kann die Hypothese aufgestellt werden, daß es keine Fremden im inhaltlichen Sinne des Wortes gibt. Fremd ist genau genommen das Bewußtsein, das die Fremdheit auch produziert. An ihm stigmatisiert sich die Fremdheit, die auf ein anderes Bewußtsein projiziert wird.

Ein Fremder ist immer der Fremde eines anderen. Weder steht er im Raume allein noch hat er in sich das Bewußtsein von dem, was ihn charakterisieren soll. Wenn nämlich das Fremdsein ihm nicht unterstellt wird, ist er kein Fremder.

Der Fremde als solcher ist kein datum. Er ist kein Gegenstand der Realität, der sich in einem selbstbestimmenden Akt als fremd begreift. Vielmehr bedarf es der gedanklichen Vorstellung eines anderen Subjekts, das die Fremdheit produziert und projiziert. Daß es sich hierbei um eine Simulation handelt, bei welcher der Fremde quasi auf die Leinwand eines Bewußtseins projiziert wird, als ein Objekt, dem eine Spekulation zugrunde liegt, geht daraus hervor, daß das Bewußtsein des dergestalt entworfenen Fremden in seiner Subjektivität intakt bleibt. Die Eigenschaften, die ihm dabei zugesprochen werden, entstammen nicht seinem eigenen Bewußtsein, sondern dem eines Umfeldes, mit dem der Fremde bestenfalls ebenso als Subjekt interagiert. Die Wechselseitigkeit der Kategorie fremd impliziert eine Subjekt-Subjekt-Relation, die in jeder Bestimmung und Produktion der Fremdheit vorhanden ist. Obschon die Fremdheit kategorisch kein Index ist, auf den man jederzeit rekurrieren kann, ist dennoch jener Zustand der Fremdheit nicht ausgeschlossen, wo ein Subjekt aus dem unterbewußt erlebten Alltag herausgerissen und zum auffallenden Moment in einer hypertrophen Situation wird. In diesem Rahmen kommen kulturspezifische Eigenheiten der Fremdheit ins Spiel und nehmen Einfluß auf die Situation, die dann zum allgemein bekannten Typus führen.

Diesem Zustand der Spannung zwischen unterschiedenen Bewußtseinen wird seitens der Xenologie in der Form Rechnung getragen, daß von Fremdsystemen gesprochen wird. Dem liegt zugrunde, daß der Fremde als das beliebige Subjekt in Gesellschaft und Geschichte erkannt worden ist, dem, durch ein Milieu konstituiertes Bewußtsein und auf der Grundlage subjektiver Denkinhalte, Eigenschaften unterstellt werden, die unorthodox sind und ihm (dem Fremden) spezifisch gemacht werden.

Exkurs zum deutschen Fremdsystem

Wir, die über zwanzig Jahre in der Bundesrepublik gelebt haben, werden seit der Wende mit dem Fremdsystem Deutschland konfrontiert. Haben wir doch vorher in einem Schlaraffenland gelebt, wo wir, gestützt von der deutschen Verfassung und Nachkriegsverfaßtheit, dem nachgehen konnten, wozu wir gerufen waren. Wir, Italiener, Türken, Afrikaner und Vietnamesen, gerufen und berufen zugleich, um Zerstörtes wieder aufzubauen, beim Vergessen und der Wiederherstellung der Normalität zu helfen, mit Arbeitsverträgen und Stipendien. Dann wurde es aber zuviel des Vergessens, und wider die gewohnte Normalität mit dem Neu-Deutschen wurde man doch noch der deutschen Normalität überführt. Mit ihr kehrt die Erkenntnis zurück, daß die verlebte Realität in den vierzig Jahren der Nachkriegszeit ja gar nicht die deutsche Wirklichkeit war. Die deutsche Wirklichkeit kann man jetzt erleben, nachdem die Verfassungsprovisorien im politischen wie eben im konstitutionellen Sinne aufgehoben worden sind. Das Grundgesetz war eines dieser Provisorien – ohne gänzlich aufgegeben worden zu sein, ist es in einer Form angegangen worden, die der Aufgabe des Verfassungsgeistes gleichkommt, wie durch die Änderung des Artikels 16 des Grundgesetzes dokumentiert worden ist. Was uns Ausländer angeht: Man hat den Eindruck, in einem Land gelebt zu haben, in dem die Menschen hier in Deutschland sich in einen Dornröschenschlaf begeben hatten und doch nach vierzig Jahren, nach ihrem Erwachen feststellten: sie sind von Fremden umgeben, die sie gar nicht gewünscht haben. Dem ist entgegenzuhalten, daß jeder Fremde, der zu uns kommt, Subjekt unserer Einladung ist. Mittelbar oder unmittelbar, bewußt oder unbewußt bewirken wir sein Hiersein. Einmal durch die blind handelnde Politik oder die zielorientierte Wirtschaft, ein anderes Mal durch die Abwerbung, mit der wir seine Migrationsbereitschaft fordern. Diese Einladungsmechanismen wurden vor der deutschen Wiedervereinigung offen gehandelt. Mit der Innovation der Ausländerpolitik scheint das Gedächtnis nicht mehr so weit zurückzureichen. Wird die deutsche Normalität durch die alltäglich gewordenen Übergriffe gegen Fremde zurückerobert? Das Fremdsystem Deutschland eignet sich in den Höhen und Tiefen seiner Geschichte im besonderen Maße für die Fragestellung der Xenologie.

Im folgenden soll nun auf das deutsche Fremdsystem als auf eine suggestive Frage der Gesellschaftsordnung eingegangen werden, innerhalb dessen das Kriterium des Fremden beheimatet wäre. Dabei wird der Versuch unternommen, das spezifische Merkmal dieses Systems herauszustellen. Denn geht man davon aus, daß in allen Gesellschaften der Moderne das Fremde sich zu einer sozialen Realität entwickelt hat, lassen sich an denselben Fremdsystemen gleichzeitig Unterschiede zwischen Gesellschaften erkennen, die dann auf ordnungsspezifische Kriterien verweisen. Es ist deshalb nicht von ungefähr, daß der Artikel 16 des GG die einzige Verfassungsänderung ist, die der deutschen Wiedervereinigung, dem wichtigsten historischen Ereignis der Nachkriegszeit Deutschlands, gefolgt war. Sie lag gewiß nicht im Bereich der verfassungsmäßigen Vorkehrung, die sowohl das Einanderfinden der Deutschen erleichtern sollte oder gemäß Art. 146 GG das Ende der Gültigkeit der Verfassung verkündet; sondern diese Maßnahme, entgegen den politischen Praxen in beiden deutschen Staaten, wo Fremde für die deutsche Frage gewonnen wurden, richtete sich gegen die virtuelle Verfremdung der Deutschen, die im übrigen von bundesrepublikanischen Professoren Anfang der 80er Jahre mit dem Heidelberger Manifest bereits verkündet wurde. Das Gegenmanifest der 60 um den Migrationsforscher und Historiker Klaus Bade[2] versammelten Menschen kann dem weder an Wirkung noch an Genuinem etwas anhaben, geschweige denn es überbieten und kommt wie auf Abruf. Nur unter Berücksichtigung einer besonderen Sensibilität der Deutschen den Fremden gegenüber kann man begreifen, daß der Art. 16 GG etwas an sich hatte, was nur zu einem zu kurzen Abschnitt in der deutschen Geschichte gehörte und danach der Allgemeinheit nicht mehr entsprach. So wurde der Asylkompromiß also als die eiligste verfassungsmäßige Maßnahme angesehen und ideologieübergreifend diskutiert und ohne nennenswerte Opposition abgestimmt und angenommen. Ohne den Stil der Verfassungsdiskussion in diesem Rahmen überbewerten zu wollen: eine bessere Selbstdarstellung des deutschen Fremdsystems hätte es nicht geben können als durch die diversen Lesarten, nicht des Art. 16 GG als solchen, sondern des einsamen Satzes in der deutschen Verfassung: «*Politisch Verfolgte genießen Asylrecht.*» Die normalisierte Lesart ermöglichte den Ausgang der Diskussion in den sogenannten Asylkompromiß. Auf den Nenner gebracht, scheint sich die Grundeigenschaft dieses Systems jenseits jeglicher intellektuellen und ethischen Betrachtungen abzuspielen. Intellektuell hat sich die deutsche Wissenschaftsgemeinschaft kompromittiert, indem sie sich auf einen Artikel 16a eingelassen hat. Ethisch fragt es sich, ob das deutsche Volk es sich leisten kann, das «Kronjuwel seiner Verfassung» (Günter Grass) zu verwerfen. Die nun eingetretene Normalität entspricht dagegen dem Volksempfinden, an dem alle Deutschen aller Berufsklassen ungeachtet der geistigen Kapazität teilhaben.

Deutschland bildet keine Ausnahme. Jedes Land, jeder Staat der Moderne stellt ein Fremdsystem dar, ebenso wie jedes Fremdsystem die Reproduktion des spezifischen Selbstverständnisses der Gesellschaft in der Geschichte im Umgang mit der integrativen Komponente des Fremden ist. Um den Akzent dieser Komponente müßte das Studium des sozialen Systems von einem weiteren normativen Bestand erweitert werden. Denn der Fremde in seiner passiven oder aktiven Strukturannahme ist nicht nur ein konstitutives Element der politischen Existenz geworden, das weder integriert oder desintegriert und von der politischen Partizipation ausgegrenzt zu werden braucht, sondern als solcher ist er aus dem sozialen Geschehen nicht mehr wegzudenken.

Die Selbstdarstellung im deutschen Fremdsystem leitet zu der Frage über: Kann ein solches System durch einzelne Ereignisse und Erscheinungen erschöpfend veranschaulicht werden, oder gehören diese mehr als bloße Paradigmen dazu? Die Antwort greift in die Kernfrage der Xenologie als Wissenschaft von Fremdsystemen ein, wobei letztere als solche verstanden werden, wenn das auffallende oder hypertrophe Element der Fremden ein System umwidmet; ein solches System wird dann zu einem Fremdsystem, wenn die soziale Ordnung bzw. das politische Klima sich nach der einfachen Präsenz bzw. der Strukturdominanz des Fremden bestimmen läßt.

Die Intelligibilität der Organisationsstrukturen, die auf Fremdsystemen beruhen, reicht bis zu den Anfängen der Neuzeit zurück, als es zu den ersten Kulturkontakten mit den Völkern anderer Erdteile kam. Daß die Völker, die aufeinander zugingen, auf die Begegnung verschieden reagierten und von unterschiedlichen Intentionen geprägt waren, hat zu den modernen imperialistischen Herrschaftsformen mit ihrem Eroberungscharakter geführt, deren Beteiligte nicht auf analoge Ordnungsquellen verweisen konnten. Ein genereller Akkulturationsprozeß blieb daher aus, und es kam zum «Kulturzusammenstoß» (Bitterli, S. 81), der mit verschiedenen Formen, etwa den projektiven Bildern über nichteuropäische Völker, noch anhält. Die aufeinanderfolgenden Etappen der kulturellen, mit Herrschaft verknüpften Begegnung führen über das Eroberungszeitalter, die moderne Sklaverei, zur Kolonisation.

Die Fähigkeit, in den «entdeckten» Fremden «Andere» zu erkennen, wurde zur Richtschnur eines noch nicht geformten Begriffs der Humanität[3]. Trotz des Zeitalters des Humanismus und der Aufklärung scheint der Prozeß noch nicht zu einem Ende gekommen zu sein, zumal die aktuelle Tendenz ist, den Spieß umzudrehen und die Völker der Dritten Welt der mangelnden Humanität zu bezichtigen. Der Gedanke des Interventionismus, der neuerdings in bezug auf die Völker des Südens und ihr politisches Verhalten kursiert, erinnert an die Stimmung, die im vorigen Jahrhundert zur Kolonisation geführt hat. Die Rehabilitierung des im Laufe der Jahrhunderte zum Stereotyp gewordenen Fremden ist somit noch stärker in die ferne Zukunft gerückt.

Dennoch, die Kolonisations- und Dekolonisationsprozesse schienen eine Wende in diesen von Anfang an vereitelten Formen der Begegnung herbeizuführen. Den Eroberern und Kolonisatoren wurde die Möglichkeit eingeräumt, an politischen Erfahrungen gemeinsam mit den eroberten Völkern teilzuhaben. Dies geschah:

1. im Rahmen der politischen Integration der Menschen in den kolonisierten Räumen auf der Verfassungsgrundlage;

2. wegen der Freisetzung der besetzten bzw. kolonisierten Gebiete in souveräne Staaten;

3. durch den politischen und kulturellen Austausch von Völkerrechtssubjekten untereinander.

An diesem, von der Kolonisation ausgehenden Lernprozeß, dessen Erfahrung unter anderem eine Dialektik der Befreiung zum Inhalt hatte, war Deutschland aus bekannten historischen Gründen nicht vollständig beteiligt. Somit entfiel es für die Deutschen, den in seiner menschlichen Integrität herabgesetzten und von Rassengedanken heimgesuchten «Anderen» wie relativ letzte europäische Kolonialmächte zu erkennen. Die mögliche Begegnung mit dem stereotypen Fremden fand in Detuschland nicht statt. Das hatte Folgen für das deutsche Fremdsystem, innerhalb dessen, wenn Begriffe wie «abfakkeln» hörbar werden, die Erinnerung an die Formen der Begegnung der Konquistadores mit den Indianern nicht ausbleibt. Hier stellt sich die ideologische Frage des Rassismus und ähnlichen Gedankenguts, die das deutsche Fremdsystem von Anbeginn an nach der Reichsgründung in den siebziger Jahren des letzten Jahrhunderts begleitet hat. Harry Breßlau datiert auf das Jahr genau den Ausgangspunkt des deutschen Fremdsystems mit dem Beginn der Judenhetze 1875 (in: Boehlich, S.57). Aus jener Zeit sollen auch die Fremdkategorien wie die damalige neue Wortschöpfung «Semitismus» stammen.

Die Frage, die sich bei dem deutschen Fremdsystem stellt, dem, wie bereits angemerkt, kein Lernprozeß im Umgang mit Menschen anderer Kulturen vorangegangen war, ist, ob die Bereitschaft, in einem *homonoia*ähnlichen Zustand mit ihnen zusammenzuleben, vorhanden ist. Homonoia ist ein umfassender politischer Begriff, worunter in der griechischen Antike die Eintracht verstanden wurde, die, um überhaupt wirksam werden zu können, die «homonoia des Menschen zu sich selbst und ihr Verhältnis zur Homonoia der Polis» implizierte. Die verfassungstheoretische Bedeutung dieses Begriffs für die aktuelle Weltkonstellation in der Nachfolgezeit des kalten Krieges erweist sich in seiner dritten Sinngebung als außerordentlich bedeutsam, nämlich:

«homonoia bedeutet das harmonische und friedliche Zusammenleben freier, autonomer, griechischer Polis, unter Berücksichtigung ihrer Rechte in einem Geist von Gleichheit und Gerechtigkeit» (Moulakis, S. 57 ff.).

Das Paradigma der altgriechischen Oikumene ist in einer Welt angebracht, wo es keine denkbare Legitimation zur Verfremdung mehr gibt. Ein Rückfall hinter die koloniale Erfahrung wäre nicht nur unzeitgemäß, sondern auch fatal.

Trotz der Herrschaftsbedingungen, die dem kolonialen System zugrunde lagen, selbst der aufklärerischen Absicht, eine Zivilisationsmission zu erfüllen, zum Trotz gab es keinen alternativen historischen Weg, der zu dem heutigen Begriff der «einen Welt» geführt hat. Das Paradigma des deutschen Fremdsystems, dem es nicht gegeben war, die zu einem solchen potentiellen Weltsystem zählende philia, die Freundschaft von Menschen in der gleichen politischen Gemeinschaft, zu erfahren, muß tatsächlich erweitert werden auf den Gedanken eines Weltfremdsystems. Denn die Vision der «einen Welt» kommt am Konzept des xenischen Weltsystems[4] nicht vorbei.

Deutschland hat keine Fremdheitsstruktur, die zum Gegenstand hätte, den als Fremden reproduzierten Menschen in seine Normalität zu überführen und somit seine positiven wie negativen Daseinsmerkmale und Charaktererscheinungen jenseits jeder Form von Mystifikation zu erkennen. Zu dem Zeitpunkt der Geschichte, an dem kulturübergreifende Herrschaftsbedingungen und deren Verwerfung durch den Dekolonisationsprozeß mit diesem, dem Katalog der Fremdheitsstrukturen zufolge, Kongenialfremden überwunden wurde, der «den normativen Charakter der aktuellen Fremdheitssysteme» (Bonny Duala-M'bedy, S. 21) wiedergibt, hat Deutschland keinen entsprechenden Kodex entwickeln können. Als Ersatz für das geschichtsbedingte und keineswegs entgegen der geläufigen Meinung ruhmreiche deutsche Desiderat, das ohne erhebliche Priorität im Bereich der internationalen Politik von der Art des Ost-West-Konfliktes auffallend geworden ist, kann die Xenologie dem Aufholbedarf in wissenschaftlichem Sinne und im Hinblick auf Inhalte der politischen Bildung nachkommen. Als die Wissenschaft von Fremdsystemen bietet sich die Xenologie wie eine deutsche Wissenschaft an, wodurch weder das Vergessen noch das Verdrängen, weder das Simulieren noch das Fabulieren, sondern das Erkennen als Bezug zur geteilten Wirklichkeit mit Anderen im Mittelpunkt steht. Mit der Xenologie geht es um die Wahrnehmung einer zu erkennenden Realität, die mit der Zukunft eines Landes wie Deutschland zu tun hat, weil die weltpolitische Konstellation sich nicht mehr wie in den früheren Jahrhunderten mit Waffenmitteln regelt. Die wechselseitige Anerkennung auf der Grundlage unterschiedlicher Traditionen oder gar Naturerscheinungen ist zum neuen Inhalt geworden. Sei es im Bereich innerstaatlicher Normierung zum Verhältnis kulturfremder Völker, sei es im Bereich des interkulturellen Verhältnisses zu anderen Völkern, immer dominiert der Erkenntnisprozeß zur Relevanz des Anderen.

Hans-Eckehard Bahr

Das Eigene und das Fremde
Die Bösen sind unter uns

I. Mozart und die gepanzerte Faust

Reisen durchs Heilige Nordatlantische Reich auch Deutscher Nation. Meine erste Station ist Waldenburg. Dort lebte, lese ich in einem Märchen, ein Müller, der hatte eine Tochter, die war schön wie der lichte Tag. Eines Tages, als sie am rauschenden Mühlbach saß, näherte sich ihr Rübezahl in der Gestalt eines Ritters und sprach: «Schönes Fräulein, was sitzt Ihr hier denn alleine mitten im finstern Wald. Wißt Ihr nicht, daß es hierob in den Bergen von grimmigen Bären wimmelt, die Euch gar zu gerne in Stücke reißen würden? Kommt, ich bring Euch in Sicherheit.» In einer anderen Textvariante kommt noch das Angebot: «Ich will Euch zu meiner Frau machen. Ihr sollt jeden Sonntag Braten essen und gutes Bier trinken.» «Ach, lieber Herr», versetzte die schöne Müllerstochter, «vor den grimmigen Bären habe ich keine Angst, denn wenn sie meinen Gesang vernehmen, werden sie mir nichts zuleide tun.» Und sie sang so herzbewegend, daß die Bären zu wimmern begannen und die Felsen Tränen vergossen.

Im Märchen bewirkt das Erscheinen von friedevollen Menschen die Sänftigung des unheimlichen Fremden. Im Wunschtraum der Völker erstarrt das Feindselige unter dem Bann des Guten.

In meinem Kopf läuft jetzt der Orpheus-Film ab, der griechische Mythos-Film, wie Orpheus mit den Argonauten nach Kalchis fuhr, ans Schwarze Meer, um das Goldene Vlies zu rauben, ein goldenes Widderfell, von einem Drachen bewacht; wie Jason, der Anführer mit dem Untier kämpfte und erlag, schon halb verschlungen war, als Orpheus auf seiner Leier zu spielen begann. Der Drache, so heißt es, fiel in Tiefschlaf, so daß die Argonauten das kostbare Fell rauben konnten.

Die Leier des Orpheus in dieser mythischen Szene steht ganz im Dienst des Kriegerischen, ist männlicher Gestus. Der heilige Georg schimmert schon durch, der Drachentöter, dem Fremdes nur dämonisch erscheint, das zu berennen, heroisch und stupide, als Kreuzfahrer-Mentalität bald die abendländischen Kriege auslöst, von den mittelalterlichen bis zu den modernen Golfkriegen. Die Müllerstochter aus Waldenburg jedoch, sie sang so bewegend, daß die Bären zu wimmern begannen und die Felsen Tränen vergossen, heißt es. Ihr Gesang also ist versöhnende Macht, rührt alte Sehnsüchte, Erlösungssehnsüchte – auch der Tiere. Im Gebrüll der Bären nimmt sie offenbar auch das andere wahr, das Seufzen der Kreaturen (die aussichtslose Hoffnung, daß Fressen und Gefressenwerden einmal aufhören). Mozart also, wo das Fremde zu verschlingen droht. Ein zweiter Typus des Umgangs mit bedrohlich Fremden. Ein weiblicher, ein musischer, ein messianischer.

Gibt es heute, in der politischen Realität, Erfahrungen, die all das auch bestätigen.

II. In der äußeren Konfrontation die innere Kooperation

Von Waldenburg jetzt zur zweiten Reisestation, nach Chicago, wo Sie das DSG-Team gerne erwartet. Eine prototypische Szene: Ein 19jähriger junger Mann warf dort 1966 einen scharfkantigen Stein auf Martin Luther King. Kaum wieder aufgestanden, verlangte King, mit dem Gewalttäter zu sprechen, jetzt, sofort. Der Stein, den der Mann geworfen hat, ist ein Telefongespräch mit mir, bedeutete King uns, eine mißratene Kontaktaufnahme.

22mal wurde der schwarze Bürgerrechtler körperlich angegriffen. Steine, Messerstiche, Schüsse. Und jedesmal dieser Versuch, mit den Attentätern zu sprechen; mit dem bedrohlich Fremden unbedingt in Kontakt zu kommen; in eine innere Kooperation in der äußeren Konfrontation. Kontakt also in einem qualitativen Sinne einer offenen, genuinen Kommunikation, nicht taktisch strategisch nur. In der irrsinnigen Hoffnung, daß ein Mensch sich immer noch ändern kann, auch einer mit gefährlichem Wahn. Dieses Sprechen, es ist der uralte Versuch, den anderen als Person ernst zu nehmen, nicht seine Ideologie. Bei dieser Suche findet man auch die eigene Menschlichkeit wieder, höre ich King noch hinzufügen.

In der äußeren Konfrontation mit dem Fremden eine innere Kooperation aufbauen? Die fremde Person erreichen, das Eigenste des anderen? Sind das nicht alles Wunschprogramme? Ich denke, wir müssen die psychischen Abläufe solcher Konfrontationen vollkommen neu andenken. Viel wissen wir ja seit Sigmund F. über die intersubjektiven Phänomene, die Zimmerschlachten, aber sehr wenig über die Lösungschancen sozialer und interkultureller Konflikte.

Ich sehe – mein kleiner Versuch – vier (drei) Dimensionen so einer Kontaktkommunikation. Die erste: Man geht aus, bei sich selbst wie beim fremden Gegenüber, von der gleichen Furcht, entblößt zu werden, sein Gesicht zu verlieren, wenn man Schwäche zeigt. Daher – so der übliche Reflex – muß ich mich mit Stärke wappnen, mich gleich groß machen wie der andere. Außen und innen. Das Gleichgewicht der Bewaffnung, die Sicherheitspartnerschaft der 80er Jahre. Aber führte diese Parität nicht immer dazu, daß man den anderen zu überlisten trachtete? Das Orpheusmodell ist doch die natürliche Konsequenz dieser ersten Dimension. Wir kennen es auch aus dem Privaten: Besser Geige spielen, tiefer leiden. Es gibt viele Formen der Rivalität, die auftauchen, wenn man sich verletzt oder bedroht glaubt.

Von den gleichen Ängsten ausgehen? Nicht auch von den gleichen Versöhnungsinteressen? Nicht auch von den großherzigen Fähigkeiten, die nach vorne ziehen, ins Bessere? Das wäre eine ganz andere, eine zweite Kontaktdimension. Es ist doch ein Tag-und-Nacht-Unterschied, ob ich den anderen nur von seinen Ängsten her definiere oder ob ich, dimensional darüberhinaus, auch die schöpferischen, die kommunikativen Möglichkeiten beanspruche. Bei mir und dem anderen. Selbstbewahrung durch Fremdenzutraun, und vielleicht auch umgekehrt. (Ich bringe doch nur dann eine Nähe zum bedrohlich Fremden zustande, wenn der andere mich so imaginiert, wie ich eben noch nicht bin.) Das wäre ein Programm, das sich an der Kompetenz des anderen orientiert. Hier kommt in die Konfrontation mit erschreckend Fremden etwas kategorial Neues hinein, das über die Dürre bloßer Parität hinausführt. Ich meine so etwas wie das entschlossene Festhalten an einer allen Menschen gemeinsamen Humanität (an einer den Fremden mitumfassenden Gleichheit des Lebens). Sooft es mir gelingt, darauf zu setzen, in Verbindung damit zu kommen, kann ich es sogar wagen, mich so weit zu exponieren, daß der andere den größtmöglichen Spielraum bekommt für eine souveräne, angstfreiere Haltung mir gegenüber.

Eine dritte Dimension von Kontakt mit Fremden kommt hier ins Blickfeld. Maria Hippius, Gräfin Dürckheim aus Rütte, floh 1945 durch Mecklenburg, geriet mit ihren Kindern auf freiem Feld in einen Trupp russischer Soldaten. Gejohle, Angstschreie. Da bekam sie plötzlich Blickkontakt mit einem 16- bis 17jährigen Russen, berichtet sie. Minuten später ließen die Soldaten ab von ihr, nachdem der junge Russe auf die anderen eingeredet hatte. Blicken, Erblicktwerden, blitzartig kann so Verständigung dasein. Ein Einverständnis jenseits der Worte, das wir kennen aus dem Alltag, bei weit undramatischeren Situationen im Büro, unterwegs, beim Einkauf, gerade in den nebensächlichen Kommunikationen. Da glückt es ja, weil es im Großen nicht so klappt. Jedenfalls, hier wird schon einmal blitzartig der destruktive Drang transformiert in Lebensenergie, in Lebenserotik. Thanatos zu Eros, auch im Supermarkt.

Aber nur in den Momenten, in denen ich mich selber verbinde oder verbunden bin mit den tiefsten Energien der Schöpfung draußen, drumherum, mit den stärksten kommunikativen Kräften auch in der Welt, nur dann konstelliert sich ein solch mystisches Aha. Du ein Mensch, ich ein Mensch. Das wäre die vierte Dimension, eine letzte, die man nicht sozialtechnisch herbeizwingen kann.

Wenn ich mich als Theologe frage, wie sind denn da eigentlich die Kontaktmodelle Deiner eigenen Tradition, bin ich überrascht. Ich sehe, daß nicht die ethischen Appelle, sondern die Wunder- und Heilungsgeschichten im Neuen Testament die treffenden Analogien bieten. Sie jedenfalls sind die eigentlichen Friedens- und Versöhnungsgeschichten, nicht die davon isolierten radikalen Forderungen der Bergpredigt, die gerne von den oberen Herren strapaziert werden.

In diesen Geschichten begegnet der junge Mann aus Nazareth scheinbar tödlich kranken Menschen, die sehr aggressiv sind, autoaggressiv, Menschen in körperlicher, in sozialer Entfremdung. Die sozusagen außerhalb des vitalen Lebens stehen, in einer äußeren Anomie, in einer depressiven Selbstzärtlichkeit. Und diese werden nun angesprochen als solche, die den Bann brechen können. «Willst Du gesund werden», wird ein 38jähriger, der ja gerne krank bleiben möchte, gefragt. «Steh' auf, nimm' Dein Bett und geh' aus eigener Kraft.» So wird einer, der sich nur zu gerne als Opfer sieht, angegangen als einer, der zugleich auch Akteur und durch und durch aufstehensfähig ist, ein potentiell Gesunder.

Es ist ein Vorgang des Bannbrechens nötig, wie die alte, die mythologische Sprache es sagt, wenn Menschen aus einer Gewaltverbiesterung, aus Selbstzerstörung, aus Angst vor der Freiheit herauskommen sollen, herübergeholt (werden sollen) auf die Seite ihrer besseren Möglichkeiten. Menschen sind ja immer, in der Symbolsprache, besessen von Angst- oder Gewaltneigung, was in den alten Texten tödlich genannt wird. Deshalb nützen ja auch all die ethischen Ermahnungen überhaupt nichts, wenn wir unter dem Bann sind. Es bedarf in dieser Frage einer sehr viel tiefer gehenden Erinnerung an die Gegenkräfte in uns.

III. Beteiligen oder bestrafen

Kontaktkommunikation mit dem fremden Anderen, dem Bedrohlichen, wie soll das aussehen in der politischen Szene des neuen Deutschlands? Die Person des anderen akzeptieren, ihr Eigenstes mobilisieren, sind das nicht wieder Idealkonstrukte, Beschwörungen, wo eigentlich Sofortbestrafung fällig wäre? «Die Äußerungen barbarischer Gewalt mit notfalls martialischer Gegengewalt ... unterdrükken», fordert der Berliner Autor Peter Schneider im Kursbuch «Deutsche Jugend» (1993, Seite 141). Neue Eingriffsbefugnisse der Exekutiven werden auch im Bundesinnenministerium verlangt, im «Sicherheitspaket '94». Was da erstrebt wird, ist, fürchte ich, aber eine ganz

eigene innenpolitische Sicherheit: Autodiebstahl und Wohnungsein-
bruch auf der einen Seite und Protestdemonstrationen sozial Entrech-
teter auf der anderen, das alles könnte in einen einzigen Topf mit
Verbrechen politischer Extremisten geworfen werden. Ein sattsam be-
kannter Zusammenhang: Wenn die tiefe soziale Ungleichheit nicht
mehr politisch bewältigt wird, durch eine entschlossene, neue Vertei-
lungsgerechtigkeit, dann soll verschärfter Polizeieinsatz die Folge-
konflikte eindämmen. Eben das ist ja auch eine fatale Wirkung sozialer Ungerechtigkeit, daß sie Demokraten zur «fanatischen Verteidigung einer nichtfanatischen Kultur» verführt (Reinhold Niebuhr).

Das Bonner Programm «Kriminalitätsbekämpfung», die Kampagnen
für «innere Sicherheit», sie appellieren an Sehnsüchte nach Geborgenheit. Es dürfe keine Sicherheitsdefizite geben, erklären Parteienvertre-
ter. Die Utopie einer kriminalitätsfreien Öffentlichkeit wird den Bür-
gern vorgeredet, garantiert von allzuständigen Ordnungskräften. Aber
auch dieses «Fenster der Verletzlichkeit» läßt sich nicht so staubdicht
schließen, wie Ex-Präsident Reagan sich's mit seinem SDI-Schutz-
mantel seinerzeit für Amerika erträumte.

Die Kernzellen ausräuchern, das alte Konrad-Lorenz-Konzept des
Krebswegschneidens von Asozialem? Eine barbarische Methode, die
obendrein auch noch ineffektiv bleibt: Rechtsextreme Jugendliche
werden durch verschärften Polizeieinsatz gerade nicht abgeschreckt,
wie die neue Kriminalstatistik zeigt. Mein Programm hieße Beteiligung, alle Betroffenen beteiligen. Gespräch und Kontakt mit den sich
selbst isolierenden potentiellen Tätern sind längerfristig die einzige
Alternative zur Gewalt. Und zwar von Anfang an, schon beim ersten
Aufeinanderprallen der Konfliktakteure. Erst knallhartes Durchgreifen, dann Resozialisierung der Eingefangenen, lautet dagegen die
Law-and-Order-Strategie. «Erst nachher, wenn die Gewalttäter in Ge-
wahrsam gebracht sind, kann und soll man sich den Kopf darüber
zerbrechen, daß es sich ja eigentlich um Kinder handelt», meint Peter
Schneider (Seite 133). Gefängnisse aber sind wohl kaum geeignete
Orte, zerstörerische Energien junger Leute umzuwandeln in schöpferische Kompetenzen. Für demokratisch Liberale bleibt es dabei: Bö-
ses kann nicht mit Bösem vergolten werden. Der Einspruch gegen die

Destruktion muß vielmehr in sich selbst schon den Gegensatz zur Gewaltdynamik enthalten, von Anfang an.

Prävention, zusammen mit echter Sozialreform wäre die Alternative im großen. Im kleinen – da halte ich es lieber mit einem anderen deutschen Schriftsteller – «helfen nur Bürgerinitiativen. In jeder Schule, in jeder Gewerkschaft, in jeder Kirche muß eine nicht auf Ausgrenzung bedachte Initiative beginnen», meint Martin Walser (Stern, 29. Juli 1993). «Wer lädt denn schon einen Skinhead ein zu seiner Veranstaltung? Wir bleiben mit unserem guten Gewissen lieber unter uns.»

Daß dergleichen Gesinnungsethik handfesten Praxiserfolg bringt, erfahre ich bei meiner Weiterreise durch deutsche Kleinstädte.

IV. Einmal nach Minsk

In Mülheim/Ruhr, meiner vierten Station, erfahre ich von einem lange zurückliegenden Krach. Dort sollte eine Dritte-Welt-Woche vorbereitet werden, möglichst von allen im Stadtteil, also auch von den Rockern. Als Vertreter des Gemeindekirchenrats die Rocker aufsuchten und sie um Rat fragten, wie sie sich denn diese Dritte-Welt-Woche in Mülheim dächten, waren die Jugendlichen im schwarzen Dress fast ausgeflippt. Noch nie hatte sie jemand ernst genommen, sie echt um Beteiligung gebeten. Bald sah man die Gruppe durch die Stadt donnern, auf ihrem Lederrücken – ein fahrendes Rätsel – je einen Buchstaben mit weißer Farbe gemalt, zusammengesehen der Name eines Kinderheims in Tansania, für das gesammelt werden sollte. Eine Stunde später aber schritt das Ordnungsamt ein. Wir sind ja in Deutschland. Und kaum dreißig Minuten später war der Gemeindesaal in Trümmern.

Die anderen beteiligen, auch noch finster dreinblickenden jungen Leuten zutrauen, daß sie fähig sind zu eigenen Beiträgen, das ist das eine. Und das andere wäre ein Sachverhalt auf den William Faulkner in seinem «Requiem für eine Nonne» verwiesen hat:

«Ein Mensch zum Zuhören, wie wir ihn wohl alle brauchen, haben möchten, haben müssen, mehr will der Mensch ja gar nicht, braucht er ja gar nicht. Ich meine, um sich anständig zu benehmen, um den Mitmenschen nicht ins Gehege zu kommen. All die Komplexe, von denen man uns erzählt, daß sie an der Existenz der Brandstifter und Sittlichkeitsverbrecher und der übrigen Feinde der Gesellschaft schuld sind, entstehen doch im Grunde nur dadurch, daß die Mörder und Diebe niemanden gehabt haben, der ihnen zugehört hätte. Das ist ein Gedanke, auf den die Kirche schon vor 2000 Jahren gekommen ist, sie hat ihn nur nicht weit genug verfolgt.»

Ja, wenn es gelänge, mit dem anderen ins Sprechen zu kommen, dann würden vielleicht die Gewalttäter nicht so isoliert. Es gäbe die Chance, auch potentielle Mitläufer noch zu erreichen.

Die Isolierten beteiligen, auch noch finster dreinblickenden jungen Männern zutrauen, daß sie fähig sind zu intelligenten eigenen Beiträgen, wie das möglich ist, hat Thea Bauriedel erkundet. Mit der Münchener Psychoanalytikerin also jetzt zur fünften Station, nach Ost-Berlin. Dort hatte eine junge Frau mit rechtsorientierten Jugendlichen eine solche akzeptierende Jugendarbeit versucht. Auf der einen Seite gab es dort Jugendliche, die Kleider und Medikamente für Weißrußland gesammelt hatten. Auf der anderen Seite gab es aber auch Störungen im Stadtteil durch rechtsextreme Jugendliche. Deren Parole? Man müsse den Russen, diesem Gesochse, in ihren eigenen Ländern helfen, damit sie nicht auch noch zu uns kommen. Die junge Frau griff diese Parole auf, schlug den jungen Leuten vor, doch diese Spenden nach Minsk zu fahren, ein Abenteuerkonvoi zu riskieren. Das war das Stichwort. Sie hatten einen «Kick» und sie fuhren los, wurden in Minsk akzeptiert, herumgereicht. Und zurückgekommen, wurden sie auch im Berliner Stadtteil positiv wahrgenommen, zum ersten Mal. Kommentar Thea Bauriedls: «Wenn ein Mensch etwas Sinnvolles getan hat, dann ist er viel weniger gefährdet, gewalttätig zu werden, denn er wird ja gewalttätig, wenn er sich ausgeschlossen fühlt.»
Einmal nach Minsk, einmal partizipieren an einem größeren Ganzen. Wie könnte aus solcher Ausnahme eine Regelmäßigkeit werden, eine kompetenzorientierte Sozialpädagogik in jeder Stadt?

Ein anderer Antwortversuch wurde in Hoyerswerda unternommen, wo Harald Lämmel als Sozialdiakon mit jungen Skins arbeitet. Mit ihnen baute Lämmel ab 1992 ein Begegnungszentrum auf mit Werkstätten, nicht mit Biertheken. Mit handwerklicher Arbeit und mit Zeltlagern versucht er, die jungen Männer aus ihrem Milieu von Arbeitslosigkeit und Enttäuschung zu holen. Das Modell eines freiwilligen Arbeitsdienstes sozusagen. «Wir haben sie als Menschen kennengelernt, die nichts zu verlieren haben», sagt Lämmel, «wir wollen etwas aufbauen, damit sie etwas zu verlieren haben» (Stern, 18. März 1993). Hoyerswerda, die sechste Reisestation. Natürlich lernen die jungen Leute hier zunächst Techniken des Überlebens. Aber zugleich damit auch ein sinnstiftendes und beheimatendes Wissen. Weit über die funktionale Verwendbarkeit hinaus werden hier Räume, Häuser und das Essen und Trinken in der Gruppe zu etwas, was man sich auch innerlich aneignet. Der Hamburger Erziehungswissenschaftler Fulbert Steffensky kommentiert: «Heimat heißt, daß Menschen mit Dingen umgeben sind, die sie als stimmig erleben, mit Vollzügen, die sie als stimmig erleben.» Lämmels Experiment zeigt, wie Sinn und Heimat behauptet und errichtet werden können, nicht in einem interpretatorischem Zugriff von außen, sondern aus eigener Kraft.

Krakau, eine siebente Station: «Ich habe die Punks und Skinheads in mein Theater eingeladen», berichtet Jerzy Fedorowicz, Direktor des Teatr Ludowy in Krakau-Nowa Huta. «Ich will die Langeweile vertreiben, die den Alltag dieser jungen Menschen bestimmt. Aus einer haßerfüllten Meute habe ich eine Gruppe von Freunden gemacht. Das Theater dient der Therapie, nicht der Ideologie» (Spiegel 53/92).

Eine handgreifliche Verwandlung kann passieren, wenn diffuse Ohnmachtsgefühle auf der Bühne dramatisiert werden. Die Aufführung ihrer Gefühle im Theater gab den jungen Polen jedenfalls die Chance, nicht ins Chaos abzusinken, sondern ihre Wut produktiv zu machen, zum gerechten Zorn umzumodeln. Und, was man nicht erst aus Krakau weiß: Auch die Hoffnung verschwindet ja in Windeseile, wenn sie keine produktive eigene Gestalt bekommt, wenn sie nicht mehr inszeniert wird, ästhetisch, pädagogisch und politisch.

Ich halte ein: Mülheim, Berlin, Hoyerswerda, Krakau. Diese befremdlichen, neuen Typen. Diese wachsende Verlassenheit in den Kleinstädten. Auf der anderen Seite sehe ich in diesen Projekten einer Reihe von jungen Männern und Frauen, die eine eigene Leidenschaft entdecken, an einer einzigen Stelle etwas wirklich Schöpferisches tun, nicht mehr nur vorgefertigte Schrankteile in den Raum schieben, die etwas Ureigenes zustandebringen, an einer kleinen Stelle; etwas, was nicht mit Geld zu tun hat, sondern mit anderen Menschen, mit Lust und auch mit den eigenen Fähigkeiten. Es ist eine Sinnerfahrung in Teilbereichen, bruchstückhaft, wie sonst.

Christa Wolf in ihrer Rede zur Verleihung des Geschwister Scholl Preises 1987:

«Mit wachsender Erschütterung habe ich in den letzten Tagebüchern von Sophie und Hans Scholl gelesen, die sinnlich erfaßbaren Umstände ihres Alltagslebens verfolgt... Ihre Hingabe an die Natur... Ihre Fähigkeit zu Freundschaft und Liebe... Diese Bemühung, immer aus dem eigenen Zentrum herauszuschreiben. Diese Literaturbesessenheit, dieser Ernst, mit dem beide geistige Nahrung aus Büchern sogen.»

Einer der beiden Scholls hatte eine Deutschlehrerin, die Goethes «Allen Gewalten zum Trotz sich erhalten» für die Nationalsozialistische Weltanschauung vereinnahmte. «Diese selbe Zeile haben die Scholls ganz anders gelesen, sie zu einem ihrer Losungswörer gemacht. Hans Scholl hat sie an die Wand seiner Todeszelle geritzt.»

Das sind also Menschen, die im Zusammenhang stehen mit sich selbst, mit der Welt. «Die Todessüchtigen», schreibt Christa Wolf, «das waren die anderen, die sie umbrachten, die schwer in ihrer Menschlichkeit Beschädigten.» Die mit nichts verbunden waren, nur mit wahnhaften Projektionen. Ist es dieser neue Typ, der auf uns zukommt?

V. Zunehmende Verlassenheit

«Was moderne Menschen so leicht in die totalitären Bewegungen jagt, und sie so gut vorbereitet für eine totalitäre Herrschaft, das ist die allenthalben zunehmende Verlassenheit», hatte Hannah Arendt als eine der Entstehungsbedingungen des Faschismus vermutet.

Nun, in Ostdeutschland hat die SED diese Verlassenheit noch einmal organisiert. Wir kennen das Ergebnis, ein Chaos entstand, in dem jeder durch Furcht elementar entsichert wird. Heute nun bewirken der Markt und die Durchkapitalisierung der Gesellschaft bei vielen Ostdeutschen das Gefühl, wiederum verlassen zu sein. Eine dritte friedliche Zerstörung des Vertrauens wird erlebt. Eine Heimatlosigkeit im Politischen.

Es entsteht ein so übermächtiger Wunsch, irgendwo wieder festen Boden unter die Füße zu bekommen, daß man bereitwillig den trügerischsten Stabilisierungsangeboten folgt, wenn sie einen nur aus der freiflutenden Angst befreien. Gerade junge Menschen kommen unter den Zwang, einen irgendwie übergreifenden Zusammenhang herzustellen, durch Anschluß an eine Gruppe mit rücksichtslos klaren Vorstellungen, vor allen Dingen, wogegen man zu sein hat, wenn man ja schon nicht weiß, wofür man sein könnte.

Feindbilder sind dann Schutzschilder gegen die akute Angst, noch rapider desorientiert zu sein. Und dann, schließlich, wird die Fremdheit aufgehoben in der eigenen Wahnvorstellung, durch Gewalt gegen die anderen.

Die Vernehmungsprotokolle vieler Täter zeigen aber fast durchweg ein elementares Bedürfnis nach Sinnstrukturen und nach größerem Zusammenhang. Der dann – schreckliche Verzerrung – nur in pathologischer Form hergestellt wird. Aber Jugendpolitik, die demokratisch realistisch bleiben will, muß an diesen tiefen Wunsch nach Sinn und Zusammenhang anknüpfen.

VI. Hakenkreuze als Hemd, nicht als Haut

Wie kommt es aber ausgerechnet zur Identifikation junger Deutscher mit den vorgestrigen Nazislogans der Eltern, der Großeltern? Thea Bauriedl, Münchener Psychoanalytikerin, vermutet: An angeblich einstiger Größe anknüpfen, das mindert das Gefühl jetziger Wertlosigkeit, das die jüngeren auch an ihren Eltern erleben, als Niederlage erleiden oder wütend bekämpfen. Auch andere kommen zu einem ähnlichen Urteil. Jugendgangs, die sich mit nationalsozialistischen Symbolen überkleiden, wollen einer permanenten Kränkung durch Minderwertigkeit entgehen, indem sie sich mit phantasierter deutscher Übergröße identifizieren.

Also Ohnmachtserfahrung unter den Füßen, Allmachtswahn im Kopf. Langeweile, gefährliches Vorstadium der Angst, und das versuchen sie jetzt aufzuheben in die Euphorie für das brutal Junge, für die zuschlagende Stärke. Und das zweite? Das Gemeinschaftserlebnis in der Gruppe, das zur Alternative eines diffusen Gefühls wird, das aus der Ohnmacht entrückt, gleisnerisch kontrastierend zum trostlosen Alltag.

Selbstgefühl durch militante Entwürdigung anderer, auch das eine Beziehungssuche, pathologisch natürlich. Mit anderen Worten, im rechtsextremen Auftreten, in den Hakenkreuzen erinnerungslos herangewachsener Jugendlicher kann ich noch nicht die bewußte, die primäre politische Option für Hitler sehen, als welche sie heute beim flüchtigen Hinsehen eilfertig hingestellt worden. Statt verfrühter Stigmatisierung, denke ich, sind biographische Analysen fällig, die auch das in gesellschaftliche Umfeld mit einbeziehen und die Gewalt der Institutionen.

Aber Jugendexperten beobachten, nicht nur im Osten, noch andere Verhaltensmuster. Das erste: Sich selbst als gewalttätig erleben, das bringt dem Gedemütigten eine Gesteigertheit, ein ekstatisch rauschhaftes Erleben. Eine Art Faszination. Wenn Lebenssinn im Erleben gesucht wird, überall ringsum, dann setzen diese jungen Leute eine isolierte Körpergewalt ein, ersatzweise, damit sie ein Sinnerleben bekommen. Dann wird der Körper eingesetzt als draufgängerischer, zusammenhanglos vitaler, aber nicht als erotisch sozialer. Nur die Körpererfahrung der Liebe wäre wohl stark genug, diese zerstörerische Körpererfahrung aufzuheben. Liebe, die Spiegelschrift des reinen Gegenteils zur Gewaltekstase.

Gibt es nicht doch Grenzen der Ansprechbarkeit? Verweigerungen der Kooperation? Wir sehen ja in die Gesichter jugendlicher Gewalttäter, erinnerungsloser Kinder. Es war rein zufällig, daß wir zu dem Haus mit den Türken gegangen sind, erklärt einer der 17jährigen Brandstifter. Konkrete Gründe kann ich nicht nennen, es ist halt so. Kein Motiv, kein Zeichen von Scham, aber auch keine große logistische Planung. Ich glaube, wir kommen in ganz große Probleme mit der Deutung dieser Phänomene.

VII. Verschlingen und Ausspeien

In seinem wunderschönen Buch «Traurige Tropen» hat der Ethnologe Claude Lévi Strauss die Auffassung vertreten, daß primitive Gesellschaften eine andere Strategie des Umgangs mit ihren gefahrbringenden Fremden anwenden als diejenigen, die wir für zivilisiert halten. Die Strategie der primitiven Gesellschaften ist die anthropophagische. Sie essen, verschlingen und verdauen, integrieren und assimilieren biologisch die Fremden, um die gewaltigen mystischen Kräfte sich zu eigen zu machen, die in ihnen stecken. Sehr weise. Vielleicht hoffen sie, sich das alles zunutze zu machen.

Der polnisch-jüdische Soziologe Zygmunt Baumann hat jetzt diesen Faden aufgenommen und erklärt: Im Gegensatz dazu verfolgen wir in den zivilisierten Gesellschaften eine anthropoemische Strategie (aus dem griechischen emeo – sich erbrechen).

«Wir speien die Gefahrenträger aus und entfernen sie aus dem Raum, in dem das geordnete Leben stattfindet. Wir sorgen dafür, daß sie außerhalb der Gesellschaftsgrenzen bleiben, entweder im Exil oder in bewachten Enklaven, in denen sie sicher eingesperrt werden können. Resozialisierung ohne Hoffnung auf Entkommen» (Das Argument, 1993, Seite 519).

Baumann hat Recht in seiner Vermutung, daß dies hier nicht alternative Strategien sind und schon gar nicht die historisch aufeinanderfolgender Gesellschaften. In jeder Gesellschaft, einschließlich der unseren, sind diese beiden, die phagische und emische Strategie, vielmehr gleichzeitig da. Das ist es, womit wir umzugehen haben. Wir in der deutschen Situation sind jedoch in großer Gefahr, heute in die zweite, in die emische Strategie der Innenpolitik zu geraten, segeln bereits über den Tellerrand hinaus, friedlich in die eigene Tiefe.

VIII. Die Ruhe ohne das Elend anderer

> «Schlaf' in guter Ruh',
> tu' die Äuglein zu,
> höre, wie der Regen fällt,
> hör', wie Nachbars Hündchen bellt,
> Hündchen hat den Mann gebissen,
> hat des Bettlers Kleid zerrissen,
> Bettler läuft der Pforte zu,
> schlaf in guter Ruh'.»

Ein deutsches Wiegenlied, dem lauschenden Kind Nachtfrieden verheißend. Nun, nachdem der Fremdling abgewehrt ist. Ein Wiegenlied zum Fürchten. Draußen die böse Welt, die unheimliche regennasse Welt, eine Finsternis mit Unholden – da sind sie wieder –, drinnen der schützende Innenraum, die Ruhe ohne das Elend anderer. Ein Sehnsuchtsbild der Deutschen. Ohne Angst schlafen können, ein trautes Heim haben, diese Ursehnsucht wird in den alten biblischen Texten keineswegs schlecht gemacht. Im Gegenteil. «Euer himmlischer Vater weiß, daß ihr das alles bedürft.» Geborgenheitswünsche werden ernst genommen. Kritisiert werden aber deren falsche Einlösungen, all' diese Fremdenfeindlichen, die Blut und Boden mythischen Mißverständnisse.

Wir haben zwei Modelle. Auf der einen Seite eben das Modell der Überidentifizierung, das Anthropophagische, in den letzten Jahren vor allen Dingen bei Linksliberalen, bei reformerischen Kräften angewandt, überall dort, wo man sich die moderne multiethnische Kommunikation als ein permanentes Straßenfest vorstellte, wo man an ein großes Haus dachte in Berlin, an ein großes Mietshaus, wo eine jugoslawische Gastfamilie wohnt, dazu ein neurotisches, altes Lehrerehepaar sowie ein paar Studenten. Und wo diese alle in einem wunderbaren Zusammensein beisammen sind. Tatsächlich aber wird die Gefahr einer Idylle daraus kommen. Eine alte linke Gefahr, die Überidentifikation, um die Kolonisierung des Fremden zu vermeiden. In meines Vaters Haus sind viele Wohnungen, hatte der Nazarener beim Abschied die Jünger beschworen, und niemand solle sich anmaßen, das sogenannte Unkraut auszurotten, das Fremde, wie es später heißen wird. Die Vision eines großen Hauses mit vielen unterschiedlichen Wohnungen? Gleiches Mietrecht für alle? Dieses frühchristliche Konzept imaginiert eine pluriforme Gesellschaft, mit der Gemeinde als Vorform, einem ungeordneten Gemischtwarenladen. Ein corpus permixtum. Aber eben nicht jene betrüblich uniforme Kirche der Reinen mit ihrer Angst vor Mischehen, vor ökumenischen Abendmahlsgemeinschaften und anderen unsauberen Energiequellen.

Es ist einer der großen Impulse der bürgerlichen Gesellschaft, alles in sich aufzunehmen, was Menschenantlitz trägt. Phasenweise gelang es auch in Deutschland, gebrochen durch Klassendifferenz, mißraten durch Armee und Gehorsam.

Sie werden sich an diesen wunderbaren Film von Ingmar Bergman erinnern, «Fanny und Alexander», die weihnachtliche Festtafel. Da sitzen sie, die Beheimateten und die Unbehausten, alle in der bürgerlichen Großfamilie, die hinkende Magd, der blasphemische Onkel, der gespreizte Hausherr und seine Frau, die das alles durchschaut und erträgt. Eine Gesellschaft von Alteingesessenen und Zugezogenen, kontrastiert im Bischof, diesem Gegenstück der bürgerlichen Kälte, damit die Sache nicht zur schwedischen Idylle mißrät.

Ein gemeinsames Haus Europa, die Mutter Europa, erst Gorbatschow hat diese urbane mütterliche Vision wieder zum Politikziel erhoben. Aber, wir kennen ja auch die Gegenvision, jene alte Vision, daß die Deutschen eine Gemeinschaft Artgleicher sein mögen, nicht eine Gesellschaft Verschiedenartiger, das angelsächsische Modell. Eine Gemeinschaft Artgleicher, an deren Haustür nun die Fremdvölker pochen? Jovial wird ihnen momentan noch ein Plätzchen im Heizungskeller zugewiesen, aber substantiell integriert werden können sie natürlich nicht. «Haus» wird dann zur eigenen Nation, und dann ursprungsmythisch aufgeladen, steht ja in der Symbolwelt ohnehin für Höhle und Geborgenheit.

Warum diese fürchterliche Angst vor der Multi-Kulti-Bestie? Die buntgescheckte Tigerkatze rekelt sich doch längst schon im Wohnzimmer. Etwas Fremdartiges und zugleich Aufregendes verwandelt unsere Städte. Überall das Gefühl einer Bedrohung. Und gleichzeitig ist diese die Spannung, aus der allein neue soziale und politische Lösungen kommen, Menschenrechtslösungen. Die europäischen Städte leben, wo sie produktiv vibrieren, aus den abenteuerlichsten Kulturmischungen. Aus diesem Kampf der einzelnen Ethnien um die Gleichberechtigung. Und diese Vielfalt ist von ansteckender Gesundheit. Ein positives Chaos.

Wenn wir dahinter zurückfallen, und diese Gefahr besteht vor allem im Osten, wenn wir davor zurückschrecken, was da an Scheußlichem und an Großartigem auf uns zukommt, dann werden wir in kulturelle Provinzialität wegschlingern, in machtgeschützte Innerlichkeit am Rande der brennenden Welt. Ich denke, es wird holländischer, es wird italienischer und osteuropäischer, überall. Oder wir bleiben bei Dürer-Haus und deutschem Bienenhonig sitzen, bis wieder mal Verdun und Stalingrad folgen. Die deutsche Provinzialität aus Bismarckhering, Milchsuppe und Wollunterwäsche ist '45 nicht untergegangen. Sie kommt jetzt von seiten der politischen Exekutive als Deutschlandromantik wieder oder im Sportcoupé, gelackt und affig.

Ich stelle mir das Scheußliche und das Faszinierende, was auf uns zukommt, so vor, wie ich es in einer Begebenheit gelesen habe, die Gerhard Münderlein berichtet:

Vor der Kasse eine Schlange, drei Damen, ein älterer Herr, eine Mutter mit Kind, ein Punker, eine weitere Dame. Die Abfertigung zieht sich ziemlich hin. Das Kind stößt den Einkaufswagen rhythmisch in die Kniekehlen des älteren Herrn. Der duldet schweigend. Die Mutter übersieht das Treiben ihres Sprößlings. Die Kassiererin aber beobachtet das Geschehen und wird nervös. Schließlich wendet sie sich an die Mutter: «Würden Sie bitte so freundlich sein, dem Kind seine Grenzen zu zeigen?» Die Mutter: «Mein Kind wird antiautoritär erzogen. Es kennt seine Grenzen selbst.» Es wird jetzt ganz still im Supermarkt.

Es ist diese stumme Szene, in der die Gewalt sich vorbereitet. Da schraubt der Punker sein eben gekauftes Glas Honig auf, schüttet der Mutter den klebrigen Inhalt über den Kopf und erklärt, auch er sei antiautoritär erzogen und auch er kenne seine Grenzen. Darauf öffnet der ältere Herr seelenruhig sein Portemonnaie, drückt dem Punker zehn Mark in die Hand und sagt: «Bitte kaufen Sie sich ein neues Glas Honig.»

Hans-Joachim Maaz

Das Eigene und das Fremde
im deutschen Vereinigungsprozeß

Der Zusammenbruch der DDR und die Einheit Deutschlands waren von den meisten Deutschen gefeierte historische Ereignisse, die mit viel Euphorie, Aufbruchstimmung und hoffnungsvollem Optimismus verbunden waren. Davon ist nicht mehr viel übriggeblieben. Enttäuschungen und Ängste, wuchernde gegenseitige Vorurteile und Vorwürfe belasten den deutschen Alltag, und in der anwachsenden Radikalität und Gewalt, dem Fremdenhaß und der offenen Feindseligkeit gegen Asylbewerber finden die Deutschen offenbar ein gemeinsames Thema, um sich von der verunglückten Einheit, dem Versagen der Vereinigungspolitik und der sozialen Brutalität der Währungs- und Wirtschaftsunion abzulenken. Es findet ein umfassender Prozeß der Schuldabwehr und Schuldverschiebung in Deutschland statt, der die notwendige Trauer über die bereits verlorene Utopie von einem sozial gerechteren Leben und über den bevorstehenden Verlust der Utopie von einem Leben in ständig wachsenden Wohlstand vermeiden will. Noch glauben die meisten, sie seien Zeitzeugen eines großen gesellschaftlichen Fortschritts, den der Zusammenbruch des kalten Krieges zwischen «Kapitalismus» und «Sozialismus» bedeuten würde. Manch einer hält sogar noch an dem Mythos einer erfolgreichen westlichen Ostpolitik und an einer «friedlichen Revolution» in den Ländern des «real-existierenden Sozialismus» fest, um nicht der bitteren Wahrheit ins Auge schauen zu müssen, daß auf uns alle die Folgen einer globalen Krise zurückschlagen, die vor allem in den westlichen Industrienationen schuldhaft produziert wurde und im Ost-West-Konflikt bisher mit seinen wesentlichen destruktiven Energien gebunden worden war. Um uns herum toben schon längst neue blutige nationalistische Kriege. Wir sind in ein Zeitalter neuer gefährlicher Verteilungskämpfe eingetreten. Der kalte Krieg hat sich deshalb erübrigt, weil sich der Konflikt zwischen Reichtum und Armut auf dieser Welt zu einem heißen Feuer entfacht hat. Deutschland ist wie eine Drehscheibe vom Ost-West- zum Nord-Süd-Konflikt, als dem wahren Hintergrund der aktuellen symptomatischen Gewalt. Wenn wir dieses umfassende Problem nicht bloß auf notwendige strenge Maßnahmen gegen gewalttätige Jugendliche und die Diskussion um eine Veränderung des Asylrechtes verkürzen würden, könnten wir an der Radikalisierung in Deutschland etwas verstehen lernen von den sozialpsychologischen Vorgängen in unserer Gesellschaft und von den uns allen abverlangten Erkenntnis- und Entwicklungsschritten. Wir werden uns umfassend verändern müssen oder wir werden in eine neue Katastrophe stürzen. Mit meiner Analyse will ich um Verständnis werben für Einsicht und Veränderung, auch wenn diese uns weder leichtfallen noch angenehm sein werden.

Der deutsche Vereinigungsprozeß hat uns längst gelehrt, daß allein politische und wirtschaftliche Roßkuren nicht in der Lage sind, sozialen Frieden zu schaffen, ganz im Gegenteil. Erneut werden die Möglichkeiten der Menschen überschätzt und die sozialpsychologischen Folgen gesellschaftlicher Fehlentwicklung unterschätzt. Dies war bereits nach 1945 so, jetzt wiederholt sich dieser verhängnisvolle Irrtum. Weder hat es eine umfassende Klärung gegeben, was eigentlich «Faschismus» in den Seelen der Menschen und in ihrem Zusammenleben bedeutet, noch gibt es heute ein wirkliches Verstehen, was «Sozialismus» und «Marktwirtschaft» in den Menschen angerichtet hat beziehungsweise weiterhin anrichtet. «Entnazifizierung» gab es nicht als einen umfassenden psychischen Prozeß der persönlichen Aufarbeitung der millionenfachen Begeisterung für den Nationalsozialismus, der aktiven Teilhabe und des massenhaften Mitläufertums an pervertierten gesellschaftlichen Verhältnissen und Vorgängen. Das Programm der «Entnazifizierung» blieb ein Etikett, das mit «Umerziehung» und «Säuberung» äußere Veränderungen vollzog, aber die psychologischen Wurzeln des Faschismus unberührt ließ.

Die grundlegende Bedeutung autoritärer Verhältnisse in der Gesellschaft, im Zusammenleben der Menschen und in der Erziehung für die destruktive und radikale Gewalt des Dritten Reiches wurde verleugnet und blieb aus der kritischen Analyse ausgespart. Sofort wurde, unterstützt durch die reale Not und die damit verbundenen Sachzwänge, zur Tagesordnung übergegangen. Die individuelle Schuld der Menschen war ein Antrieb für umfassende Aufbauleistungen, und die unbewältigten destruktiven Energien wurden an neue Feindbilder gebunden. Mit dem «Wirtschaftswunder» und dem «Aufbau des Sozialismus» waren die Ziele ideologisch vorbereitet: Wohlstand dort und soziale Gerechtigkeit hier, die Erlösung von der unerträglichen Schuld an Krieg und Holocaust versprachen. Und mit der Spaltung Deutschlands ergab sich auch die fragwürdige «Gnade», individuelle Schuld kollektiv zu projizieren: die unbelehrbaren Kapitalisten und Imperialisten auf der einen Seite und die gefährlichen Kommunisten und Sozialisten auf der anderen, so dienten die aufgebauschten Feindbilder beiden Seiten, um das eigene Böse nach außen zu projizieren und dort stellvertretend zu bekämpfen. Damit war in beiden deutschen Staaten die psychologische Bewältigung der nationalsozialistischen Pathologie verhindert, die wirklichen Ursachen blieben verdrängt, und die personale Betroffenheit konnte vermieden werden. Statt dessen beherrschten ideologische, propagandistische und bekennerhafte Haltungen und Überzeugungen und ökonomische Erfolgsbilanzen die Szene der «Vergangenheitsbewältigung».

In der DDR war etwas ganz Erstaunliches passiert: Indem sogenannte «antifaschistische» Führer zur Macht gebracht und «Antifaschismus» zur propagandistischen Staatsdoktrin erklärt worden waren, konnte eine «Stunde Null» behauptet und alles Böse auf die Vergangenheit und den Westen projiziert werden. So konnte sich Ostdeutschland zu einem Volk von Helden, Widerstandskämpfern und Opfern erklären. Damit war das Thema «faschistische Vergangenheit» für die DDR tabuisiert. Es gab niemals eine Aufarbeitung der Schuld und Betroffenheit des großen Teils der Mitläufer in unserem Land. In den Schulen wurden zwar die faschistischen Greueltaten ausführlich dargestellt, und der Besuch eines Konzentrationslager gehörte zur Jugendweihe-Pflicht, aber damit verband sich stets die Haltung, daß die unerträglichen Verbrechen von den Faschisten begangen worden waren, die es ja Gott sei dank in der DDR nicht mehr gebe. So konnte sich die DDR außenpolitisch sogar eine ausgesprochen feindselige Haltung gegen Israel leisten. Und als später die Berliner Mauer offiziell als «antifaschistischer Schutzwall» bezeichnet wurde, verriet dieser absurde Begriff den Abspaltungsmechanismus: Das zuvor über die Mauer projizierte Böse sollte nun dort auch gebannt bleiben. Diese behauptete moralische Überlegenheit war lange Zeit ein Bonus für das totalitäre Regime, eine Beschwichtigung der Schuld und eine Aufwertung der gebeugten Seelen, so daß die Neuherrschaft durch Ängstigung, Einengung und Unterwerfung ohne nennenswerten Widerstand geduldet wurde. Selbst die offenkundigen äußerlichen Ähnlichkeiten mit dem nationalsozialistischen System: Massenaufmärsche, pseudoreligiöse Rituale und Gelöbnisse, Führerverehrung, demagogische Gehirnwäsche, Bespitzelung und Denunziation, Verfolgung politischer Gegner wurden hingenommen – was auch auf die ungebrochene psychosoziale Disposition für autoritäre Strukturen hinweist.

Und in der BRD war mit der auferlegten, nicht organisch gewachsenen Demokratie ein äußeres Kräftespiel in Gang gebracht, das äußere Freiheit und wirtschaftlichen Erfolg zum Maßstab machte und nach außen expandieren ließ, was innerlich an Entfremdung nicht wahrgenommen werden wollte: wachsender Wohlstand anstelle psychischer Reinigung und menschlicheren Beziehungen. Erst die achtundsechziger Studentenbewegung hat die verweigerte Klärung der vergangenen Verhältnisse eingefordert und eine relative Ablösung von den alten autoritären Strukturen erzwungen, was aber sehr bald in den neuen zwanghaften Strukturen der Marktwirtschaft aufgefangen wurde und letztlich bloß eine intellektuelle Liberalisierung brachte und die autoritäre Hierarchie durch eine ausufernde Bürokratie ersetzte und damit die «psychische Revolution» schließlich auch erstickte.

So haben in den zwei deutschen Staaten die autoritären Prinzipien unter verschiedenen Bedingungen fortgewirkt – das Grundleiden der Deutschen an innerseelischer und mitmenschlicher Entfremdung blieb im wesentlichen unberührt –, die Ausformung der psychosozialen Folgen entspricht aber den unterschiedlichen Sozialisationsbedingungen. Im Osten herrschte erneut ein repressiv-autoritäres System, das mit offener Gewalt und Strafe Unterwerfung erzwang, und im Westen verführen vor allem manipulative und suggestive Mechanismen zur Anpassung an das von wirtschaftlichen Überlegungen dominierte Gesellschaftssystem. Die Folgen an seelischer Entfremdung und innerem Mangel sind dabei aber durchaus vergleichbar.

So wird durch Erziehung und die gesellschaftlichen Zwänge das Eigene zum Fremden und das Fremde zum Eigenen. Das durch Einschüchterung und Strafe unterdrückte Eigene war im Osten vor allem das Individuelle und Kreative, das Kritische und Ehrliche, und zum Fremden wurde vor allem die soziale Maske von Gehorsam, Unterordnung, Disziplin und Ordnung. Und das durch Suggestion und Manipulation, durch die Gesetze des Erfolges und Profits verdrängte Eigene ist im Westen vor allem das Gemeinschaftliche und Entspannende, die Angst und Schwäche, was in einem Leben, das auf Wettbewerb und Konkurrenz basiert, keinen Raum erhält. Das zum Eigenen gewordene Fremde wird schließlich kultiviert, und wer sich davon ausschließt, der wird sehr schnell zum Sündenbock und als gefährlich und feindlich bekämpft und ausgegrenzt. Und das fremdgewordene Eigene braucht zur ständigen Unterdrückung ideologische Erklärungen und Kompensationsmechanismen, die entweder chemisch dämpfen, durch Zerstreuung ablenken oder ersatzweise äußerlich entschädigen sollen, was innerlich nicht mehr wahrgenommen werden darf.

Gewalt und Haß gegen andere Menschen sind stets ein Hinweis darauf, daß innere Spannungen in den Menschen angerichtet wurden, daß sie nicht mehr das Eigene und Eigentliche finden und entwickeln dürfen, sondern vielzuviel Fremdes leben müssen. Die damit zwangsläufig verbundene und berechtigte Aggressivität muß aber unter Kontrolle gebracht werden, sie wird schließlich verdrängt und wartet praktisch auf äußere Ereignisse, um dann scheinbar berechtigten Anlaß zu finden, sich affektiv abzureagieren.

Die häufige Unverhältnismäßigkeit der feindseligen Erregung zur benennbaren Ursache weist darauf hin, daß die aktuelle Situation durch alte vergessene Affekte überlagert wird. Daß dabei selbst kleinlich-harmlose oder gar nur phantasierte Ereignisse brutal-zerstörerische Impulse auslösen können, verrät uns die existentiell bedrohliche Qualität der aufgestauten Gefühle, und dies ist ein sicheres Zeichen für eine lebensgeschichtlich sehr frühe Entstehungsgeschichte. Wenn nämlich das kleine Kind ungenügende Liebe und Annahme, vielleicht sogar Ablehnung oder körperliche und seelische Gewalt erfährt – selbst die nur vorübergehende zeitliche oder räumliche Trennung der Mutter von ihrem kleinen Kind kann diese bedrohliche Erfahrung verursachen –, dann werden existentielle Ängste ausgelöst, die tief verdrängt werden müssen, um überhaupt überleben zu können.

Solche Erfahrungen tragen heute die meisten Menschen in sich. Solange in einer Gesellschaft Kinder nicht hinreichend um ihrer selbst willen angenommen, geschätzt und bestätigt werden, sondern genötigt sind, vor allem die Erwartungen der Eltern zu erfüllen, damit dem Willen der Mächtigen zu folgen und an sie herangetragene Normen für notwendig und richtig zu empfinden, erfahren sie eine Entfremdung von ihren ureigensten und ganz individuellen Wünschen und Bedürfnissen. Und sie verlieren die Sicherheit und das Vertrauen, darauf zu achten, was sie in ihrem Innersten wirklich wahrnehmen, bis sie schließlich eingeschüchtert und angstvoll bemüht sind, die gesetzten Normen und Erwartungen zu erfüllen. Wenn sie schon nicht Liebe bekommen, dann wollen sie wenigstens «Gnade» erfahren. Allerdings kann diese Gnade auch durch Privilegien, reichlich materiellen Gewinn und Karriereförderung «versüßt» werden.

Wir begegnen bei dieser Analyse also den Prinzipien autoritärer Erziehung, wie sie in Ost und West zwar unterschiedlich ausgeformt, doch in wesentlichen Auswirkungen gleichwertig als ein Massenphänomen vorkommen. In autoritären Strukturen gibt es immer Mächtige (Eltern, Lehrer, Ärzte, Pastoren, Politiker), die vorgeben zu wissen, was richtig und was falsch sei. So werden Normen tradiert und unkritisch weitergegeben, und als allgemein üblicher Verhaltenskodex wird der abnorme und destruktive Charakter bald nicht mehr erkennbar. Auf diese Weise sind in Deutschland Disziplin und Gehorsam, Ordnung und Sauberkeit, Fleiß und Tüchtigkeit sowie tapfere Gefühlsbeherrschung zu höchsten Tugenden gelangt. Daß es sich dabei längst um die Pathologie einer «Normalität» handelt, wird überhaupt nicht mehr ernsthaft reflektiert. Alle Eltern, die bereits das Opfer dieser

Erziehungsideale wurden, erfahren durch ihre zunächst spontanen und vitalen Kinder eine Bedrohung: Sie werden durch deren Lebendigkeit an die schmerzliche Einengung und Unterdrückung ihrer eigenen kraftvollen Lebensäußerungen dumpf erinnert und würden sehr schmerzliche und bittere Erkenntnisse wiederbeleben müssen, wollten sie ihren Kindern ein unverstelltes Leben gewähren. Also werden sie um jeden Preis bemüht sein, ihre Kinder so lange zu «erziehen», bis sie sicher sein können, von ihnen nicht mehr an die eigene Schmach und Demütigung erinnert zu werden.

In der DDR wurde diese Erziehung offen-gewalttätig mit den Mitteln von Strafandrohung und wirklicher Bestrafung, durch Beschämung und Ängstigung, durch Abwertung und Ausgrenzung vollzogen. Und in der Bundesrepublik wird die Anpassung an die erwarteten Normen von Leistungsbereitschaft, Stärke und Durchsetzungsfähigkeit, von Konkurrenzverhalten und Dominanzgebaren vor allem durch die Marktgesetze durchgesetzt. Es sind die Macht des Geldes, der Reiz der ewig neuen Waren, die Verheißungen von Frische, Jugendlichkeit und Gesundheit, der Gruppenzwang, «gut drauf zu sein», die Status-symbole und Prestigezwänge, die die Menschen entfremden. Die da-durch verursachte Unzufriedenheit und Spannung wird stets nach au-ßen zu neuen Anstrengungen, Zerstreuungen und fragwürdigen Ver-gnügungen abgelenkt. Die Stasi-Herrschaft hat im Osten die Bezie-hungen der Menschen durch Angst, Mißtrauen, Bedrohung und De-nunziation vergiftet – und im Westen gibt es vergleichbare Folgen durch Konkurrieren und Rivalisieren sowie durch die Fassade der Stärke und Cleverness, die das Eingeständnis von Ängsten, Schwä-chen, von Grenzen und Hilflosigkeit verhindern und damit die Sehn-süchte und Chancen nach wirklichen Beziehungen unerfüllt lassen.

Wer solche Erfahrungen von gewalttätiger Unterwerfung oder mani-pulierender Anpassung in sich trägt, kann gar nicht anders, als mit Empörung und Zorn auf die Einengung und Demütigung zu reagieren. Er wird auch Schmerzen über unerfüllte Wünsche in sich tragen und Trauer über verlorene Lebensmöglichkeiten. Und es wäre alles halb so schlimm, wenn er wenigstens diese Gefühle wahrnehmen und aus-drücken dürfte. Doch zur autoritären Erziehung auf gesetzte oder erwartete Normen hin gehört unweigerlich auch das Gefühlsverbot. Weder der Despot noch der Erfolgsmensch ertragen das Geschrei und Gejammer und den Fluch der leidenden Seelen – es könnten ja auch die eigenen Verletzungen dabei wieder zu bluten beginnen. Also: Seid tapfer, beißt die Zähne zusammen, seit friedfertig, beherrscht euch, strengt euch an und verbreitet Hoffnung und Trost, daß alles schon gut werde. Optimismus ist die Droge für die Gedemütigten.

Doch wer seinen berechtigten Zorn über Unterdrückung und Anpassung nicht leben darf, dem wird Gewalt geschehen. Er hat nur die Wahl, die aufgestaute Aggression gegen sich selbst zu richten, was uns die Depressiven, die Suizidalen, die Süchtigen, die Arbeitswütigen und die wachsende Zahl der psychosomatisch Kranken drastisch vorführen. Oder aber es werden Anlässe und Kanäle der Abreaktion gefunden, wozu sich in aller Regel sozial Schwächere und Abhängige eignen, also Kinder, Partner, Alte, Kranke und eben auch – Fremde! Und die Natur und die Umwelt wollen wir dabei nicht vergessen, an der wir uns alle ungezügelt und permanent versündigen. Wir zerstören, vernichten, beuten aus, vergiften und verschmutzen, als wenn wir Amokläufer wären – und alle wissen wir es, und keiner kann es aufhalten.

Der Fremdenhaß ist die projektive Ausdrucksform für das Fremdgewordene in uns, also für das ursprünglich Eigene, das wir aber nicht leben und bald auch nicht mehr wahrhaben durften. Lieber schimpfen wir auf die «Polnische Wirtschaft», um unser stilles Leiden an den eigenen Ordnungszwängen abzuwehren, lieber denunzieren wir lüstern den «geilen Neger», als unsere eigene sexuelle Frustration zu bekennen. Und natürlich sind die «fahrenden Zigeuner» eine Zumutung für die uns mühsam aufgenötigte Disziplin und Enge. Die Asylbewerber denunzieren wir am liebsten als «Wirtschaftsflüchtlinge», um gar nicht erst auf die Idee zu kommen, daß wir selbst wirtschaftlichen Erfolg längst höher bewerten als menschliche Beziehungen. Und wenn die «Ossis» als «Bananenfresser» bezeichnet werden, halten sie dann mit ihrer oralen Begierde und Warengier den westdeutschen Konsumenten nicht nur einen Spiegel vor, der wieder etwas zum Vorschein bringt, was schon längst so elegant kultiviert war. Und verkörpert der «Jammerossi» nicht die Seiten westdeutschen Lebens, die dort keinen Raum mehr einnehmen dürfen, nämlich Schwäche, Angst, Hilflosigkeit und Leiden? Und ist die Aufforderung an uns, wir sollten aufhören zu jammern, endlich die Ärmel hochkrempeln und ranklotzen, schließlich hätte man sich auch im Westen den Wohlstand hart erarbeiten müssen, nicht auch wie ein Aufschrei, in dem sich die Sehnsucht nach einem entspannteren Leben ausdrückt? Und verraten wir im Osten mit dem Schimpfwort vom arroganten «Besserwessi» nicht unsere eigene Schmach von der uns nicht erlaubten Eigenständigkeit und Durchsetzungsfähigkeit?

Wer Fremde haßt, haßt das unannehmbar Fremdgewordene in sich selbst. Er haßt seine eigenen natürlichen Wünsche und Bedürfnisse, die ihm total ausgetrieben oder geschickt verteufelt oder abgelenkt wurden. Er kämpft gegen die unvermeidlichen Schwächen und Begrenzungen, die im Zwang um Effizienz, Erfolg und Perfektion keinen Raum bekommen, er reagiert seinen berechtigten Zorn am ungeeigneten Objekt ab und benutzt Situationen und Anlässe, die ihm scheinbares Recht und Sicherheit vermitteln, um den eigenen Schmerz in Unflat zu verwandeln. Nicht die Fremden sind die Bedrohung, sondern das eigene entfremdete Leben.

Wenn sich aufgestaute Aggressivität, soziale Verunsicherung und ein geeigneter Anlaß zusammenfinden, sind die Ingredienzien der Gewalt gemischt. Im Osten Deutschlands ist dieses Gebräu reichlich angerichtet: als Folge des umfassenden repressiv-autoritären Gesellschaftssystems der Vergangenheit, das die Menschen zu zähneknirschenden, schlaffen oder an der Macht partizipierenden Untertanen nötigte. Das sind die psychosozialen Altlasten! Dazu kommen jetzt die Folgen des verheerend verlaufenden deutschen Vereinigungsprozesses, der massenhaft Werteverluste, Orientierungslosigkeit und Identitätsbrüche beschert, existentielle Krisen erzeugt und neue Demütigungen und Kränkungen bereitet, weil alles, was das Leben in der DDR bestimmte, aufgegeben und alles, was das Leben in der Bundesrepublik ausmacht, übernommen wird. Auf diese Weise bedienen sich die gegenseitigen Fehlhaltungen wechselseitig. Die östliche Untertanensucht provoziert die westliche Dominanzsucht, und die Cleverness der

Westdeutschen verschärft die Gehemmtheit der Ostdeutschen. So wird auf beiden Seiten der Zorn der Entfremdung nicht abgebaut, sondern weiter verschärft, und die wachsenden Vorurteile sind die Vorboten einer Welle von Gewalt. Letztlich werden die sich so fremd gewordenen deutschen Schwestern und Brüder ihre Erkenntnisfurcht und Veränderungsangst auf die vermeintlich Schuldigen außerhalb der eigenen «Familie» abzuwälzen verstehen.

Fremdenhaß ist nur eine Variante von vielen Formen der Gewalt. Die «friedliche Revolution», die zwar blutige Gewalt zunächst vermeiden konnte, hat aber leider auch die schon bestehende aggressive Gehemmtheit weiter fixiert und damit notwendige Schritte psychosozialer Reife (z.B. Machtergreifen, sich eigenständig behaupten, sich abgrenzen von fremden Machteinflüssen, aus der Einengung und Abhängigkeit sich selbst heraus entwickeln) verhindert. Statt dessen wurde von beiden Seiten die Illusion genährt, wir könnten unter Umgehung von bitteren Erkenntnissen über die eigene psychische Einengung und schuldige Verstrickung durch Marktwirtschaft und Demokratie gerettet werden. Die einen glaubten, gemäß der angelernten und aufgenötigten Abhängigkeit, sie könnten von außen erlöst werden, und die anderen glauben, gemäß der Ideologie der Marktwirtschaft, durch Geld und Management ließe sich das schon alles bestens regeln. Indem wir im Osten vermieden haben, die eigene anstrengende und ernüchternde Schmutzarbeit zu leisten, und im Westen die eigene Veränderungsnotwendigkeit abgewehrt wird, tobt sich inzwischen die aufgestaute berechtigte, aber nicht konstruktiv bewältigte Aggressivität als Gewalt in allen Bereichen des Lebens aus. Die rapide ansteigende Kriminalitätsrate, der Verkehrscrash, das Anschwellen der radikalen Szene linker und rechter Schattierung, die soziale Brutalität, mit der sich die Marktwirtschaft im Osten durchsetzt und Millionen Menschen verunsichert, bedroht und in Existenznot bringt, der wachsende Alkoholismus und die Depressivität als Formen autoaggressiver Gewalt und, nicht zu vergessen, der Umstieg in einen expansiv-konkurrierenden Wirtschaftswettbewerb, der die globalen Probleme auf dieser Welt verschärft: das alles sind ernstzunehmende Indizien für das uns alle berührende Gewaltproblem.

Wir hatten gehofft, und so wurde es uns auch verheißen, daß der Umstieg von der Plan- zur Marktwirtschaft, von der Diktatur des Proletariats zur parlamentarischen Demokratie, vom Mangel und der eingemauerten Enge in die Fülle und unbegrenzte Weite befreiendes Lebensglück bedeutet. Diese Hoffnung müssen wir begraben. Wir sind in Gefahr, von einer kollektiven Fehlhaltung in eine andere einfach nur umzusteigen. Aber die innere Entfremdung bleibt dabei unberührt, und wir ringen nur um eine andere Kompensation. Im Osten war es der Glaube an die Möglichkeit eines sozial gerechten Lebens. Und als dieser Glaube immer brüchiger wurde, hat der Terror des Sicherheitssystems die Aggressivität, die durch Entbehrung, Enttäuschung und Betrug ausgelöst wurde, unter Kontrolle gehalten. Und die Droge des Westens, der verheißene Wohlstand, greift bei uns nicht so umfassend, daß eine betäubende Wirkung damit zu erreichen wäre. Statt dessen droht auch die Utopie vom ständig wachsenden Lebensstandard endgültig zusammenzubrechen. Erst dann wird sich zeigen, was die westliche Demokratie wirklich wert ist. Wurzelt sie in den Seelen der Menschen, und bestimmt sie auch das Zusammenleben? Oder ist sie halt nur die «beste aller Möglichkeiten», um das Destruktive, das mit jeder Entfremdung entsteht, durch die Droge «Konsum» zu zügeln?

Aber wir wissen es schon längst, daß in der Leistungsgesellschaft die Destruktivität vor allem zeitlich (ökologische Katastrophe!) und geographisch (Reichtum auf Kosten der wachsenden Armut im Osten und im Süden!) verschoben wird. Im «Strom» der Asylbewerber kommt es auf uns zurück, was wir verantwortlich mit angerichtet haben. Die Fremden, die zu uns kommen, machen uns aufmerksam auf eine Illusion vom besseren Leben, auf eine Sackgasse unserer kulturellen Entwicklung. Wir sollten Ihnen dankbar sein, daß sie uns zur Auseinandersetzung nötigen, daß sie uns das Fremdgewordene in unseren Seelen aufzeigen und uns damit zu einem notwendigen Umdenken in unserer Lebensart und Gesellschaftskonzeption herausfordern.

Ich hatte am Anfang schon herausgestellt, wie verhängnisvoll die Spaltung Deutschlands nach 1945 dazu beigetragen hat, die psychosozialen Wurzeln für Autoritarismus und Untertanengeist, für Radikalität, Rassismus und Destruktivität unberührt zu lassen, individuell abzuspalten und schließlich wechselseitig im «kalten Krieg» kollektiv zu projizieren. Damit wurde die Chance verhindert, das fremdgewordene Eigene wiederzufinden, statt dessen aber wurde das Fremde nur in neuer äußerer Gestalt ausgeformt und weiter verfestigt.

Neben den neuen Feindlinien im Ost-West-Konflikt wucherten alsbald durch die unterschiedlichen Sozialisationen auch einseitige Klischees, in denen das Fremde sich weiter ausgestalten konnte. Die jeweils andere Lebenswirklichkeit aber wurde kaum beachtet oder gar verstanden. Statt dessen entwickelte sich eine eigenartige Besuchs-Geschenks-Heuchelei, aus der die Menschen auf beiden Seiten sich ständig fragwürdige Befriedigung organisieren konnten: Die Westdeutschen gaben sich gern großzügig-gönnerhaft und konnten sich dabei im Osten grandios fühlen; die Ostdeutschen gefielen sich als «arme Brüder und Schwestern», die bei jeder Tafel Schokolade oder einem Päckchen Zigaretten bereit waren, Loblieder auf den «Goldenen Westen» zu singen. Der Warenfetischismus des Westens konnte sich erst durch den Osten richtig entfalten. Wenn selbst noch der westliche Abfall im Osten verehrt wurde, wie sehr erst mußte dann der eigentliche Inhalt den Menschen Bedeutung verleihen. So zierten noch leere westliche Bierdosen die östlichen Schrankwände, Plastiktüten mit den bekannten Markenzeichen bekamen Handelswert, und mit Jeans trug man eine ganze Weltanschauung zum Markt. So wurden die Westdeutschen vom Osten her auch kaum als gleichwertige Brüder und Schwestern verstanden, höchstens als sehr viel größere Geschwister, eher noch als «Tante und Onkel» oder schlicht als die «reichen Verwandten».

So war die Zeit des gespaltenen Deutschlands geprägt von wechselseitigen tendenziösen Fehleinschätzungen: Vom Osten her wurde das Leben im Westen unkritisch hochstilisiert, verherrlicht und ersehnt wie ein Schlaraffenland – das war die gängige Überzeugung der meisten Menschen im Gegensatz zur politischen Propaganda der SED. Und vom Westen her wurde das Leben im Osten verdrängt, nicht wirklich zur Kenntnis genommen, es wurde mit Angst und Schrecken belegt, unkritisch abgewertet und pauschal schlechtgemacht. Und die Menschen im Osten wurden überwiegend nur als Opfer eines brutalen

Systems dargestellt, nicht auch als Mitläufer oder gar als Mittäter. Und die Menschen des Westens stellten sich überwiegend als erfolgreich und zufrieden dar oder wurden zumindest so gesehen und nicht auch als Opfer eines entfremdenden Leistungs- und Konkurrenzdenkens. Wirkliche menschliche Begegnungen mit Einblick in innerseelische Vorgänge und familiäre Konflikte und mit Austausch von tieferen Bedürfnissen, Hoffnungen und Ängsten blieben in Deutschland jedenfalls eine ganz seltene Ausnahme.

Dies alles sollte sich im Zuge der deutschen Vereinigung rächen: Die wechselseitigen Unkenntnisse und die einseitigen Fehleinschätzungen haben ein Verhalten provoziert und politische Entscheidungen bewirkt, die für unsere Gegenwart beschämend, belastend und enttäuschend sind und für unsere Zukunft zu einer ernsten Bedrohung werden können. Die deutsche Einheit entlarvt die unbewältigte Geschichte, sie demaskiert das Fremde in den aufgenötigten Sozialisationen und weist uns mit Nachdruck darauf hin, daß wir es nicht allein mit einem umfassenden politischen und wirtschaftlichen Veränderungsprozeß in Ostdeutschland, sondern mit einer psychosozialen Fehlentwicklung in ganz Deutschland zu tun haben.

Wir haben im Osten tatsächlich viel gewonnen: Demokratie, Menschenrechte, Rechtsstaatlichkeit – doch dies zerrinnt, wenn es nur äußerlich gilt und nicht in den Menschen wurzeln kann. Christentum und Kommunismus haben uns gelehrt, was aus höchsten Werten werden kann, sobald sie verordnet und nicht mehr von den Menschen selbst erfahren und entwickelt werden. Noch ist nicht entschieden, ob 45 Jahre westdeutsche Demokratie halten, was sie versprechen, wenn nämlich die bisherige Entschädigung für ein Leben der Stärke, des Sieges und Erfolges – äußerer Wohlstand und Konsum – nicht mehr so zur Verfügung stehen wird wie bisher. Dieser Prozeß hat schon längst begonnen. Und es ist auch erkennbar, daß die deutsche Vereinigung nicht als ein wirklicher demokratischer Prozeß vollzogen wird, sondern eher als eine Kolonisierung mit der Macht des Geldes. Die Sucht westlicher Lebensart geht mit den Menschen durch: Gewinnmaximierung statt Humanisierung. Das Verständnis für wirklich menschliche Belange ist dabei verlorengegangen – als Folge der frühen Entfremdung und Manipulation. Und wenn manche Ostdeutsche nicht mehr als Untertanen und manche Westdeutsche nicht mehr als Obertanen agieren würden, sondern sich wirklich als Menschen begegnen würden, müßten sie auf beiden Seiten ihr bisheriges Leben in Frage stellen, und das ist eben sehr viel belastender und bedrohlicher, als in den bekannten auferlegten Rollen zu verharren. So wird lieber das Fremde fortgesetzt und das Eigene vermieden, um sich die Wiedererinnerung der sehr schmerzlichen frühen Entfremdung zu ersparen.

Im Zuge der deutschen Einheit, in dem Moment, wo menschliche Verständigung angezeigt und die Möglichkeiten der fortgeführten Kompensation durch weiteres Wirtschaftswachstum in Frage geraten, entlarvt sich der Schein der bisherigen deutsch-deutschen Beziehungen. Wir stehen uns mit wachsenden Vorurteilen und feindseligen Mißverständnissen gegenüber und können diesen Weg bis zum bitteren Ende gehen: Wir können wählen zwischen einem ökologischen Kollaps oder anwachsenden kriegerischen Auseinandersetzungen zwischen Armen und Reichen. Oder wir fangen gemeinsam an, unsere entfremdete Lebensart zu begreifen, dabei nicht nur im totalitären Sozialismus ein pathologisches Gesellschaftssystem zu erkennen, sondern auch die auf Wachstum und Konsum angelegte westliche Gesellschaft als zerstörerisch zu begreifen. Ohne äußeren Verzicht können wir nicht mehr lange überleben, und einen gleichen Wohlstand für alle Menschen auf dieser Welt verträgt unsere Erde nicht – das wissen wir alle. Verzichten aber fällt den Menschen schwer, vor allem wenn sie süchtig sind infolge ihrer Entfremdung. Verzicht hat also überhaupt nur eine Chance, wenn zugleich bessere Lebensmöglichkeiten eröffnet werden. Dies können vor allem menschliche Beziehungen sein, die Ehrlichkeit, unverstellte Authentizität, Herzlichkeit und emotionale Offenheit – auch für Zorn, Schmerz und Trauer – ermöglichen. Der «Geschwisterhaß», der uns zur Zeit bedroht, ist ein Symptom für die Gefühle, die in uns schlummern und uns angst machen, die Ausdruck und Folge der erfahrenen Unterdrückung oder Anpassung im Osten und im Westen sind. Wenn wir überleben wollen, müssen wir uns Räume schaffen und Zeit geben, uns darüber zu verständigen, was uns wirklich ängstigt und belastet und was wir wirklich suchen und brauchen. Der Haß könnte uns einen Weg weisen zur wirklichen Geschwisterliebe, die allerdings Schuld und Versagen, Leiden und unerfüllbare Sehnsüchte mit einschließt.

Wir brauchen dringend eine Zusammenarbeit der Politiker, Wirtschaftler und der Fachleute, die mit den psychosozialen Schwierigkeiten und Nöten der Menschen umzugehen wissen. Wir Therapeuten müssen unsere Arbeit in diesem gesellschaftspolitischen Kontext verstehen und in ihn integrieren. Und wir sind aufgerufen, die dringend gewordene Diskussion über die Entwicklung unserer Gesellschaft und die Werte unseres Lebens und Zusammenlebens mitzuführen und unsere spezifischen Erfahrungen und Erkenntnisse dabei einzubringen.

Eva-Maria Steiger

Vom Umgang mit Fremden
Erfahrungen aus der ehrenamtlichen Arbeit mit Asylbewerbern

Vor kurzem erhielt ich ein Gedicht, das ich an den Anfang meines Erfahrungsberichts stellen möchte. Es ist eines von vielen Gedichten eines 25jährigen Kurden aus der Türkei. Fünf Jahre lang ist er durch Westeuropa geirrt auf der Suche nach Asyl. Sein Dichten hat ihn überleben lassen. Vor einigen Wochen endlich hat er Asyl gefunden dank einer menschlichen Richterin.

Gedicht: Steinregen

Steine regnen vom Himmel.
Und ich bin auf der Erde.
Doch die Erde gehört nicht mir.
Ich habe nicht mal ein Stück Fläche.

Steine regnen vom Himmel.
Noch immer bin ich auf dieser Erde.
Und laufe und laufe.
Stoße auf Grenzen.
Militärwächter sind an den Grenzen
Und ein großes Schild:
Darauf steht: «Verboten»!

Sie haben die Welt geteilt.
Aber sie können nicht diese Flächen voneinander trennen.
Warten an der Grenze mit Militär, Waffen und Panzern.
Sie haben ein Dach über ihren Kopf gebaut.
Dieser Steinregen stört sie nicht.

Gebt uns doch Eure Raumfahrtstationen.
Wir wollen wegfliegen von dieser Welt.
Aber auch das dürfen wir nicht.
Es ist verboten.

Auf dieser Welt können wir uns nicht bewegen.
Auch nicht in Richtung Himmel.
Auch dies ist verboten.

Aber wenn wir unter die Erde gehen:
Da sagt niemand etwas.
Weil das nicht verboten ist.
Da hört der Steinregen auf:
Aber der Schmerz?
Da bin ich mir nicht sicher!

Ein Asylbewerber, der dichtet. Paßt das in unser Bild? Lieselotte Nold, die Leiterin des bayerischen Mütterdienstes, hat 1947 intensiv mit Flüchtlingsfrauen aus dem Osten gearbeitet. Sie sagte damals sinngemäß:

Wir müssen die Menschen, die bei uns Zuflucht suchen, *so* sehen und wahrnehmen, wie sie *vor* ihrer Flucht in ihrer Heimat waren, ihre Persönlichkeit entdecken; wir dürfen sie nicht nur so sehen, wie sie durch die Not geworden sind.

Dieser Satz hat sich mir eingeprägt; er ist mir eine wichtige Grundlage für die Kontakte mit Flüchtlingen. Menschen wie wir alle werden durch Krieg, Hunger, Verfolgung aus ihrer Selbständigkeit, ihrem ganzen sozialen Beziehungsgeflecht gerissen, ihrer Menschenwürde beraubt; sie werden zu Bittstellern, Bettlern; von vielen bei uns als Betrüger und Lügner, Kriminelle und soziales Pack empfunden. Sie verlieren oft ihre Persönlichkeit.

Sich für die *Wieder-Erlangung ihrer Menschenwürde* einzusetzen, sie als je eigene Individuen mit ihrer je eigenen Geschichte zu entdecken und an ihrer Seite für einen menschenwürdigen Umgang hier vor Ort

einzutreten, darum geht es. Und diese Aufgabe hat sich der Arbeitskreis Asyl gestellt, für den ich heute abend hier spreche.

Am Schicksal *einer* Familie möchte ich Ihnen von unseren Erfahrungen berichten, die wir in der Begleitung von Flüchtlingen immer wieder machen.

Die Sozialarbeiterin für türkische Familien rief verzweifelt bei einem
Mitglied unseres Arbeitskreises an und bat um Mithilfe: Eine sechs-
köpfige Familie – Vater, Mutter und vier Kinder im Alter zwischen 2
und 14 Jahren, zwei Mädchen, zwei Jungen – ihr seit $2\frac{1}{2}$ Jahren bekannt – steht in einer Nachbarstadt vor ihrer verschlossenen Wohnung; die Polizei hatte sie versiegelt. Die Familie hatte sich einige
Tage bei Verwandten im Schwarzwald aufgehalten, um dort wegen
Krankheit der Schwägerin auszuhelfen. In dieser Zeit war die Polizei
gekommen, um sie abschieben, hatte sie aber nicht angetroffen. Auf
Grund der Tatsache, daß die Familie noch im Asylverfahren stand und
im laufenden Kontakt mit ihrem Rechtsanwalt, hatte sie mit Abschiebung überhaupt nicht gerechnet. Die Familie ging nun vorübergehend
zu ihren Verwandten zurück und lebte dort zu 13 Personen in einem
Raum.

Trotz sofortiger Intervention von seiten unseres Arbeitskreises und der
erreichten Zusicherung des Bürgermeisters, die Nachforschungen des
Ausländeramtes erst einmal abzuwarten, wurde die Wohnung nach
einigen Tagen von der Stadt geräumt, das heißt: alles wurde einfach
auf die Müllhalde transportiert. Die Familie besaß nichts mehr; die
gesamte persönliche Habe einschließlich aller wichtigen Papiere war
weg.

Was ist in einem solchen Fall zu tun?

Die erste Voraussetzung für eine Hilfe ist die Existenz einer *Gruppe
von Menschen*, an die sich die Sozialarbeiterin wenden kann. Wichtig
ist außerdem, daß einem solchen Arbeitskreis Frauen und Männer mit
verschiedensten Fähigkeiten und Kontakten angehören. Es hat sich
gezeigt, daß es hilfreich ist, mit den *Kirchen* in Kontakt zu stehen.

Da vor diesem akuten Fall mit einem katholischen Pfarrer schon ein
Gespräch über die Möglichkeiten eines Kirchenasyls geführt worden
war, konnten wir innerhalb weniger Stunden die Familie, die einfach

nicht mehr bei den Verwandten bleiben konnte, in der Teestube seiner Kirche unterbringen. Hier denke ich, muß in Zukunft noch viel in unseren Gemeinden passieren. Sie sollten im Vorfeld überlegen, inwieweit sie sich verantwortlich fühlen für das Überleben von Flüchtlingen, die nach der Verschärfung des Asylgesetzes viel zu oft keine Aufnahme finden, obwohl sie in ihrem Herkunftsland an Leib und Leben bedroht sind. Meine Erfahrung ist, daß sich viele Gemeinden, Ältestenkreise und Pfarrer davor immer noch drücken.

Notwendig und nicht zu umgehen ist bei der Arbeit mit Flüchtlingen der *Kontakt mit der örtlichen Ausländerbehörde.* Es kann eine Kooperation stattfinden, wenn wir uns um Sachlichkeit und Gerechtigkeit für die Flüchtlinge bemühen – bei allem Ringen um das Ausschöpfen der Spielräume, die ein Leiter des Ausländeramtes hat. Es geht darum, ein Vertrauensverhältnis aufzubauen, das den Beamten manchmal über seinen Schatten springen läßt und ihn zur Zivilcourage ermutigt.

Im vorliegenden Beispiel konnte mit dem zuständigen Sachbearbeiter eine Verabredung getroffen werden: zum einen, daß der Familie nichts passieren wird, bevor die Akteneinsicht stattgefunden hat, und zum anderen, daß er ständig mit uns Kontakt halten wird.

Akteneinsicht war nicht mehr möglich, weil die Akten in der zentralen Abschiebestelle in Karlsruhe nicht mehr aufzufinden waren. So mußten *wir* neue Akten erstellen und waren sehr auf einen Dolmetscher angewiesen – einen Studenten aus unserem Arbeitskreis, der sich stundenlang mit der Familie zusammensetzte. Außerdem mußte ein Rechtsanwalt vor Ort eingeschaltet werden, der ebenfalls im Arbeitskreis mitarbeitete.

Ich kann hier nur kurz die Gründe der Flucht benennen: Der Familienvater wurde als Sprecher einer muslimischen Minderheit wegen Ausübung einer religiösen Zeremonie verfolgt und mußte untertauchen; seine Familie geriet unter Repressalien. Durch den Verkauf seiner kleinen Hütte konnte er seinen Paß von der Polizei zurückkaufen. 1989 reiste er mit dem Bus in die BRD ein. Nach seiner Zuweisung in eine Stadt in der Nähe meines Wohnortes arbeitete er regelmäßig und lebte in geordneten Verhältnissen. Ende 1991 wurde sein Asylantrag abgelehnt. Er stellte dann einen Antrag auf Duldung, da er inzwischen einen Einberufungsbefehl vom serbischen Militär erhalten hatte. Zu diesem Zeitpunkt hätte die Abschiebung nach Mazedonien mindestens 15 Jahre Haft oder gar die Todesstrafe bedeutet, da das serbische Militär noch in Mazedonien präsent war. Sein Bruder war seit sechs Monaten dort beim Militär vermißt, und sein Onkel wurde nach der Abschiebung aus der BRD so schwer von der Polizei mißhandelt, daß er kurz darauf an den Folgen starb.

Für uns im Arbeitskreis ging es nun darum, die Ausreise der Familie so lange hinauszuzögern, bis diese Gefahr gebannt war und das serbische Militär Mazedonien verlassen hatte. Danach sollte eine sogenannte freiwillige Ausreise möglich gemacht werden – verbunden mit einer kleinen Aufbauhilfe in Form von Geld. Für die tägliche Versorgung und diese Rückkehrhilfe mußten wir Spender und Spenderinnen finden.

Von Anfang an war die *Öffentlichkeit* einzuschalten, um genug Druck zu erzeugen. Eine gute Pressearbeit ist unabdingbar. Sie ist wichtig zum Schutz der Familie, die ja quasi im luftleeren Raum lebt; andererseits muß sie aber auch sehr vorsichtig sein und lokal begrenzt, denn bei der Rückkehr in die Heimatländer droht den Flüchtlingen vermehrt Gefahr, wenn ihre Geschichte dort durch die Presse bekannt geworden ist.

Gut ist es, wenn sich *namhafte Persönlichkeiten* engagieren und mit ihrem Namen geradestehen. Wichtig sind auch *Kontakte in verschiedene gesellschaftliche Gruppierungen* hinein: Parteien, Kirchen, Gemeinderat, usw.... Alle Beziehungen müssen hier in Anspruch genommen und ausgeschöpft werden.

Bei allem aber, was an Aktionen notwendig ist, darf eines nicht übersehen werden: Die Flüchtlinge dürfen sich nicht nur betreut vorkommen, sondern müssen stark mit einbezogen werden in alle Entscheidungen und Aktivitäten; sie müssen selbst gefordert sein. Das Einkaufen zum Beispiel und Kochen konnte die Familie selbst erledigen; sie hat sogar eine Woche lang drei Flüchtlingsfrauen aus Bosnien mit versorgt; und ich selber bin nie ohne einen türkischen Kaffee nach Haus gekommen. Sie waren begierig, irgendwo mithelfen zu können, so daß der Pfarrer sie beim vorösterlichen Putz der Kirche einsetzte und sie sich immer um und in der Kirche nützlich machten; auch darüber hinaus waren sie spontan zu allen möglichen anderen Einsätzen bereit. Arbeit als Menschenwürde.

Durch die Mitarbeit einer Lehrerin im Arbeitskreis konnten die zwei älteren Kinder Aufnahme in der Schule finden; der Nachbar-Kindergarten nahm den Jungen auf. Es war für die Kinder ungeheuer wichtig, aus dem engen Raum herauszukommen und mit anderen Kindern zusammensein zu können. Zu ihrem großen Leidwesen kamen dann die Osterferien. Die Eltern belastete am meisten, daß ihre Kinder hier eine Zukunft gehabt hätten, während sie in Mazedonien wohl kaum mehr irgendeine Möglichkeit der qualifizierten Ausbildung finden werden.

Meine Rolle bestand unter anderem neben dem Kontakt mit den Behörden im Wäschewaschen, Arztbesuche begleiten, neue Brillen für die Jungen beschaffen, da diese auch auf dem Müll gelandet waren, und meine Kollegen und die Gemeinden zu aktivieren. Durch die Zusammenarbeit mit dem katholischen Kollegen war außerdem einmal Ökumene sichtbar, sogar über die christlichen Grenzen hinweg, denn die Familie war muslimischen Glaubens.

Viele haben in den sechs Wochen des Kirchenasyls mitgeholfen; sie haben Geld oder Kleider gebracht, manchmal auch Lebensmittel, die Familie oder die Kinder auf einen Ausflug mitgenommen oder einfach besucht; auch türkische Familien solidarisierten sich. Es gab die Erfahrung großzügiger Hilfe, aber auch massive Ablehnung durch einige Gemeindemitglieder und Bürger, die den Pfarrer übel beschimpften und alles kritisierten – egal, ob die Familie die Kirche putzte oder vor der Kirche Luft schnappte. Bedrückend war auch, wie die Behörde der benachbarten Stadt, die die Wohnung geräumt hatte, alte Muster im Blick auf Ausländer schürte, indem sie die Familie übel verleumdete als schmutzig, verlogen etc. Unsere Erfahrung war gänzlich anders.

Schwer fiel uns, der Familie klarmachen zu müssen, daß eine Chance für das Bleiben in diesem Land nicht bestand; daß wir nur eine einigermaßen menschenwürdige Rückkehr vorbereiten konnten. Eine Abschiebung durch die Polizei muß möglichst immer verhindert werden, denn sie ist zum einen ein menschenunwürdiger Akt, zum anderen führt er im Herkunftsland zu neuen Repressalien, da die Abschiebung im Paß mit einem Stempel vermerkt ist.

Ihnen die Wahrheit über ihre reale Chance oder Nichtchance sagen zu müssen, hat uns alle selber innerlich sehr mitgenommen. Die Entwicklung im eigenen Staat, die man nicht mehr mitverantworten kann, und die eigene Hilflosigkeit zu spüren, das macht mich oft sehr deprimiert oder auch wütend.

Am Anfang, als die Familie kam, hatte ich einfach Angst: Was kommt alles auf uns zu? Wo wecken wir Hoffnungen, die wir gar nicht erfüllen können? Aber, immer wenn ich mir klarmache, um was es eigentlich geht – daß hier Menschenleben auf dem Spiel steht oder daß Menschen in Krisensituationen einfach Freunde brauchen, die ihnen menschlich begegnen und sie nicht als Akten behandeln –, kommt der Mut, die kleinen Dinge anzupacken und gegen die Ohnmacht anzugehen. Doch es braucht dabei die anderen, die mitkämpfen, die Mut geben, wenn man resignieren will, und denen man selber Mut gibt, wenn sie resignieren wollen. Und es ist spannend, wie sich der Kreis von Menschen, mit denen man plötzlich zusammenarbeitet, zusammensetzt.

Der Abschied von dieser Familie, die mit etwas Lebensmitteln und ein bißchen Bargeld freiwillig – wie man dann so schön sagt – ausreiste, fiel uns allen sehr schwer, und es flossen viele Tränen. Denn wir alle haben auch viel persönliche Bereicherung durch die Begegnung mit dieser Familie erfahren, die ich nicht missen möchte. Es geht mir heute noch so: Jedesmal, wenn ich an der Kirche vorbeifahre, denke ich an diese Frau, diesen Mann und ihre Kinder – und ich vermisse sie.

Das Ganze geschah im letzten Jahr. Inzwischen würde dieser Fall wohl kaum noch so viel Aufmerksamkeit und Mitleid in der Öffentlichkeit erregen – wobei die Empörung vor allem über die Wegnahme des persönlichen Besitzes bestand, nicht so sehr darüber, daß man Menschen in die Verfolgung ausliefert. Das gab mir zu denken. Heute ist es die Regel, daß Menschen unter unwürdigsten Bedingungen ohne Rücksicht darauf, was ihnen anschließend widerfährt, abgeschoben werden. Auch einer Familie, die keinem zur Last fällt, sondern schon eingegliedert ist, wird in unserem Land kein Bleiberecht eingeräumt – aus Prinzip. Es gibt kaum mehr ein Abschiebehindernis; inzwischen werden zum Beispiel Ehepaare getrennt abgeschoben, wenn sie aus verschiedenen Ländern stammen.

Für mich ist die Frage: Wie können *wir* Menschen in Notsituationen schützen? Ist es nicht an der Zeit, unsere Kirchen und Gemeindehäuser aufzumachen, so daß Asyl nicht Einzelfall ist, sondern christliche Selbstverständlichkeit, wenn alle anderen Möglichkeiten ausgeschöpft sind? Und die Frage geht weiter: Wo liegen nicht nur für die Kirche, sondern auch für andere gesellschaftliche Gruppen Möglichkeiten – und nicht nur die Möglichkeiten, sondern auch die Pflicht, sich einzuschalten – als Ärzte, Psychotherapeuten, Lehrer, …? Jede und jeder hat die Fähigkeit, sich zu engagieren für das, was sie und ihn wirklich bewegt. Je mehr mithelfen, desto weniger werden die einzelnen überfordert. Nur so können wir uns davor bewahren, Rad im Getriebe einer unmenschlichen Entwicklung zu sein; Rad, das die Schwächeren einfach überrollt oder dem Steinregen ausliefert, bis sie unter dem Boden liegen. Die Frage ist: Wie können wir Zuflucht gewähren?

Ich möchte schließen mit einem Zitat von Eli Wiesel – selbst ein Flüchtling. Bei einem Treffen der Sanctuary-Bewegung, der Kirchenasyl-Initiative in den USA, fragte er: Was ist Zuflucht? und sagte: *In der jüdischen Tradition ist heilige Zufluchtsstätte nicht ein Ort, sondern es ist ein Mensch.*

«Jeder Mensch ist ein Heiligtum, eine Stätte der Zuflucht. Jeder Mensch ist die Wohnstätte Gottes – sei es ein Mann, eine Frau oder ein Kind, Christ oder Jude oder Buddhist. Jeder Mensch ist allein dadurch, daß er Sohn oder Tochter des Menschengeschlechts ist, eine lebende Zufluchtsstätte, in die niemand eindringen darf.» (S. 17) … «Eine Zuflucht kann oft sehr klein sein. Keine großartige Geste, sondern eine kleine Geste, die das Leid des Menschen lindert und Erniedrigung verhindert. Die Zuflucht ist ein menschliches Wesen. Die Zuflucht ist ein Traum. Und deshalb seid ihr hier, und deshalb bin ich hier. Wir sind unseretwegen hier, einer wegen des anderen», eine wegen der anderen (S. 21) (zitiert nach Wolf-Dieter Just, Asyl von unten, rororo Aktuell 13356, Hamburg 1993, S. 17–21).

Jörn-Erik Gutheil

Sinti und Roma
Ein Erfahrungsbericht

Meine sehr verehrten Damen und Herren,
an die Stelle «der üblichen Literaturvorlesung», so hieß es in der Einladung zu dieser Tagung, soll ein Erfahrungsbericht treten. So gilt hier das gesprochene Wort.
Erfahrungsberichte im Zusammenhang mit einer Arbeitstagung verfolgen oft den Zweck, für spielerische Abwechslung im Tagungsablauf zu sorgen. Ich muß Sie warnen: Erwarten Sie keine Hoffnungsgeschichte! Das mir gestellte Thema eignet sich kaum dazu. Ich will mich vielmehr bemühen, den Zugang biographisch zu verdeutlichen. Es könnte sich dabei ergeben, daß Lebenslinien deutlich werden, in denen wir uns begegnen und durch die wir uns gegenseitig verständlich machen können.

I. Jugend im Schwäbischen

Der Krieg war verloren. Offene Wunden, Zerstörungen überall. Eine Zeit der Hoffnungen und bitterer Erkenntnisse. Die Menschen schlugen sich durch. Zur Trauer blieb keine Zeit, Wiederaufbau war angesagt.
Unterkochen. Ein Ort am Fuß der Schwäbischen Alb. Meine Kindheit am Kocher: Volksschule, Lindenblüten sammeln, Ähren lesen, Mäusejagd am Wehr!
Im Bücherschrank: Onkel Knolle, «Die Zigeunerfrieda», 1. Auflage 1910 in Donauwörth:

«Ganz begehrlich fallen Blicke
auf die dumme Friederike
seitens der Zigeunerleute,
denen sie willkomm'ne Beute.
Denn sie rauben sehr geschwind –
jedes böse Gassenkind.
Ohne lange erst zu fragen,
stecken sie es in den Wagen.
Zwei Zigeuner, schwarz und greulich,
packten jetzt die Frieda eilig,
warfen sie, trotz ihrem Schrei'n,
in den Wagen, schwupps, hinein!
Und hierauf in wilder Flucht
man sofort das Weite sucht.
Frieda heult vor Angst im Wagen,
ach, umsonst ist jetzt ihr Klagen.»

Illustriert mit Zeichnungen von Karl Pommerhanz, einem der popu-
lärsten Illustratoren des 19. Jahrhunderts, wird der Kinderraub zur
pädagogischen Wesensbestimmung gegenüber Zigeunern. Ist der Ver-
dacht erst in der Welt, genügt ein einziger Vorfall, und man sagt, aha!
Der Glaube im Volk bleibt lebendig, das Vorurteil kann sich als empi-
risch bestätigtes Urteil auf die gesamte Population ausweiten.
Die sechs Geschichten von Onkel Knolle, letzte Auflage 1960, beschreiben, was Kinder im wilhelminischen Deutschland lernen:

«Seht Ihr nun wohin es kommt,
wenn schon gar kein Rat mehr frommt?
Wenn die Eltern stets mit Bangen
seh'n die ungezogenen Rangen.
Balgen, naschen, stehlen, schrei'n;
so was ist doch gar nicht fein!
Schöner ist es, wenn mit Art,
sich ein Kind den Frohsinn wahrt.
Wie ich Euch jetzt gern berichte,
eine schönere Geschichte,
wo die Kinder, groß und klein

artig sich beim Spielen freu'n.
Seht nur hier, wie auf dem Bilde,
schneidig eine Schützengilde
aufmarschiert fidel und froh;
vorn der Generalissimo!»

Zurück zum Kocher. Wenn in der Ferne der schwere Lanz-Bulldog zu hören war, ging jeder Spaß jäh zu Ende: Wäsche vom Seil, Kinder ins Haus, Tür zu! Die Zigeuner kommen. Ein Signalwort. Nichts wie weg:
«...denn sie rauben sehr geschwind – jedes böse Gassenkind.»
Zu Hause: Versammlung hinter der Gardine. Sie kommen. Bunt gekleidete, weitberockte Frauen. Das Klingelzeichen, freundlich unterwürfig («verschlagen»), mit Waren («Diebesgut») und der Hoffnung auf ein Geschäft («Betrug»).
Die innere Kontrolle funktioniert. Nichts kaufen, nicht ins Haus lassen, keine Berührung! «Nein, wir brauchen nichts.» Türe zu! Erneut hinter die Gardine. Neugierde. Mal seh'n, was der Nachbar/die Nachbarin macht.
Zigeuner im Dorf. Die Nachricht verbreitet sich im Lauffeuer. Da sind sich auch alle einig, höchste Alarmstufe.
Später dröhnt wieder der Lanz-Bulldog. Er zieht einen oder gar zwei hartgummibereifte Wagen mit einem rauchenden Kaminrohr hinter sich. Entwarnung für alle. Die Zigeuner sind weg. Das Leben kann weitergehen.

II. Ein-Drücke

Wer kennt sie nicht, diese Erfahrungen aus der Kindheit? Das Eigene und das Fremde – Angst und Faszination. Zu sich selbst gesprochen: ehrlich, fleißig, bodenständig. Zigeunern unterstellt: verlogen, arbeitsscheu, häufig wechselnder Aufenthaltsort (HWAO). Bis heute. Das prägt, das drückt sich ein ins Bewußtsein – und bleibt abrufbar. Bei Gelegenheit. Man kann ja nie wissen.
Jede Chance, unbefangen, offen aufeinander zuzugehen, wird so von

Kindesbeinen an verschüttet. Zigeuner – ein Schimpfwort, stigmatisiert in unzähligen «Zigeuneredikten», für vogelfrei erklärt und bis heute umgeben von Geschichten, die ein abweichendes Verhalten festschreiben: sozial nicht anpassungsfähig! Dahinter leuchten die jahrhundertealten Stereotypen auf.

Daneben die Faszination der Leichtigkeit. «Lustig ist das Zigeunerleben», in der Jungschar, bei Freizeiten am Lagerfeuer ebenso gedankenlos gesungen, wie viele heißhungrig in ihr «Zigeunerschnitzel» stechen.

Die Bilder aus dem Kinderbuch, die Erziehungsregeln im Elternhaus haben sich in unser Verhalten eingedrückt. Alle sind Zigeuner: der Schrotthändler, der Verkäufer an der Tür, der Händler auf dem Markt – die Fahrer mit den «dicken Autos» auf der Autobahn und den großen Gespannen, die bettelnden Frauen und Kinder auf der Domplatte in Köln oder am Bahnhof Zoo oder in der Fußgängerzone (in Lindau).

Was passiert mit uns: Ein anrührender Blick, dem man nicht vertrauen darf, ein Zettel beim Kirchenbesuch in die Bankreihe gereicht, dem man nicht Glauben schenken darf, das Angebot, aus der Hand zu lesen, pure Magie – und dann wieder der beeindruckende breitkrempige Hut, die dicken Ringe und Kettchen an Finger und Hand, die Lackschuhe... Bilder, die sich auswirken.

Ganz selten überwinden wir unsere Scheu, die uns eingetrichtert ist, etwa wenn das Titi-Winterstein-Quintett spielt oder Hänschen Weiß oder Django Reinhard. Ein Genuß. Kultur als Ausnahmezustand!

III. Bewußt-Sein muß wachsen

Die Kindheit geht mit. Die Bilder bleiben präsent. Das eigene Verhalten ist gebunden. Ein Zufall: Kirchentag 1979. Mit einer Gemeindegruppe in Nürnberg. Ausgerechnet! Nürnberg, die Stadt der Bewegung! Ort staatlich organisierter Verbrechensvorbereitung. Nürnberger Rassegesetze...

Kirchentag 1979. Nürnberg. Vier Tage «Zur Hoffnung berufen!»
In der Arbeitsgruppe «Christlich-jüdischer Dialog» eine überraschen-

de Unterbrechung. Ein schmächtiger junger Mann erhält das Wort. Zum ersten Mal spricht ein Sinto beim Kirchentag. Romani Rose. Er berichtet von einer deutschen Minderheit, die 600 Jahre im Land ist, von ihrer Verfolgung, Vernichtung. Auschwitz – Birkenau: Zigeunerlager, August 1944.

Die Erfahrungen aus der Kindheit geraten ins Wanken. Das Wissen wird zum Unwissen. Die kurze Rede sitzt. Ins Bewußt-Sein rückt: verweigerte Bürgerrechte, verweigerte Anerkennung als Verfolgte des NS-Regimes. Keine «Entschädigung» – dieses schäbige Wort gehört ab sofort zum neuen Wortschatz. Ja, der Besuch eines Kirchentages kann wach, kann bewußtmachen!

IV. Praxiserfahrung

Ein Jahr später. 1980 Bonn. Über Nacht sind Roma aus Jugoslawien unterzubringen. Fast 100 Personen. Keiner hat sie gerufen, sie sind einfach da. Die örtliche Presse berichtet. Angst im Stadtteil Endenich. Anstieg der Kleinkriminalität. Die Eltern haben Angst. Die Geschäftsleute sind besorgt. Die Nachbarn klagen über Lärmbelästigung. Untergebracht sind die unwillkommenen Gäste in einem leerstehenden Schulgebäude. In der Nähe, im «Klösterchen», hat man 1943 Transporte in den Osten zusammengestellt. Eine Reise ohne Wiederkehr.

Die Polizei veranstaltet nächtliche Razzien. Martialisch aufgerüstete Ordnungshüter mit Maschinengewehren holen Frauen und Kinder im Morgengrauen aus dem Schlaf. «Endlich!», sagen die aufgescheuchten Bürger. Es hagelt Anzeigen, zum Beispiel wegen Fahren ohne Führerschein. Doch die ungeliebten Gäste bleiben. Vorläufig noch.

Während ringsum alle zusehen, in der Bürger- und Christengemeinde das normale Leben weitergeht, stellen ein SPD-MdB und ein SPD-Stadtrat Ausweispapiere auf Kopierern her. Zivilcourage! Den einen kostet es später das Bundestagsmandat, er wird einfach nicht mehr auf der Landesliste abgesichert – beiden wird der Prozeß (auf Erstattung der entstandenen Kosten) gemacht. (Später wird dann alles niedergeschlagen.)

Die Stadtväter entledigen sich der unliebsamen Gäste durch Angebote. Für das Versprechen, die Stadt zu verlassen und nicht wieder zurückzukehren, werden Autos und Wohnwagen bereitgestellt. Kein Problem mehr, daß die Führerscheine fehlen beziehungsweise keine Gültigkeit haben. Die Strafanträge von gestern sind vergessen.

Vor die Wahl gestellt, entscheiden sich die Roma für Auto und Wohnwagen. Eskortiert von der deutschen Polizei kommen sie über die (grüne) Grenze. Dort wiederholt sich, was sie gerade hinter sich gebracht haben. Keiner will sie aufnehmen, Auto oder Wohnwagen werden konfisziert. Die ersten stranden am Stadtrand von Brüssel, die anderen schaffen es bis Marseille.

Unaufhaltsam dreht sich seit alters der Kreislauf aus Verfolgung, Vertreibung, Illegalität und Hoffnungslosigkeit. Seit den 60er Jahren erklären das Europäische Parlament, der Ministerrat der Europäischen Gemeinschaft, daß für die durch Europa ziehenden Roma eine Regelung gefunden werden muß. Von Aufenthaltsrechten, einem Wandervisum, dem Minderheitenschutz ist immer wieder die Rede. Alles Papier. Keiner will die Fahrenden aufnehmen, keine Regierung bietet Aufenthalt oder Schutz. Für die Roma heißt es: immer weiter. So merkwürdig und aberwitzig es klingt, sie sind die eigentlichen Europäer. Vater in Makedonien geboren, Mutter in Italien, das gemeinsame Kind in Düsseldorf. Für solche Europäer ist (zumindest bisher) kein Platz im europäischen Einigungsprozeß vorgesehen.

Immer weiter. Das ist ihr Schicksal, ihr Fluch!

V. Wir in Nordrhein-Westfalen

Ende der 80er Jahre. Roma in Köln. Es ist kalt. Zuerst eine Notunterkunft auf einem Parkplatz (P4), später Ossendorf. Aus dem Provisorium wird ein Dauerzustand. Selbst wenn der Manager eines Weltunternehmens fordert: «Durchgreifen, Herr Oberbürgermeister», die Öffentlichkeit, auch die kirchliche, ist wach und hält dagegen. Verhandlungen mit Stadt und Land. Ein erstes positives Ergebnis: Abschiebestopp nach Jugoslawien! Der zeitliche Aufschub wird genutzt. Die

Menschen richten sich ein. Asylantrag. Die Hoffnung, bleiben zu können, scheint greifbar.

Doch dann kann der Nachweis der politischen Verfolgung nicht geführt werden. Diskriminierungen in Einzelfällen werden konzediert, aber eine generelle Verfolgung ist nicht bewiesen. Wir in Nordrhein-Westfalen. Selbst der Petitionsausschuß sieht keine andere Möglichkeit. Es ist Dezember, der Abschiebestopp wird aufgehoben. Neue Unsicherheit macht sich breit.

Die Angst treibt die Menschen in die Hand geschickter Anführer. Die Roma haben keine große Auswahl. Es gibt einzelne Charismatiker – selbst natürlich im Besitz sicherer Aufenthaltsdokumente –, die sich die Situation zunutze machen. Sie haben es leicht, die Hoffnungen der Menschen zu illusionieren. Bleiberecht. Die neue Zauberformel wird zum politischen Kampfbegriff.

Bleiberecht. Epiphanias 1990. Abendmesse für die Armen der Welt im Kölner Dom. Hunderte Roma besuchen die Messe. Aber nach dem «Amen» bleiben sie einfach sitzen. Bleiberecht. Die Domherren, ratlos! Die Situation wird explosiv. Gefahr ist im Verzug.

Das Innenministerium, erfahren in der Deeskalation, bietet seine Vermittlung an. Im Morgengrauen ist der Kompromiß gefunden. Umzug ins ehemalige Gebäude des Bundesamtes für Verfassungsschutz, das jetzt die Post beziehen soll.

Die Anführer, von außerhalb angereist und erfahren im politischen Kampf, bauen Organisationsstruktur und Logistik auf, die Druck erzeugen soll. Ziel: Bleiberecht für alle, die mitmachen! Belohnt wird, wer mitmacht. Das spricht sich rum, und die Zahl der Teilnehmer steigt dank der ausreichend zur Verfügung stehenden Kommunikationsmittel.

Eine Zeitungsnotiz in diesen Tagen besagt: Die Synode der Ev. Kirche im Rheinland tagt in Bad Neuenahr. Szenenwechsel. Weshalb nicht einmal evangelisch, wenn der katholische Dom zu ist?

Wir fordern Bleiberecht. Der «Bettelmarsch» bei Wind und Wetter nimmt seinen Verlauf. Köln. Dormagen. Neuss. Düsseldorf. Lintorf. Duisburg. Essen. Am Ende die totale Erschöpfung. Als Ergebnis bleibt die gemeinsame Absicht von Regierung und Roma, die Teilnehmer am «Bettelmarsch» zu legalisieren. Eine Hoffnung freilich, die von Tag zu Tag an den «Realitäten» der SPD-geführten Städte im Ruhrgebiet und der Mehrheitssituation im Kabinett in Düsseldorf zerrieben wird. Am Ende – wieder im Dezember – fällt die Entscheidung: kein Bleiberecht! Statt dessen ein Zwangsprogramm: Reintegration. Teuer, aber effektiv. Das Problem ist fürs erste gelöst!

VI. Was geht und was nicht?

Geld ist im Spiel und wieder ein Versprechen. Wohnung, Arbeit, eine Zukunft in Makedonien. Die einen lassen sich fangen, die anderen stellen Rückfragen. «Der Spatz in der Hand...»
Das erste Ziel ist erreicht: Die Roma spalten sich. Von der «Solidarität» während des «Bettelmarsches» bleibt nichts übrig. Zwist untereinander, weil jeder das Beste für sich selbst will.
Zeit geht ins Land. Die Gruppen zerstreiten sich weiter. Jeder sammelt seine «Truppen». Ein eigenes Büro, gedacht, die eigenen Anliegen besser koordinieren und nach außen vertreten zu können, wird zum Herrschaftsinstrument der einen wider die anderen. Was bleibt, ist die Unsicherheit. Nur die Anführer sind (sich) sicher.
Mitten im Sommer 1991 ein neuer Aufbruch. Siebenschläfer: 27. Juni 1991: Roma-Lager am Rhein, neben dem Landtag, in Sichtweite der Staatskanzlei. Medienrummel, Hoffnungen, Bleiberecht. Viele wissen schon längst nicht mehr, warum. Alle Versuche, es gemeinsam zu versuchen, scheitern. Die Politik hat ihr Ziel erreicht. Die Roma haben ihre politische Kraft verloren. Mit ihnen kann jeder Anbieter machen, was er will.

VII. Hier sind wir sicher. Roma besetzen des Landeskirchenamt

Dienstag, 10. Dezember 1991. Tag der Menschenrechte. Mittagspause. Wir sitzen in der Pizzeria. Kollegen aus dem Landeskirchenamt unter sich. Vor dem Essen, ein Anruf. Die Sekretärin: «Sie müssen kommen. Gleich. Hier sind Roma, die Sie sprechen wollen.» Ein solcher Anruf kann nichts Gutes bedeuten. Wie wahr!

Die «Freunde» aus zahllosen Begegnungen sind gekommen. Geschickt (wie zu vermuten ist). Aber nicht wie die Jünger, die das Evangelium predigen. Ihre Botschaft lautet: «Wir haben Angst, abgeschoben zu werden, und hier sind wir sicher!» Frauen, Männer, Kinder. Viele bepackt mit Matratzen, Isomatte, Lebensmitteln. Das sieht gut organisiert aus. «Wir wollen Bleiberecht.» Überraschung auf der einen, Entschlossenheit auf der anderen Seite.

In der Lokalpresse steht einen Tag später die kurze Meldung: «Landeskirche besetzt!» Gemeint sind 120 Familien aus Duisburg und Krefeld. Einer der Sprecher erklärt: «Hier sind wir vor Abschiebung und Übergriffen von Neo-Nazis sicher! Hier ist unser ‹Bruder Gutheil›, dem wir vertrauen, denn die evangelische Kirche hat im Gegensatz zu Politikern stets die gegebenen Versprechen eingelöst.»

Danke für die Blumen. Die Worte sind die freundliche Umkleidung einer Besetzung mit dem Ziel, Kirche zu instrumentalisieren. Für die Behörden kam der Besuch keineswegs überraschend (einigen vielleicht sogar gelegen). Die Duisburger Bahnpolizei informierte rechtzeitig die Polizeileitstelle in Düsseldorf. Das Auge des Gesetzes ist ganz offenkundig wachsam. Doch wie merkwürdig, es wird vielleicht auch mal ein Auge zugedrückt: In Düsseldorf verloren die Beamten die Roma aus den Augen. Bis sie dann plötzlich wieder auftauchten: Als massenhafte Besucher im Landeskirchenamt!

Die Roma suchen kein Gespräch, sie fordern Unmögliches. Bleiberecht! Argumente greifen nicht. Jeder weiß, das ist die falsche Aktion am falschen Ort.

Die «Besetzung» irritiert. Niemand nimmt dieses Wort in den Mund, die Roma sprechen von Zuflucht und Schutz. Zum ersten Mal erleben die Mitarbeiter und Mitarbeiterinnen im Landeskirchenamt hautnah, was eine politische Aktion sein kann. Einige sehen sich in dem bestätigt, was sie schon immer wußten, aber größtenteils herrscht eine hohe Bereitschaft, die neue Situation konstruktiv zu gestalten.

Das Landeskirchenamt ist kein Sanatorium. Es wird mit Hochdruck gearbeitet. Die Landessynode, das höchste Beschlußorgan, tagt in wenigen Tagen. Es gilt, die letzten Unterlagen zusammenzustellen, Informationen weiterzugeben, organisatorische Vorbereitungen zu treffen. Es muß unter allen Umständen gearbeitet werden. Im Kollegium wird das Krisenmanagement diskutiert.

Die Besucher wollen nicht stören. Das sagen sie zumindest. Das Landeskirchenamt wird jedoch allmählich zum Lager, das sich auf wundersame Weise ständig vergrößert. Immer neue Roma kommen aus unterschiedlichen Städten hinzu. Manche aus Neugierde, andere haben wieder gehört: Bleiberecht. Am Abend steht fest: «Wir bleiben hier!»

Notdürftige Vorbereitungen für die Nacht werden getroffen. Man geht auseinander und überläßt den Rest dem «lieben Gott».

Schon die erste Nacht ist ein Problem. Zusagen haben dort ihr Ende, wo die Sprecher (der Roma) Grenzziehungen erfahren. Sie wollen ihren Willen durchsetzen: offene Türen, ein freigestelltes Telefon, einen Ansprechpartner Tag und Nacht. Der arme Hausmeister!

Ganz klar. Um 5.44 Uhr wird telefoniert. Direktiven von außen bestimmen das Innenleben. Am ersten wie an allen anderen Tagen. Die Presse wenigstens bleibt der Kirche gewogen.

Die Roma richten sich weiter ein, ein Krisenstab des Kollegiums veranstaltet regelmäßige Gespräche mit den Roma-Sprechern. Kleinere organisatorische Fragen werden bilateral geregelt. Von morgens bis abends wird an die Vernunft appelliert, es werden Angebote unterbreitet, man versucht zu überzeugen. Am Ende bleibt: «Ihr müßt wieder gehen.» «Nein, wir bleiben hier.» Konfrontation.

Die Sprecher bleiben hart, die annähernd 300 Roma, die sich weiter im Haus ausdehnen, werden – falls nötig – lautstark eingestimmt. «Bleiberecht! Bleiberecht! Bleiberecht!»

Das Angebot, in andere kirchliche Räume nach Duisburg auszuweichen, die persönliche Zusicherung der Stadt Duisburg, keine Abschiebungen vorzunehmen, Busse vor der Tür, ja selbst ärztliche Versorgung – no chance!

Die Nervosität steigt. Unter den Mitarbeitern wächst die Sorge, ihre Bereitschaft und ihr Engagement werde mißbraucht. Die dringend benötigten freien Zugangswege sind längst unbegehbar geworden. Die

Familien sind übermüdet, den Kindern fehlt der Spielplatz beziehungsweise die Bewegungsmöglichkeit. Es ist ein Kommen und Gehen. Open house.

Pressekonferenz. Die Kirche erwartet, daß die Besetzung aufgegeben wird. In der Zeitung steht: «Wir sind in Haft genommen.» Die «Schutzsuchenden» haben ihre Gastgeber handlungsunfähig gemacht. Ihre (telefonischen) Ratgeber haben ihnen offenbar nicht gesagt, daß sich selbst ins Abseits stellt, wer auch die letzten Freunde vergrault. Inzwischen wird nicht nur telefoniert, sondern auch geschrieben: «Sehr geehrter Herr Präses, Ihren Aufruf, sich schützend vor bedrohte Familien zu stellen, setzt seit einigen Tagen das Landeskirchenamt trotz der damit verbundenen großen Schwierigkeiten fort. Dafür möchte ich Ihnen im Namen der Roma in Deutschland meinen Respekt und tief empfundenen Dank aussprechen.»

Veralbern können wir uns selbst, aber es geht noch weiter: «Jedem ist bewußt, daß der Aufenthalt in Ihren Räumen kein Dauerzustand sein kann! ... Kirchen dürfen aber auch nicht von den Regierenden als Komplizen des Unrechts mißbraucht werden.»

Die Stimmung ist (längst) umgeschlagen. Die Würfel gefallen. Wer nicht hören kann, will sich offenkundig bestätigen lassen, was er längst weiß. Die Kirche als Komplize des Unrechts muß an den Pranger.

Die Räumung wird unausweichlich. Die Polizei braucht Zeit und einen Beschluß des Richters. Damit geht alles seinen vorgeschriebenen Weg: zuerst zum Notar, dann zum Polizeipräsidenten. Der Einsatz wird geplant.

Die Atmosphäre im Haus ist in Feindschaft umgeschlagen. Die Stimmung aggressiv, es wird wenig geredet, viel geschrien. Die Kirche storniert ihre Bereitschaft, das Anliegen der Roma weiter zu vertreten. Nächtliche Besucher. An den Zuständen ändert das wenig. Die Arbeit im Haus kann nicht mehr garantiert werden, Mitarbeiter geraten in Panik, einige haben vorzeitig Dienstschluß.

Gerüchte. Benzin im Haus. «Wenn die Polizei kommt, springen wir vom Dach...» Die Anführer haben jegliche Verantwortung verloren. Die Besetzung verkommt zur Trotzaktion aus Prinzip!

Wo die Kommunikation zerstört ist, gilt nur noch: Der Worte sind genug gewechselt – es muß geräumt werden. Entweder – oder. Erschöpfung auf allen Seiten. Das Eingeständnis offenkundiger Ratlosigkeit, die alle hilflos macht. Eine Niederlage im Angesicht des Nazareners, dessen Geburtstag unmittelbar bevorsteht. Frohe Weihnachten!

Der Rest geht schnell. Die Herren mit den schwarzen Pudelmützen besetzen das Haus. Ihr Kapital ist der Überraschungseffekt. Ganz sanft, aber unmißverständlich werden die Besetzer nach unten gedrückt. Ein Aufenthalt ist jetzt nur noch in der Eingangshalle möglich. Dort werden kämpferische Lieder gesungen. Doch jeder weiß, die Schlacht ist verloren, die Besetzung kurz vor ihrem Ende. Draußen läuft alles nach Plan. Die Straße ist abgeriegelt: Einsatzfahrzeuge mit Blaulicht, die Hundestaffel, der Sanitätszug, die Herren mit dem Sprechfunkgerät, die Presse. Es ist an alles gedacht.

Der Gerichtsvollzieher verliest den Beschluß des Amtsgerichts. Die Roma rühren sich nicht. Der Polizeipräsident – zu Hilfe gerufen – sagt Straffreiheit zu und bittet darum, freiwillig abzuziehen. Die Roma singen sich Mut zu («Mutter schau, was mit uns passiert»). Zum Schluß bleibt nur das Ritual.

Als Schlichter und Vermittler kommen schließlich andere Roma ins Landeskirchenamt, die es am Nachmittag schon einmal vergeblich versucht hatten. Und tatsächlich: Nach sieben Tagen geben die Roma ihre Besetzung auf und verlassen das Landeskirchenamt. Besenrein.

Die Besetzung ist zu Ende. Erleichterung? Die Kirche hat weiterhin eine gute Presse, doch dem Bleiberecht sind wir keinen Schritt näher gekommen.

VIII. Aus-Blicke

Wir sind noch einmal davongekommen. Das Bild ist düster. Die Erfahrungen bestätigen: Es besteht wenig Hoffnung auf Besserung. Nach Düsseldorf sind die alten Muster an neuen Orten wiederholt worden. Stuttgart – München. Dort kam gleich die Polizei.

Mit dem Beter des 121. Psalms möchte man anstimmen: «Ich hebe meine Augen auf zu den Bergen. Woher kommt mir Hilfe?»

Deshalb einige Blickpunkte zum Abschluß.

1. Es gibt im Land viele Menschen, die etwas Gutes tun wollen. Sie unterschätzen, daß die Arbeit mit Minderheiten eher Enttäuschungen als Erfolge bereit hält. Leider finden sich in den Kreisen der Unterstützer/Unterstützerinnen sehr oft diejenigen, die eigenes Leid durch Tun des Guten kompensieren wollen. Blindes Vertrauen, fehlende Distanz und nicht zuletzt fehlende Kraft und Kompetenz führen in neue Abhängigkeiten. Erfahrungen des Scheiterns führen zu neuen Verletzungen.

2. Von Vertretern der Kirche wird erfahrungsgemäß das Gute und Schöne, auf jeden Fall das sonst im Leben Unerfüllbare erwartet. Vertreter der Kirche müssen deshalb ein Gespür haben, wo Hilfe nötig ist und dafür gegebenenfalls auch riskieren, sich zum Beispiel mit dem Staat anzulegen. Gelernt werden muß, wo Kirche als Institution zum bloßen Instrument fremdbestimmter Interessen gemacht werden soll. In diesem Sinne darf den selbst ernannten Anführern der Roma in Deutschland mit einer gehörigen Portion Mißtrauen begegnet werden.

3. Kirche ist im demokratischen Rechtsstaat ein/e Gesprächspartner/in. In diesem Sinne kann das Eintreten für ein Bleiberecht der Roma aus kirchlicher Sicht richtig bleiben, auch wenn die politisch Verantwortlichen zu einer anderen Entscheidung gekommen sind. Kirchliche Vertreter werden so zu Fürsprechern für diejenigen, die keine Stimme in der Gesellschaft haben. Obendrein bleibt der Kirche bei aller Begrenztheit im binnenstaatlichen Bereich die Möglichkeit, ja, sie ist dazu verpflichtet, ihre (ökumenischen) Beziehungen zu nutzen. Wichtig ist, daß die unterschiedlichen Interessen offen benannt und nicht verwischt werden. Jeder spricht und handelt zuerst in eigener Sache. Nur so kann Einflußnahme zu vernünftigen Ergebnissen führen.

4. Wo die Handlungsfähigkeit gegenseitig beschnitten wird und trotz geduldiger Bereitschaft, die Bedrängnis des anderen zu verstehen, aufrechterhalten bleibt, obwohl sich objektive Alternativen anbieten, ist eine Zusammenarbeit unmöglich. Hier kann Befreiung mit Hilfe

staatlicher Organe dazu beitragen, eine neue Gesprächslage zu entwickeln. Auf jeden Fall ist es hilfreich, wenn sich die Kirche auf solche Krisensituationen vorbereitet und nicht urplötzlich überrascht wird. Dazu gehört dann auch, daß sie sich nicht beleidigt von zuvor bezogenen Positionen abwendet oder gar auf Dauer in den Schmollwinkel zurückzieht. Kirche ist für Menschen da, und Menschen dürfen Fehler machen.

5. Solange die Anführer der Roma nur Anstifter dazu sind, mit ihrem Volk als «Manövriermasse» zu operieren und private Politaktionen zu realisieren, wobei die Teilnehmer weitgehend in Unkenntnis gehalten werden, besteht wenig Aussicht auf eine Verbesserung der Situation. Als kirchliche Vertreter brauchen wir aber dann auch kein schlechtes Gewissen zu haben. Die Werke der Liebe verlangen Nüchternheit. «Brich dem Hungrigen dein Brot, wer ohne Obdach ist, den führe ins Haus» (Jesaja 58,7). Erst wo Interessengrenzen deutlich werden, kann sich ein Miteinander sinnvoll entwickeln. Gemeinsame Hoffnungen verlangen gemeinsame Anstrengungen.

IX. Erfahrungen mit Sinti und Roma

Ich habe mich bemüht, Ihnen meine Erfahrungen vorzutragen und mich hoffentlich dabei verständlich machen können. Also, anstelle der üblichen Literaturlesung ein Life-Bericht, subjektiv, aber ungebrochen in der Hoffnung und dem Wunsch, daß wir – die Gadsche – es noch einmal fertigbringen, Sinti und Roma so leben zu lassen, daß es ihnen möglich ist, wie «normale Bürger» zu leben. Jeder von uns kann dazu beitragen.

Dietmar Seiler

Mit Skinheads im Gespräch

I

Unsere Kirchengemeinde hatte Flüchtlinge in die beiden Gemeindehäuser aufgenommen. Eines Tages kam der Hausmeister ganz aufge-
regt zu mir: «Skinheads haben unsere Flüchtlinge in unserem Gemeindehaus überfallen wollen. Im Weggehen haben sie noch gerufen: ‹Wir
kommen wieder.› Das haben wir jetzt davon, daß wir alle bei uns
aufnehmen.»
Was tun?
Ich fuhr mit meinem Fahrrad am Abend in den Wald zum Treffplatz
einer Gruppe Skinheads. Als ich ihre Stimmen hörte und von Ferne
ihr Feuerchen sah, stieg ich vom Rad, Angst kroch in mir hoch: Bin
ich verrückt, allein zu denen zu gehen und dann als jemand, der in der
Stadt für sein Engagement in der Friedens- und Flüchtlingsarbeit bekannt ist? Und wie sollte ich ein Gespräch mit Skinheads anfangen –
mit solchen Leuten hatte ich doch noch nie vorher geredet?
«Sie sind der erste, der mit uns redet. Die anderen haben alle Angst
vor uns», sagte einer der Skinheads. Da standen Jugendliche um mich
zwischen 12 und Anfang 20. Manchen kannte ich. Einige hatte ich
konfirmiert. Und am meisten schockte mich: meine beste Schülerin
im Religionsunterricht stand mitten unter den Skinheads.
Wenn auch einer bei diesem ersten Treffen fragte: «Was würden sie
tun, wenn wir sie jetzt zusammenschlagen würden?» Es waren nicht
die Monster, die man vom Fernsehen her kennt. Es waren Kinder aus
allen Schichten und meist aus ganz normalen Familien. In dieser
Gruppe waren – wie in ähnlichen anderen Gruppen auch – etwa 10
Prozent harte Polit-Skins mit rechtsextremem Gedankengut und Kon-

takten zu rechtsexstremen Parteien und Gruppen. Daneben Hooligans, Freizeit-Skins und Vorbeigänger. Etwa 10 Prozent Mädchen.

Wie wenig geschlossen diese Gruppen sind, zeigte sich bei einem Mediengespräch. Die Jugendlichen, die an diesem Abend von der Skinheadgruppe anwesend waren, konnten sich nicht einigen, was zu einem Skinhead gehörten, welche äußeren Merkmale und welche innere Überzeugung dazugehört. Weder Hitler, die Auschwitzlüge noch Gewaltanwendung wurde von der Mehrzahl akzeptiert. Am Ende des Gesprächs mit der Journalistin einigte man sich, daß zur Skinheadszene jeder gehören kann, der rechts ist – was das ist, wird jedem einzelnen überlassen.

Es gibt meiner Erkenntnis nach nicht *die* rechtsextreme Biographie. Viel zu unterschiedlich ist die Herkunft der rechtsextremen Jugendlichen. Sicher gibt es viele aus problematischen Familienverhältnissen, und einige haben auch soziale Probleme, vielleicht ist bei manchen der IQ auch nicht ganz so hoch. Manche konnten sich nicht mit Autorität, mit Vätern auseinandersetzen, weil die nicht da waren – aus den unterschiedlichsten Gründen. Vorbilder sind oft Filmhelden wie Superman und Rambo. Sicher sind manche in gewalttätigem Umfeld aufgewachsen, haben Gewalt am eigenen Leib erfahren von Eltern, Erzieherinnen und Erziehern, Freunden und Freundinnen, Ausländern. Sie wurden in konservativem bis rechtsextremistisch denkendem Umfeld groß. Viele sind selber Übersiedler oder Spätaussiedler oder deren Kinder, die oftmals Deutschtum, Nationalismus, Autoritätshörigkeit überbetonen. Daneben aber zählen sich auch Jugendliche zu den Skinheadgruppen, die aus behütetem Elternhaus, wo Mutter nur für Haushalt und Kinder zur Verfügung steht, aus kritischen bis zu antifaschistischen Elternhäusern kommen. Als ich im Krankenhaus einen Besuch machte, grüßte mich einer auf der Treppe und ich fragte, ob er krank sei. Empört meinte er: «Siehst du mir etwas an? Ich arbeite hier als Zivi. Und ein anderer aus unserer Skinheadgruppe arbeitet auch noch hier als Zivildienstleistender.»

Wie man in eine rechtsextremistische Gruppe geraten kann? Auch hier kein einheitlicher Einstieg. Die Jugendlichen erzählten, daß sie durch Freundinnen oder Freunde in diese Szene gekommen seien, weil es

Mode ist oder weil sie dort etwas finden, was sie sonst vergeblich suchen. Manche suchen dort ein warmes Nest oder nur Leute, mit denen sie ihre Probleme bereden oder nur die Langeweile totschlagen können. «Es ist geil, mit den anderen ‹unsere› Musik zu hören.»
Und immer wieder hörte ich: «Wir wollen doch nicht so leben wie unsere Eltern. Malochen und essen und schlafen und am nächsten Tag das gleiche von vorne. Wir wollen jeden Tag unseren Spaß haben.»

II

Nach meinem Gang in den Wald zu der Skinheadgruppe besuchten sie mich im Gegenzug am darauffolgenden Sonntag im Gottesdienst. «Wenn wir schon da sind, dann setzen wir uns auch vorne hin, wo man uns sieht», meinten sie im Hereingehen. Mir war das gar nicht so recht. Aber dann saßen in der bei Gottesdiensten sonst leeren ersten Reihe zwei Dutzend Jugendliche in voller Montur: Bomberjacke und Springerstiefel und Aufnäher «Ich bin stolz ein Deutscher zu sein». Sie sangen unsere Kirchenlieder mit, standen zum Gebet auf. Dann kam die Predigt. Ich stellte rasch um. So bestand der Hauptteil der Predigt in einem Gespräch zwischen den Jugendlichen und den Gemeindemitgliedern. Die Jugendlichen erzählten von ihren Ängsten und ihren Erlebnissen auch mit Ausländern. Ältere Gemeindemitglieder berichteten auf die Lobeshymne auf Hitler eines Skinheads hin, wie sie das Dritte Reich gar nicht so gut erlebt hatten. Und immer wieder wurden die Jugendlichen auf ihr martialisches Auftreten, die Gewaltausübung und die Angst, die sie verbreiten, angesprochen. Gegenseitige Vorurteile und Verurteilungen verhinderten oft das Aufeinanderhören. Das Gespräch drohte immer wieder zu platzen. Ich kam mir vor wie ein Dompteur.
Nach dem Gottesdienst standen die meisten Gottesdienstbesucherinnen und Gottesdienstbesucher mit den Jugendlichen in kleinen Gruppen noch über eine Stunde heiß diskutierend in der Kirche. «Das war ganz anders als im Fernsehen», meinte eine alte Frau: «Ich hab die Angst der Jugendlichen richtig spüren können. So wie ich vor denen

Angst habe, haben die vor denen da oben Angst und vor den Ausländern und vor der Zukunft.»

Bei den Skins bekam der Besuch des Gottesdienstes den Stellenwert einer Heldentat. Auge in Auge mit dem Feind. «Stell dir vor, wir konnten unsere Sachen im Gottesdienst vorbringen, und die haben uns sogar zugehört. Und manches, was die Alten dort gesagt haben, das stimmt auch.»

Die Gewalttätigkeiten der rechtsextremen Jugendlichen haben sicher einen individuellen, einen sozialen und einen gesellschaftlichen Hintergrund, sie haben aber auch ein feststehendes Vorspiel. Sie sind in einer Gruppe zusammen häufig in mit rechtsextremen Symbolen dekorierten Räumen, sie hören ihre Musik, trinken viel. In Stimmung geht es dann in der Gruppe auf die Straße, um etwas los zu machen. Trifft man eine ebensolche Gruppe, geht es zwischen ihnen ab, sonst kann jemand völlig unbeteiligtes dem Angriff ausgesetzt werden. Inzwischen sind die Opfer dieser Gewalt nicht nur Asylsuchende und Ausländer und Ausländerinnen, sondern auch behinderte und alte Menschen. Wenn einmal eine so angeheizte Gruppe auf Gewalttour ist, kann man nicht mehr in den gewalttätigen Ablauf eingreifen. Es muß vorher etwas unternommen werden – und das ist die Aufgabe unserer Jugend- und Sozialarbeit, auch wenn in unseren Städten die Gelder weniger werden.

So waren am letzten Weihnachtsfest einige Skins dann doch wieder im Mitternachtsgottesdienst, den wir immer mit drei- bis vierhundert Jugendlichen feiern. Weil es im Jahr davor nach dem Weihnachtsgottesdienst eine Schlägerei zwischen den Skins und einer «sehr» kirchlichen Gruppe gab, lud ich dieses Jahr die Skins ganz rasch ins Pfarrhaus nach dem Gottesdienst ein zu einem Glas Bier. Und so saß ich zwischen halb zwei und vier Uhr in der «heiligen Nacht», zwischen Mitternachtsgottesdienst und Gottesdienst am 1. Weihnachtsfeiertag mit den Skins beim Bier im Pfarrhaus. Wir unterhielten uns ganz angeregt über Weihnachten früher und heute, Schule und Lehre, Zukunft und Umwelt – unsere alten Themen. Und es gab keine Schlägerei in dieser Heiligen Nacht.

III

Ich war nach dem ersten Besuch der Skinheads im Gottesdienst nicht mehr sehr überrascht, als wie verabredet, am Sonntagnachmittag so dreißig junge Leute aus der Skinheadgruppe neben- und übereinander in meinem Wohnzimmer saßen. Wir diskutierten über verschiedene Themen, und immer wieder kamen wir auf die Ausländer zu sprechen. «Wir sind stolz, Deutsche zu sein», sagte ein 17jähriger und fuhr ganz aufgebracht fort: «Und bald gibt es gar keine Deutschen mehr in diesem Land.» Und die andern fielen mit ähnlichen Sätzen ein: «Ich bin kein Ausländerfeind, ich hab auch ausländische Freunde, aber es sind inzwischen einfach zu viele Ausländer da.» Oder: «Wir Kleinen sind doch den Politikern ausgeliefert. Wir haben nichts gegen die Asylanten. Eigentlich müßte man die Steine und Bomben denen in Bonn reinschmeißen. Die lassen zu viel Ausländer rein. Aber an die kommt man ja nicht ran.»

«Wie kommt ihr zu diesen blöden Sprüchen und brüllt ‹Deutschland den Deutschen› und ‹Ausländer raus›?», fragte ich sie wütend. «Das sagen meine Eltern doch auch», bekam ich ganz kleinlaut zur Antwort. «Und auch die Politiker sagen es, daß es einen massenhaften Asylmißbrauch gibt», fügte eine andere hinzu.

Ich nannte die Zahlen von Zuwanderern und Flüchtlingen und setzte sie ins Verhältnis zu der übrigen Bevölkerung. Einer aus der Gruppe meinte: «Das glaub ich nicht. Es müssen viel mehr Asylanten sein. Was man so alles im Fernsehen sieht.» Und kurze Zeit später, als in der Diskussion ernsthaft behauptet wurde, daß in unserer Stadt nicht nur 20 % Ausländer und Ausländerinnen wohnen, sondern mehr als die Hälfte, bot ich an, am nächsten Tag mit ihnen aufs Rathaus zu gehen und die aktuelle Zahl zu erfragen. Da antwortete einer: «Die Zahlen sind doch alle gefälscht.» Ich schluckte leer und bemerkte, daß man mit Argumenten dagegen nicht ankommt. Die Wirklichkeit wird so verzerrt gesehen, daß sie zu den eigenen Vorurteilen paßt.

Durch die Gespräche mit den rechtsextremen Jugendlichen sensibilisiert, sah ich im Laufe der Wochen die Ausländerfeindlichkeit in unserem Land schärfer. Die Angriffe auf Asylheime und Ausländer und

Ausländerinnen lernte ich in diesem gesellschaftlichen Zusammenhang zu sehen. Nicht das Asylproblem hat den Rechtsextremismus erzeugt. Die Stimmungsmache der Politiker hat die Gewalt hochgeschwemmt. Die Ausländerfeindlichkeit ist in den Vorstandsetagen der konservativen Parteien aus parteipolitischem Kalkül ausgeklügelt, über die Medien vervielfältigt, an den Stammtischen verfestigt und an den Abendbrottischen weitergegeben worden. Jugendliche fühlten sich von der Mehrheit getragen und führten aus, was ihrer Meinung nach die Erwachsenen sich nicht trauten. Die Skins werden getragen von einem breiten Untergrund der Fremdenfeindlichkeit, der weit verbreitet ist im bürgerlichen Lager, in Wissenschaft und Politik, Kirche und Kultur. Die Skinheadszene ist die Spitze des Eisbergs.

Bei den rechten Jugendlichen wird wie bei vielen Politikern und Medien alles, was nichtdeutsch ist, als Asylant bezeichnet – Asylbewerber und Asylbewerberinnen und Anerkannte, Gastarbeiter, Aussiedler. Dahinter steht der Gedanke: Die Unordnung kommt von außen. Ein Trick, um sich nicht mit dem Eingemachten auseinandersetzen zu müssen. Ein billiger Trick, aber ein wirksamer, wie ich immer wieder bei den Skinheads feststellte. Auch viele Erwachsene betrachten durch die heißgelaufene Debatte jeden Asylbewerber nicht nur als Bedrohung unseres Wohlstandes, sondern auch als Vorwurf. Man blendet aus, daß wir durch unsere jahrhundertelange Ausbeutung mitschuldig sind an der katastrophalen wirtschaftlichen und politischen Lage in der sogenannten Dritten Welt. Und wie antike Herrscher die Überbringer schlechter Nachrichten umbrachten, werden kurzerhand die Asylsuchenden nicht als Zeichen für brennende Probleme gesehen, sondern sie werden zum Problem gemacht. Und wenn man die Asylsuchenden außen vor läßt, dann existiert das Problem nicht, denken manche. Haß und Gewalt gegen Asylsuchende richtet sich so gegen die, die uns einen Spiegel vorhalten.

«Das Boot ist voll!» gaukelt eine Notwehrsituation vor, die die Gewalt gegen den Fremden, der noch ins Boot will und der das Boot zum Kentern bringt, verdeckt legitimiert. Der einzelne wird zum Sündenbock gemacht, statt aufzuzeigen, daß wir langfristig nur gemeinsam entkommen können oder untergehen. Die Biedermänner sind die eigentlichen Brandstifter. Wir entdecken, wie mit den Sprachbildern in Politik und Medien die Probleme umgangen und in eine andere Richtung geschoben werden. Es wird von der über uns wegrollenden Welle oder Flut von Flüchtlingen gesprochen. Dabei sind wir einem scheinbar naturgesetzmäßig ablaufenden Prozeß hilflos ausgeliefert, was Angst auslösen muß. Die Bilder aus der Natur verschleiern auch die Ursachen der Fluchtbewegung. Es ist doch klar, daß die Ursachen der Migration nicht natürlich sind, sondern menschengemacht. Gemacht vor allem von den Industrienationen, die die Weltwirtschaft um ihres Vorteils willen ungerecht halten, die Ökologie zum Umkippen bringen und mit ihren Waffen Unrechtsregime und Kriegsparteien beliefern, um Gewinne zu machen – bis nach Serbien, Kroatien und Bosnien.

IV

Doch die Geschichte mit den Skins ging weiter. In einer der ersten Begegnungen ging mich ein Skinhead heftig an: «Du hast in der Kirche Platz für alle, Ausländer, Flüchtlinge. Aber wir deutschen Jugendlichen haben keinen Raum außer im Wald.»

Dieser Vorwurf löste eine lange Debatte aus. Ob rechtsextreme Jugendliche kirchliche Räume bekommen können, war in unserer Gemeinde umstritten – und wurde auch in unserer Stadt heftig diskutiert. Sind wir nicht als Gemeinde verantwortlich, wenn sie sich nicht ordentlich benehmen? Und wenn sie rechtsextremistische Propaganda von unseren Räumen aus machen oder gar Brandanschläge vorbereiten? Ich bekam plötzlich von Ausländern Drohungen, daß ich die Nazis fördere, so wie früher von Rechtsextremen wegen meines Engagements für die Flüchtlinge. Doch auch unter den Skinheads gab es einen Streit, ob sie einen Raum annehmen könnten, in dem so viele Ausländer und Flüchtlinge aus- und eingehen. Und dann noch in einer Kirchengemeinde, die sich so für Randgruppen einsetzt, gegen die sie eigentlich sind.

Zweimal pro Woche hat sich einen Winter lang in unserem Gemeindehaus die Skinheadgruppe getroffen. Manches Gespräch wurde da geführt – über persönliche Probleme, aber auch über politische Inhalte und über die Rap-Musik. Wir waren der Meinung, daß wir diese Jugendlichen nicht noch mehr ausgrenzen dürfen, weil sie sonst noch weiter in die Isolation, aus der sie ein Stück ihres Selbstwertgefühls holen, und in die Gewalttätigkeit geraten und den Rattenfängern in die Arme getrieben werden. Es sind unsere Kinder. Sie sind in unserer Umgebung so geworden. Und wir müssen uns mit ihnen abgeben, für sie Zeit, Räume und Phantasie haben. Übrigens hat sich diese Gruppe in unserem Gemeindehaus nicht schlechter und nicht besser benommen als andere kirchliche Gruppen auch, Kirchenchor oder Junger-Erwachsenen-Club.

Obwohl mir als eingefleischtem Linken die Arbeit mit den rechtsextremen Jugendlichen nicht leicht fiel, wurde mir immer klarer, daß wir die Auseinandersetzung suchen müssen, statt die rechtsextremen Jugendlichen und rechtsradikalen Erwachsenen auszugrenzen. Statt nach Polizei zu schreien und den Bürgerkrieg mit neuen Waffen und Gesetzen auszurufen, wie es manche Politiker wieder so gerne tun, müssen sich alle Demokraten und Demokratinnen mit dem ausländerfeindlichen und gewalttätigen Gedankengut öffentlich auseinandersetzen. Und dies steckt nicht nur in den Köpfen und Herzen der Jugendlichen. Auch nicht nur in den Politikern und Politikerinnen und den anderen. Wir werden schnell entdecken, daß in uns allen ein Ausländerfeind steckt und daß wir uns auch mit unseren gewalttätigen Gedanken und Phantasien auseinandersetzen müssen.

Unser Experiment mit der Skinheadgruppe wurde gewaltsam von außen gestoppt. Als eine Ausländergang die Skinheads in unserem Gemeindehaus überfiel, wollten die sich nicht mehr in unseren Räumen treffen. Wir mußten zur Kenntnis nehmen, daß das Problem der rechtsextremen Jugendlichen schon wesentlich älter ist und verschiedene Schichten hat. Schon lange haben sich auch ausländische Jugendliche zusammengeschlossen, weil sie Angst haben und sich ausgestoßen fühlen und fremd in unserem Land. Viele von ihnen sind auch gewalttätig. Ergebnis einer verfehlten Ausländerpolitik auf der ganzen Linie. Hier schaukeln sich gefährliche Prozesse auf, für die sich niemand zuständig fühlt. Dabei müssen wir sehen, daß eine multikulturelle Gesellschaft, die wir ja schon seit Jahrhunderten sind, kein immerwährendes Straßenfest ist. Es ist ein Prozeß zu einem friedlichen Zusammenleben, der immer neu versucht werden muß. Daß wir uns als deutsche Gesellschaft da nicht heraushalten können, wurde mir vor einiger Zeit klar, als ein Glatzköpfiger aus unserem Gemeindehaus herauskam.

«Es ist ziemlich kalt, friert's dich nicht?», begann ich das Gespräch.

«Nee. Man muß was für seine Überzeugung tun.»

«Wenigstens frieren. – Hast du eigentlich keine Angst, so rumzulaufen?»

«Mir passiert doch nix. I bin ja Ausländer!», antwortete er in lupenreinem Schwäbisch.

«Waaas bist du??»

«Ich bin hier geboren. Bin aber Kroate.»

«Und Skin!»

«Wir sind rechte Kroaten und haben jetzt eine Gruppe hier. Wir verstehen die Deutschen, wenn die sagen: Ausländer raus. Und Hitler war gut.»

«Wenn Hitler den Krieg gewonnen hätte, dann wärst du heute nicht hier in Deutschland.»

«Dann wär ich in Kroatien. Klar. Dann gäb's aber auch keine Serben mehr.»

V

In den Monaten nach den ersten Presseberichten haben bei mir etwa 70 Journalisten und Journalistinnen aus der ganzen Welt angerufen, um an unserem Experiment mit den rechtsextremen Jugendlichen teilzuhaben. Die meisten wollten nur ein paar martialische Bilder in den Kasten bekommen – wofür sie auch einiges hätten springen lassen.

Das Herausstellen von Nazimonstern und damit die Ausgrenzung der rechtsextremen Jugendlichen durch Politik und Medien kommt nicht von ungefähr. Wir haben auch in unserem Land eine lange Tradition der Ausgrenzung von Fremden: angefangen von der Fremdenfeindlichkeit gegenüber den Ostflüchtlingen nach dem Krieg über die ersten Gastarbeiter in den 60er Jahren, über die Türken- bis hin zur Asylfeindlichkeit mit Abschottung unseres Lebensstandards gegen Fremde und Notleidende. Solange wir die rechtsextremen Jugendlichen zu Monstern aufbauen, müssen wir uns als Gesellschaft nicht mit den Hintergründen unserer Fremdenfeindlichkeit beschäftigen. Solange alle Welt sich über einzelne gewalttätige Jugendliche aufregt, müssen wir uns nicht mit der alltäglichen Gewalt auseinandersetzen, die hinter den bürgerlichen Fassaden der Familien, im Straßenverkehr, in unseren Betrieben, in unserer Arbeits- und Tarifpolitik, bei den Handelsbeziehungen mit Kriegsführenden und Umgehen des Handelsboykotts fröhliche Urständ feiert.

Die rechtsextremen Jugendlichen machen uns darauf aufmerksam, daß sich bei uns ein Wertewandel vollzieht. Gewalt ist wieder als normales Mittel der Politik hoffähig geworden. Wo früher die Rasse hochgehalten wurde, redet man heute von Kultur, die eine ewig feststehende Einheit ist und die man unvermischt pflegen muß. Natürliche Anlagen werden entdeckt und die Frauen wieder in die Küche verbannt. Nationalismus soll über wirtschaftliche Probleme hinweghelfen.

VI

Immer wieder werde ich gefragt, was ich bei den Jugendlichen erreicht habe.

Ich weiß nicht, was bei den Jugendlichen langfristig bewirkt wurde. Aber das ist ja bei aller kirchlichen Arbeit die Frage. Vielleicht ist der einzige Erfolg, daß bisher in unserer Stadt nicht mehr passiert ist.

Mich haben die Fragen nach dem Erfolg nachdenklich gemacht. Neben der Frage nach unserem Erfolg bei der Skinheadgruppe stehen die Fragen nach Modellen, Methoden, Therapien gegen Rechtsextremismus. Ich denke, diese Fragen gehen von falschen Voraussetzungen aus. Sie tun so, als ob der Rechtsextremismus durch mehr Jugendhäuser, pädagogische, therapeutische Maßnahmen bei den rechtsextremen Jugendlichen zu beheben sei. Stecken hinter diesem Ruf nach Maßnahmen nicht Aussagen, die die Skins so oft in ihrem Leben gehört haben: «So wie ihr seid, seid ihr nicht zu akzeptieren?» «Wir reden nur mit euch, wenn ihr anders geworden seid?»

Durch unsere Arbeit mit der Skinheadgruppe sehen manche in unserer Kirchengemeinde und auch ich heute genauer, in welchem Sumpf Gewalt und Fremdenfeindlichkeit aufblüht. Und so bin ich und ist unsere Gemeinde eindeutiger geworden im Gespräch mit gewaltbereiten Jugendlichen, aber auch mit den Biedermännern und Brandstiftern, die mit der Asyldebatte unsere Gesellschaft vergiftet haben und den sozialen Abbau schamlos vorantreiben und auch in den Gesprächen mit den Amigos, die die Ellenbogengesellschaft durchsetzen und gleichzeitig mit Krokodilstränen den Werteverfall den linken Lehrern und erwerbstätigen Frauen zuschieben.

Wir sind durch den Umgang mit den Skinheads aufmerksamer geworden und ein wenig mutiger, dem Rechtsextremismus und der Gewalt in unserer Gesellschaft und Kirche und in uns zu widerstehen.

Wir müssen zur Kenntnis nehmen, daß Rechtsextremismus auch in unserem Land eine feste Größe war, ist und auch in Zukunft sein wird – wie auch in den anderen Ländern um uns herum. Rechtsextremismus mit den Kennzeichen des Nationalismus, Rassismus, Antisemitismus, Sexismus, Gewalttätigkeit, Autoritätshörigkeit ist für manche eine Lebenseinstellung – und in bestimmten Bereichen in jedem von uns. So werden wir sehen, daß auch viele der rechts Denkenden auch Mitglieder unserer christlichen Kirchen sind. Und wir müssen sehen, daß auch rechtsextremes Denken – mit den Kennzeichen Gewaltbereitschaft und Nationalismus, Antijudaismus und Rassismus, Fremdenfeindlichkeit und Absolutheitsanspruch – nicht nur in vielen Kirchenliedern und liturgischen Stücken vorkommt. Wie die christlichen Kirchen die Finanzen auf nationaler, zum Teil noch auf alter, fürstlich-territorialer Ebene handhaben, wie der Missionsanspruch formuliert und Theologie getrieben wird, die im eigenen Land oder Kulturkreis hängenbleibt, und wie mit Frauen in leitenden Ämtern umgegangen und die Autoritätsgläubigkeit statt Kritikfähigkeit vermittelt wird, das hängt mit dem Problem des Rechtsextremismus zusammen. Die Frage ist, wie wir mit diesen rechtsextremistischen Gedanken, Gefühlen und Handlungsmustern umgehen. So wie wir nie einen von allen dunklen Seiten freien, einen sündenfreien Raum auf dieser Welt schaffen werden, so werden wir auch nicht ein für allemal mit dem Rechtsextremismus fertig werden – in keinem Land und in keinem Bereich der Gesellschaft – und auch nicht in der christlichen Kirche. Wir werden uns als Demokraten und Demokratinnen, als Humanisten und Humanistinnen, als Christen und Christinnen aber zusammen auf den Weg machen, den Rechtsextremismus aufzudecken – in uns, in unserer Kirche, in der Gesellschaft, in der wir leben – und demgegenüber ein menschliches Zusammenleben praktizieren – über die Geschlechter, Grenzen , Kulturen und Religionen hinweg. Damit werden wir in dieser Welt nicht fertig. Trotzdem lasse ich mich als Christ nicht entmutigen, weil wir das Versprechen des Gottes des Lebens haben, daß er stärker ist als der Tod und damit auch stärker als der Rechtsextremismus. Und so werden wir uns nicht vor der Auseinandersetzung mit rechtsextremistisch Denkenden und Wählenden drücken. Wir werden das Gespräch mit den rechtsextremen Erwachsenen und Kirchenmitgliedern suchen – auch wenn wir Probleme haben oder bekommen.

Ich bin froh, daß sich in den letzten Monaten immer mehr Menschen in der Bundesrepublik mit diesem Thema beschäftigen und damit zeigen, daß viele aus unserer Geschichte gelernt haben. Diese Aufmerksamkeit zeigt auch schon Wirkung – wenn wir auch nicht nachlassen dürfen, den Rechtsextremismus im Blick zu haben. Seit Anfang dieses Jahres sind die meisten rechtsextremistischen Skinheadgruppen zerfallen. Ausländeraktivitäten, Lichterketten und viele kritische Veranstaltungen haben bewirkt, daß die Mitläufer und Mitläuferinnen die rechtsextremen Skinheadgruppen verlassen haben. Was nicht heißt, daß sie morgen nicht wieder zu ihnen stoßen können. Die harten Politskins treffen sich in der Konspiration und verkleiden sich, indem sie ihre Haare haben wachsen lassen. Das rechtsextremistische Potential ist weiter vorhanden und sucht auch weiterhin seine Opfer.

Ich bekam kurz nach Weihnachten einen Brief der Skinheadgruppe: «*Lieber* Herr Seiler!

Einige Kameraden fühlen sich durch ihr ständiges Bemerkbarmachen

ziemlich belästigt! Wir wären ihnen *sehr* dankbar, wenn sie ihre Telefonanrufe und Weihnachtsgrüße an Leute verschenken, die sie nötiger haben als wir Idioten! Wir haben ihre ständigen Versuche uns umzuerziehen satt. So wie sie ihre linke Meinung vertreten, so werden wir unsere rechte Meinung vertreten. Wir haben keine Lust, daß sie uns für ihre Zwecke ausnützen. Wenn sie sich hier behaupten wollen, dann zünden sie weiter ihre Lichter an. Kümmern sie sich nicht um irgendwelche rechten und hirnlosen Skinheads, denn sie sind uns auch total egal. Jeden Tag aufs neue versuchen die Medien, linke Pfarrer und die Gesellschaft, unsere Ideologie in den Dreck zu ziehen und unsere Ideale in ein schlechtes Bild zu rücken. Seit vielen Jahren wird unser Gedankengut boykottiert und der Druck auf uns wächst von Tag zu Tag. Dennoch lassen wir es uns nicht nehmen, weiterhin unsere Ideologie zu verbreiten und über das zu reden, was wir für wichtig halten. Wir wissen, daß wir als Nationalisten eine Minderheit in unseren Heimatländern darstellen, aber es begreifen immer mehr alte und junge Menschen, wie wichtig eine eigene Identität für das Weiterbestehen der Völker ist. Die Zukunft Europas liegt in den Händen der Nationalisten unserer Vater- und Mutterländer. Lassen sie uns endlich mit ihrem linken Gesülze in Ruhe. Derzeit finden überall in Deutschland Lichterketten gegen Fremdenhaß statt. Ein guter Tip: macht doch mal einer den Anfang, Lichterketten gegen Deutschfeindlichkeit zu machen. Aber bei euch Kommunisten zählt ein Kanackenleben wohl mehr als ein DEUTSCHES!!! Zündet soviel Kerzen an, wie ihr wollt, doch solltet ihr mal versuchen, unsere Probleme zu verstehen. Damit sind nicht Probleme im Elternhaus gemeint, sondern die Probleme, die wir und viele *neutrale* Deutsche täglich auf der Straße mit Ausländern zu tun haben!
PS: Wo Unrecht zu Recht wird, wird Widerstand zur Pflicht. Wir lassen uns von *keinem* umerziehen!»

Annette Streeck-Fischer

«Haßt Du was, dann bist Du was»
Über Fremdenhaß und seine selbstreparative Funktion am Beispiel jugendlicher rechtsextremer Skinheads

Einleitung

«Haßt Du was, dann bist Du was» ist einer jener Sprüche jugendlicher Skinheads, mit dem sie treffend ihre Lebenseinstellung zum Ausdruck bringen. Mit einer einzigen, geringfügigen Änderung, einem «ß» statt einem «s», haben sie einen uns allen bekannten Spruch, der zentrale Werte unserer Gesellschaft, wie Wohlstand, Besitz und Leistung, berührt, verfremdet, in Frage gestellt und ihm einen völlig neuen Sinn – ihren Lebenssinn – gegeben. Die Aussicht, über materielle Güter, Bildung und günstige Lebensperspektiven Erfolg und Anerkennung zu erreichen, ist, wie wir sehen werden, gerade ihnen versagt. Narzißtische Gratifikationen, die mitunter allein durch bestimmte sozial angesehene Rollen und Kostümierungen erreicht werden, stehen ihnen in der Regel nicht zur Verfügung. So verbleibt ihnen als einziger und existentieller Besitz der Haß, der, gegen gewählte Fremde gerichtet, vor allem selbstreparative Funktionen übernimmt.

Ich möchte dazu ein Beispiel erzählen: Vor einigen Jahren bin ich einem 14jährigen Jugendlichen begegnet, dessen Lebenssituation davon geprägt war, daß er – bedingt durch sein aggressiv-provozierendes Verhalten – überall die Erfahrung machte, daß man ihn ablehnte, ausgrenzte und rausschmiß. Sein Ambulanztermin in der Psychiatrie wurde zu einem Notruf von ihm und den ihm nahestehenden Betreuern. Er war in einem Heim untergebracht. Seine aktuelle Lebenssituation, aber auch seine lebensgeschichtlichen Bedingungen waren so desolat, daß eine Hilfe, die ihn auf schnellem Wege aus dieser ausweglosen Lage herausholen könnte, kaum denkbar erschien. Zum nächsten Termin kam er dann schweigsam, ablehnend, wie erstarrt und versteinert.

117

Auf seiner Hose, seiner Jacke, seinen Armen, seiner Stirn und seinen Schuhen, überall hatte er das Wort Haß hingeschrieben. Er erschien selbst als der Inbegriff des Hasses und zeigte deutlich, daß er jetzt in einem Zustand war, in dem er alle Brücken, alle Versuche, noch eine positive Lebensperspektive zu finden, abgebrochen hatte.

70 % derjenigen, die Fremde, Ausländer, Asylbewerber, Andersdenkende und Behinderte bekämpfen, sind Jugendliche im Alter von 13 bis 20 Jahren, davon wiederum 96 % männliche Jugendliche; deshalb liegt es nahe anzunehmen, daß in der Adoleszenz spezifische Faktoren eine Rolle spielen, die vor allem männliche Jugendliche anfällig machen, sich rechtsextremen Gruppierungen anzuschließen. Ich möchte zunächst einige grundsätzliche Überlegungen zur Adoleszenz – auch gerade zur männlichen Adoleszenz – anstellen und dann anhand des Werdeganges von jugendlichen rechtsextremen Skinheads deutlich machen, welche adoleszenzspezifischen, persönlichkeitsspezifischen und subkulturspezifischen Faktoren einen jungen Menschen zu Fremdenhaß und Gewalttätigkeit hinführen.

Zur Adoleszenz männlicher Jugendlicher

Im Hinblick auf die Entwicklungsbedingungen in der Adoleszenz möchte ich

1. auf die Umstrukturierung der Persönlichkeit in dieser Zeitspanne eingehen, dann auf
2. die Ablösung von den Eltern und das neue «Wirgefühl» in der Gleichaltrigengruppe,
3. auf den Triebschub und die verunsicherte Männlichkeit und
4. die Reinszenierung infantiler Konflikte und ihre ichsyntone Bewältigung.

1. Die Umstrukturierung der Persönlichkeit in der Adoleszenz

Ausgelöst durch die psychobiologischen Reifungsvorgänge geht die bis dahin relativ gewährleistete Übereinkunft des Jugendlichen mit sich selbst und den Eltern als den wichtigen äußeren Objekten verloren. Die Erfahrung, anderen und sich selbst fremd zu sein und auf gesicherte Bewältigungsformen nicht mehr zurückgreifen zu können, mobilisiert Beschämungsgefühle und -ängste, die das Selbstsystem des Jugendlichen labilisieren. Konfrontiert mit dieser Fremdheit, geraten Jugendliche in eine Krise – die Schamkrise –, die zu adoleszenz-typischen Veränderungen im Auftreten, in der Erscheinung und in der inneren Befindlichkeit führt (Streeck-Fischer 1993a). Ich meine damit die vorübergehende Phase des gesteigerten Narzißmus der Adoleszenz. Diese narzißtische Durchgangsphase (Blos 1973) ist gekennzeichnet von Stimmungsschwankungen zwischen himmelhochjauchzend und zu Tode betrübt, wechselnden Zuständen der Wahrnehmung von sich selbst, die zwischen Selbstvergrößerung und Gefühlen von Unzulänglichkeit hin- und herpendeln können. Komplexere Wahrnehmungen und Einstellungen werden zugunsten von Schwarz-Weiß-Malereien aufgegeben. Personen werden eher nur in Teilaspekten wahrgenommen, idealisiert oder entwertet. Die Wahrnehmung der Realität ist partiell geschwächt, und vor allem in Kränkungs- und Konfliktsituationen greifen Jugendliche zu Vorstellungen von sich selbst, wonach sie sich als großartig, unwiderstehlich und zu allem fähig erleben; oder aber sie neigen zu Vorstellungen, real völlig unfähig, dafür aber in Träumen etwas Besonderes zu sein. Es handelt sich um verschiedene narzißtische Stabilisierungen, die sich unterschiedlich auf den Umgang mit dem eigenen Fremden und dem fremden anderen auswirken. Eine passagere Stabilisierung durch ein aggrandisiertes Selbst – eine Stabilisierung, auf die im übrigen häufiger männliche Jugendliche zurückgreifen –, ist gekennzeichnet von einem aufgeblähten Selbst, das durch Verschmelzung von realen und idealen Selbstvorstellungen und idealen Objektvorstellungen (Kernberg 1975) entsteht. Ihm steht ein abgewertetes oder schattenhaftes, fremdes äußeres Objekt gegenüber. Unliebsame Selbstanteile werden verleugnet beziehungsweise auf äußere Objekte projiziert, die dafür mißachtet oder bekämpft werden. Die nach innen gerichtete Betrachtung von sich selbst, die mit eigener Unzulänglichkeit konfrontieren würde, wird häufiger von männlichen Jugendlichen vermieden. Innere Konflikte werden externalisiert und handelnd ausgetragen. Der Ort der Begegnung und Auseinandersetzung mit sich selbst ist eher ein äußerer, ist zum Beispiel in der Schule oder der sozialen Umwelt. – Weibliche Jugendliche wählen dagegen oft als Austragungsort für ihre Konflikte ihren eigenen Körper.

Die narzißtische Selbstaufblähung ist begleitet von Größenfantasien, die ein Ausgleich für die in dieser Zeit real erlebte Unzulänglichkeit sind und das Selbstsystem stützen. Sie wirken zumeist entwicklungsfördernd, als Entwicklungsprogramm zum Großwerden (Chasseguet-Smirgel 1975), indem sie zu Entwicklungsschritten anregen, die den Abstand zwischen idealen Vorstellungen von sich selbst und anderen und den realen Möglichkeiten verringern. Andere Stabilisierungen sind gute Selbstobjekt- oder Identitätsstützen. Ich meine damit bestimmte Idole, Filmfiguren, adoleszenztypische Accessoires, wie Skaterjacke, punkige Haarpracht, Palästinensertuch, die die Zugehörigkeit zu einer bestimmten Gruppe oder Lebensstilen signalisieren. Es werden Übereinkünfte beziehungsweise Verschmelzungserlebnisse mit narzißtisch aufgewerteten Objekten gesucht; sie helfen die eigene Unzulänglichkeit zu überwinden. Bedrohliche, in Frage stellende, mit Mangelhaftigkeit oder Kleinheit konfrontierende Objekte sind demgegenüber oft die Eltern oder andere Erwachsene, mitunter auch das weibliche Geschlecht.

2. Die Ablösung von den Eltern und das neue «Wirgefühl»

Die Eltern haben noch über die Latenzzeit hinaus die Funktion, in enger Verbindung mit dem Kind wichtige Regulationsvorgänge zu gewährleisten. Der ursprüngliche Wunsch nach Harmonie, nach einem «Wir-Gefühl» oder einer «Welt geteilter Bedeutungen» (Emde 1991) mit den Eltern geht in der Adoleszenz verloren. Jetzt setzen beim Jugendlichen Distanzierungsprozesse ein, die die Etablierung eines eigenen inneren Wahrnehmungsraumes ermöglichen (Coppolillo 1991). Dem Jugendlichen gehen vorübergehend wichtige steuernde und handlungsanleitende, normen- und wertgebende elterliche Funktionen verloren. Ein «Wir-Gefühl», eine «Welt geteilter Bedeutungen» wird nun in der Gleichaltrigengruppe gesucht, die jetzt mehr oder weniger die bisher von den Eltern übernommenen steuernden und wertgebenden Funktionen übernimmt. Die Gruppe dient als Brücke und Übergangsraum bei der Ablösung von den Eltern und bietet gewissen Halt und Orientierung, solange die Doppelorientierung an den Eltern beziehungsweise an anderen erwachsenen Vertretern der Gesellschaft und der Gleichaltrigengruppe erhalten bleibt (Streeck-Fischer 1992). Sie hat dann als Experimentierfeld oder autoplastisches Milieu (Blos 1976) eine entwicklungsförderliche Wirkung. Werden die Beziehungen zu den Eltern abgebrochen, so wird statt dessen die Gruppe neue Heimat, in der als Folge eines regressiven Prozesses die Verwirklichung einer infantilen Fantasie gesucht wird, was sich entwicklungsschädigend und entdifferenzierend auf die Persönlichkeit des Jugendlichen auswirkt, zum Beispiel infolge extremer Polarisierungen in gute Gleichaltrigengruppe versus böse Gesellschaft.

Die Bedeutung der Eltern in dieser Zeitspanne wird oft unterschätzt. Ihre reale Präsenz ist notwendig, um sich von den idealen Elternbildern der Kindheit lösen zu können, statt in ständiger Suche nach idealen Eltern-Ersatzobjekten zu verharren. Die reale Präsenz der Eltern ist auch notwendig, um dem Jugendlichen mit seinen regressiven Verschmelzungssehnsüchten entgegenzutreten und ihm Wege in der Auseinandersetzung mit Realitäten aufzuzeigen.

3. Der Triebschub und die verunsicherte Männlichkeit

Die relative Entmachtung der Eltern in ihren ichideal- und überichstützenden Funktionen führt zu einer passageren Überich-Schwäche. Gleichzeitig tauchen, ausgelöst durch den pubertären Triebschub, vermehrt Trieb- und Affektregungen aus der Verdrängung der Latenzzeit wieder auf, wie Gier, Neid, Brutalität, Zerstörungswut, Sexualität und anderes, mit denen sich der Jugendliche jetzt auseinandersetzt.

Im Gegensatz zum Mädchen ist der Junge in seiner Entwicklung auch noch während der Latenzzeit körperbetonter, aggressiver und oft weniger kontrolliert. Das Überich ist meist strenger, unbarmherziger, ohne jedoch besonders erfolgreich in seinen Funktionen der Beschränkung und Regulierung des Verhaltens oder der Fantasie zu sein (Silvermann 1986). Das hat zur Folge, daß männliche Pubertierende zumeist heftiger als Mädchen von verpönten oral süchtigen polymorph perversen und analsadistischen Triebregungen bedrängt werden, die sie in den verschiedensten Bereichen zu befriedigen suchen.

Die Lust des Grauens, in Horrorvideos erlebt, die Angstlust beim S-Bahn-Surfen, Alkohol- und Gewaltexzesse sind nur Extremformen solcher Triebdurchbrüche und -befriedigungen (Streeck-Fischer 1993b). Die polymorph perverse triebhafte Lustsuche scheint mir auch der Grund zu sein, warum zum Beispiel Stephen King mit seinen Büchern «Es», «Friedhof der Kuscheltiere» usw. einer der vielgelesenen Autoren männlicher Jugendlicher ist. Er führt Jugendliche an bedrohliche lustbesetzte triebhafte Auswüchse heran. Geschichten, die männliche Jugendliche selbst geschrieben haben und mir zugänglich geworden sind, sind oft von ähnlichen Gefahren bestimmt: da zieht etwa eine klebrige Masse in den Boden, der sexistische Geist muß besiegt werden, die Leiche bezwungen usw. Solche Beschäftigungen sind wichtig, weil sie als Auseinandersetzungsformen mit Triebhaftem zu kreativen Sublimierungen hinführen und zur Integration sexueller und aggressiver Impulse in soziale Beziehungen vorbereiten. Verunsicherungen, die die Geschlechtsidentität, die eigene Männlichkeit betreffen, führen zu Mutproben und hyperphallischem Agieren. Entsprechend der Neigung, in Gegensätzen zu denken und wahrzunehmen, wird Männlichkeit mit Stärke, Härte und Großartigkeit attribuiert, während Weiblichkeit mit Schwäche, Unfähigkeit und Feigheit in Verbindung gebracht wird. Um dem regressiven Sog zur frühen Mutter zu entgehen, der für männliche Jugendliche erheblich stärker ist als für weibliche Jugendliche, dienen Männlichkeitskulte und

-ideale der Kompensation gegen regressive Phantasien, Wünsche und Kastrationsängste (Gilmore 1993).

Der Auseinandersetzung mit den andrängenden Triebimpulsen in der Adoleszenz begegnen sogenannte kalte Kulturen mit Initiationsriten, die zum Teil an Foltermethoden erinnern. In ihnen werden Traditionen mittels Zwang durchgesetzt. Prozesse, die einen kulturellen Wandel herbeiführen könnten, werden eingefroren. Soziale Ordnungen und Rollen bleiben dadurch festgefügt. In unserer sogenannten heißen Kultur wird die Adoleszenz als Motor gesellschaftlicher Wandlungsprozesse gesehen (Erdheim 1983). Die Zeitspanne der Adoleszenz ist heute jedoch zunehmend von Entritualisierung und Enttraditionalisierung gekennzeichnet. Die daraus folgende Individualisierung der eigenen Entwicklung überfordert viele Jugendliche und führt sie tendenziell zu Vereinzelung und Entfremdung (Heitmeyer 1990). Die Jugendkulturen erscheinen aus dieser Perspektive als Versuche, mit Hilfe von Gegenritualisierungen Sicherheit zu finden. Statt progressiver Bewältigungen werden regressive Bewältigungsmuster bedeutsam.

4. Die Re-Inszenierung infantiler Konflikte und ihre ichsyntone Bewältigung

Zentrale Kindheitskonflikte beeinflussen als Wiederholungen alle Lebensphasen. Dabei bestimmt zum einen das Ausmaß der neurotischen Störung beziehungsweise der frühkindlichen Traumatisierung, inwieweit infantile Konflikte wiederholt werden oder ob neue Erfahrungen beziehungsweise kreative Bewältigungen möglich sind. Zum anderen spielen die aktuellen Bedingungen der Adoleszenz eine Rolle, die dann zu einer «zweiten Chance» (Eissler 1968) werden kann, wenn die Eltern und andere Erwachsene für die Auseinandersetzungen, Identifikationen und Neuerfahrungen zur Verfügung stehen und die jetzt entwickelten affektiv-kognitiven Strukturen (Piaget 1977) progressive Lösungen ermöglichen. So bietet sich dem Jugendlichen mit der Berufswahl beziehungsweise der beruflichen Perspektive als einer gesellschaftlich vorgegebenen Entwicklungsschablone potentiell die

Möglichkeit, solche infantilen zentralen Konflikte kompromißhaft zwischen progressiven Strebungen und regressiven Wünschen zu bewältigen. Gelingt es dem Jugendlichen aber nicht, seine bisher unbewältigten präödipalen und ödipalen Konflikte im Umgang mit den realen Eltern und anderen Erwachsenen auszutragen, was ermöglichen würde, reale elterliche und gesellschaftliche Widersprüche zu akzeptieren, kommt es an der Schwelle von der Familie zur Gesellschaft zur Veröffentlichung solcher Konfliktinhalte. Diese können nun verallgemeinernd auf gesellschaftliche Mißstände und politische Verhältnisse übertragen werden. Die Umwandlung konkreter Erfahrungen in politische Weltbilder ist bei Jugendlichen nicht ungewöhnlich (Heitmeyer 1988). Solche Veröffentlichungen sind vor allem gefährlich, wenn in der Familie eine Art «Nazi-Milieu» existiert, sei es, daß dort Nazi-Ideologien tradiert werden, sei es, daß in einer Festungsfamilie eine massive Feindlichkeit gegenüber den Fremden vorgelebt wird, sei es, daß der Jugendliche als Versager die Position des «feindlichen Ausländers» in der Familie schon immer hatte.

Beschädigte Identität und Fremdenfeindlichkeit

An Jugendlichen, die sich rechtsextremen Skinheads angeschlossen haben, will ich im folgenden zeigen, wie bei ihnen die progressive entwicklungsförderliche Auseinandersetzung mit dem Fremden – dem eigenen Fremden und dem fremden anderen – mißlungen ist. Der Fremdenhaß von rechtsextremen Skinheads und ihre gewalttätigen Ausschreitungen sind vor allem auch als ein Ausdruck eines inneren Notstands zu sehen. Die Begegnung mit dem Fremden ist zu einem Schockerlebnis geworden (Bosse 1992), einer Erfahrung, die den erfolgreichen Umgang mit dem Fremden verhindert. Der Fremde wird bedroht, um das eigene bedrohte Selbst zu stabilisieren. Dies zeigen die frühen und aktuellen Lebensbedingungen jugendlicher Skinheads. Ihre Lebensgeschichten beinhalten oft eine erschreckende Aneinanderreihung vielfältiger Traumatisierungen. Sie waren oft schon als Kinder unerwünscht oder kamen zu einer Zeit auf die Welt, in der die

Mutter oder die Eltern sich auf den Säugling nicht einstellen konnten: sie waren zum Beispiel unehelich geboren, die Eltern lebten in einer instabilen Beziehung oder unter äußerst unsicheren sozioökonomischen Bedingungen.

An unsichere oder unzuverlässige, teils ablehnende, manchmal äußerst schlecht versorgende Mütter mangelhaft gebunden oder in Pflegefamilien abgegeben beziehungsweise zur Adoption freigegeben, wurden sie entweder früh in ihrer Fähigkeit beeinträchtigt, sich an die äußere Realität anzupassen, oder es ist zu einer frühen Anpassung an die Umwelt im Sinne der Entwicklung eines falschen Selbst mit abgespaltenen unsozialisierten Anteilen (Winnicott 1965) gekommen. Der Vater blieb in den zumeist zerrütteten Familien abwesend, schwach und/oder willkürlich, gewalttätig und oft als Alkoholiker abgewertet.

In der Schule erreichten sie aufgrund von Lernschwächen und aggressivem, unruhigem Verhalten nicht ihr eigenes oder das von den Eltern vorgegebene Lernziel. Als Störenfriede und Außenseiter erfuhren sie sowohl von seiten der Lehrer als auch der Klassenkameraden Ausgrenzung. Obwohl nicht selten überdurchschnittlich begabt, blieben sie anhaltenden Erfahrungen von Mangelhaftigkeit und Unfähigkeit ausgesetzt: Schulabbrüche oder Schulabstieg bestimmten die weitere Lebenssituation. Auch die berufliche Eingliederung mißlang beziehungsweise geriet brüchig.

Die Herkunftsfamilie löste sich, wenn nicht in der Kindheit, dann jetzt in der Adoleszenz zumeist auf. Die Eltern haben zum Jugendlichen eher schwache Bindungen, zeigen sich gleichgültig, oder es kommt nach heftigen Szenen zu einem völligen Abbruch der Beziehungen oder zur Ausstoßung des Jugendlichen.

Für Jugendliche, denen familiäre Bindungen und Rückhalt fehlen und denen narzißtische Bestätigung, Identifikationsmöglichkeiten und Selbstverwirklichungsperspektiven anhaltend versagt geblieben sind, führt die Auseinandersetzung mit den Aufgaben der Adoleszenz nicht nur zu einer vorübergehenden Krise. Die Begegnung mit dem eigenen Fremden, den körperlichen Veränderungen, der Sexualität und der Wahrnehmung der eigenen Person ebenso wie der Weg zum «unbekannten Fremden» werden zu einer massiven Verunsicherung und Bedrohung. Konfrontiert mit der eigenen Unzulänglichkeit, die aus anhaltenden Erfahrungen, mangelhaft zu sein, überwältigend ist, greifen Jugendliche gerne auf «Erklärungen» zurück, die die vielfältigen narzißtischen Beschädigungen relativieren sollen. In der rechtsextremen Skinheadgruppe wird der Jugendliche mit Ideologien über sein bisher und aktuell so enttäuschend verlaufendes Leben versorgt. Jetzt kann er glauben, daß nicht etwa eigene Unfähigkeit und Minderwertigkeit schuld sind an seiner desolaten Lebenssituation, auch nicht die ohnehin zumeist fernen, oft gleichgültigen und im Grunde verhaßten Eltern, Lehrer und Ausbilder. Jetzt darf er ausgewählte Feinde, die seinen Lebensraum zu bedrohen und zu zerstören scheinen, für seine innere bedrohte Situation verantwortlich machen. Solche Erklärungen und Ideologien haben subjektiv befreiende und entlastende Wirkung vor allem deshalb, weil damit unerträgliche innere Konflikte und anhaltende narzißtische Beschädigungen infolge des ständig erfahrenen Versagens in bezug auf Anpassung und Leistung jetzt nach draußen auf Außenfeinde verlagert, öffentlich gemacht und dort bekämpft werden können.

Die bereits beschriebene Bereitschaft Jugendlicher, unliebsame eigene Anteile nach draußen zu verlagern, statt in sich selbst zu erkennen, und die eigene Schwäche, die verhaßten eigenen Anteile im anderen zu bekämpfen, wird hier in extremer Weise gelebt. Als Projektionsflächen für bedrohliche, abgelehnte, verhaßte Anteile bieten sich dann gerade solche Personen an, die neben aller Fremdheit sich in einiger Hinsicht nur wenig von einem selbst unterscheiden (Volkan 1988). So kommen Ausländer und Asylbewerber dem jugendlichen Skinhead unter Umständen besonders nahe insofern, als ihre Lebensperspektiven ebenso wie die der Jugendlichen besonders ungünstig und von Ausgrenzung und Diskriminierung bestimmt sind.

Durch die eigenen traumatischen lebensgeschichtlichen und aktuellen Erfahrungen narzißtisch schwer beschädigt, vermeiden solche Jugendlichen die Wahrnehmung von sich selbst. Andernfalls sähen sie sich konfrontiert mit unerträglichen Leeregefühlen, Hoffnungslosigkeit und tiefer Vereinsamung (Eissler 1968, Grubrich-Simitis 1979). Statt dessen stabilisieren sie sich unter anderem gemeinsam in der

Skinheadgruppe mit Hilfe von Vorstellungen von Macht und Größe von sich selbst, mit denen sie ihre eigene Unzulänglichkeit anhaltend verleugnen können. Dieser Panzer der Selbstaufblähung schützt sie letztlich vor innerer und äußerer Kritik. Die Demonstration von Stärke und großspurigem Gehabe wird noch gestützt durch die dem Skinhead eigene Uniformierung. Glatze, Bomberjacke und Springerstiefel sind Accessoires mit Symbolcharakter: die paramilitärische Aufmachung strahlt ein Gemisch von betonter Männlichkeit, Härte und Brutalität aus (Wirth 1989).

Der Männlichkeitskult in solchen Gruppierungen, die den Charakter von Männerbünden haben, hilft, die eigene unsichere Identität zu stützen. Durch rechte Ideologien als jemand aufgewertet, der schon durch Geburt als Deutscher, aber auch als männliche Person etwas Besseres ist, werden bisherige narzißtische Beschädigungen reduziert. Frauen haben für jugendliche Skinheads eine untergeordnete Position, sie sind «l-B-Menschen zwischen Erster-Klasse- und Zweiter-Klasse-Menschen, den Ausländern» (Zitat von M.). Auch Frauen verkörpern im Grunde eigene abgelehnte Schwächen der Jugendlichen. Infolge der befürchteten Mangelhaftigkeit und Unzulänglichkeit, auch in bezug auf Sexualität, ist der Weg zum fremden anderen Geschlecht oft blockiert. Die Beobachtung, daß gerade die Freundschaft zu einem Mädchen die feste Verankerung der Jugendlichen aus der rechtsextremen Gruppe löst, kann damit erklärt werden, daß sich dieser Jugendliche dann auch Ängsten und Nöten stellt, die er bis dahin verleugnet und vermieden hat.

Jugendliche Skinheads mit anhaltenden Traumatisierungen und sozialer Ausgrenzung sind wegen ihrer ungünstigen Lebensperspektiven für Auswege verführbar, die per Sofortbefriedigung die Verwirklichung ihrer Größen- und Rettungsfantasien versprechen. Das geschieht durch rechtsextreme Führer, die sie mit Parolen verführen, in denen sie sich zu Rettern und Ordnungshütern der Nation erklärt sehen können. In der Gruppe rechtsextremer Skinheads werden entwicklungsschädigende Prozesse in Gang gesetzt. Rechtsextreme Führer geben klare Orientierungen in bezug auf das, was falsch, was richtig ist, was gut, was böse ist, was wert und unwert ist. Verdummende

Parolen sind ihrer massiven Realitätsverkennung wegen geeignet, eindeutige Freund-Feind-Schemata festzulegen (Hacker 1990). Primitive Weltbilder, die bis hin zu paranoiden Verkennungen reichen, unterstützen den regressiven Prozeß ins Radikale, der zu Gewaltaktionen führt. Dabei erkennen die Jugendlichen nicht, daß sie einem Wiederholungszwang folgen und ihre eigenen Erfahrungen mit Gewalttätigkeit, die ihre Lebensgeschichte bestimmt haben, jetzt in der Skinheadszene wiederfinden und auf der Straße leben. Wurden die ursprünglichen Erfahrungen mit Gewalt in der Rolle des Opfers gemacht, werden sie jetzt in wechselnden Positionen sowohl als Täter als auch als Opfer gelebt. Angetrieben von Rettungsfantasien, die Nation zu verteidigen und bessere Lebensverhältnisse zu schaffen, sind sie voller Sehnsucht nach einer besseren Welt und schaffen letztlich Verhältnisse, in denen sie nur noch unwiderruflicher als die Störenfriede, die sie immer waren, ausgegrenzt werden.

Fallbeispiel

Mit dem Beispiel des 15jährigen Skinheads Stefan möchte ich deutlich machen, in welchem Ausmaß Ideologien der Ungleichheit, des Fremdenhasses und der Gewaltbereitschaft identitätsstiftende und selbstreparative Funktionen übernehmen können.

Der 15jährige Stefan kam auf Veranlassung seiner Eltern zur stationären Psychotherapie nach Tiefenbrunn. Sein Leistungsabfall in der Schule, der Kontakt zu rechtsextremen Skinheads, sein Alkoholtrinken und die Zunahme von Wutausbrüchen mit gewalttätigen Handlungen bereiteten den Eltern Sorgen. Nach ursprünglich heftigen Auseinandersetzungen war im Kontakt zwischen Stefan und den Eltern eine völlige Sprachlosigkeit eingekehrt.

Auf den ersten Blick erschien unverständlich, warum Stefan sich in solchen Kreisen bewegte. Er machte einen netten, sympathischen Eindruck, wenn auch der Kontakt zu ihm etwas flach und flüchtig blieb. Seine Eltern waren gut situiert. Er besuchte die Hauptschule und hatte Aussichten, dort seinen Abschluß zu erhalten. Er erschien nicht als ein

«Desintegrierter» oder «Deklassierter», wie Heitmeyer (1992) die soziale Situation rechtsextremer Skinheads charakterisiert hat. Bei genauem Hinsehen war jedoch unübersehbar, daß seine bisherigen lebensgeschichtlichen Bedingungen mit ebenso vielfältigen narzißtischen Beschädigungen verknüpft waren, wie ich an den Lebensgeschichten jugendlicher Skinheads dargestellt habe. Bis zu seinem sechsten Lebensjahr war er verschiedenen Traumatisierungen ausgesetzt: in den ersten drei Lebensjahren wurde er durch eine – wie es hieß – geistig eingeschränkte, emotional unzuverlässige und lebensunfähige Mutter und einen zu Alkohol und Gewalttätigkeit neigenden Vater versorgt. Danach kam er – durch das Jugendamt veranlaßt – in ein Heim, das wegen verwahrloster und pädagogisch fragwürdiger Bedingungen geschlossen wurde, als er sechs Jahre alt war. Zu dieser Zeit wurde er von seinen jetzigen Eltern adoptiert. Seine Entwicklungsrückstände konnte er hier schnell überwinden. Als gefälliges und freundliches Kind konnte er sich in der Familie einigermaßen gut zurechtfinden. Jedoch blieb er im Kindergarten und in der Schule ein aggressives Kind, ein Störenfried und Außenseiter. Obwohl er die Hauptschule noch gerade eben bewältigte – eine Reihe von Lernschwächen beeinträchtigten ihn –, fühlte er sich, gemessen an seinen Erwartungen, das Gymnasium zu schaffen, als ständiger Versager. Mit dreizehn Jahren hatte er erstmals einen Freund, mit dem er sich zusammen nachmittagelang an Gewaltvideos berauschte. Über diesen Freund entwickelte er eine Faszination für rechtsextreme Einstellungen, Ausländerhaß und Gewalttätigkeit.

Stefan hatte eine Anpassungspersönlichkeit entwickelt. Die von Mangel und Traumatisierungen bestimmte frühe Mutter-Kind-Beziehung hatte zu einer vorzeitigen Ichreifung mit vorzeitiger Besetzung der äußeren Realität geführt. Die Anpassung und Verschmelzung mit dem als bedrohlich erfahrenen beziehungsweise traumatisierenden mütterlichen Objekt war für ihn in frühester Zeit lebensnotwendig gewesen (vgl. auch Holderegger 1993, S. 35). Sein rudimentäres Selbst rettete er so vor psychischer Vernichtung. Eine rahmengebende Struktur des Selbst (Green 1983), einen Raum, in dem er Selbst- und Objektbilder hätte verinnerlichen können – es ist ein Rahmen, der sich als Folge guter primärer Objekterfahrungen entwickelt –, konnte unter diesen Bedingungen nicht ausgebildet werden. Sein Selbst blieb «leer» – von äußeren Stabilisierungen durch Angleichung an die Eltern und ihre Stützung bis zu Beginn der Adoleszenz abhängig.

So hatte er angelehnt an die Erwartungen der Adoptiveltern und ihre reale Präsenz ausreichend gut funktionieren können und sich über das mit ihnen «geteilte Wir-Gefühl» relativ stabilisiert. Erst mit Beginn der Adoleszenz wurde das Ausmaß seiner Entwicklungsstörung in vollem Umfang deutlich.

Ablösungsschritte führten jetzt zu einer massiven Labilisierung und konfrontierten ihn mit der inneren Leere seines Selbst. Er mußte nach Bewältigungen suchen, um diesen unerträglichen Leere- und Spannungsgefühlen zu entgehen. Es sind spezifische Notstandsmaßnahmen, zu denen Jugendliche mit solchen Persönlichkeitsentwicklungen greifen, wie zum Beispiel allgemeine Unruhe, Umtriebigkeit, provozierende Aktionen mit selbst- und fremddestruktivem Charakter, süchtiges Agieren, wie Alkoholtrinken, Drogenkonsum, Stehlen, die völlige Anlehnung an idealisierte prestige-anhebende Objekte, etwa subkulturelle Jugendgruppen, die dann neue Stützfunktionen für das Selbst übernehmen.

Stefan hielt sich nun vor allem an Gleichaltrige, die zu Gewalt und antisozialen Einstellungen verführten. Die Anziehungskraft, die von diesem Milieu für ihn ausging, war auch Folge seiner lebensgeschichtlichen Erfahrungen. Blos (1963) hat in solchen Orientierungen in der Adoleszenz die Funktion gesehen, per Agieren eine zeitliche und historische Kontinuität innerhalb des Ichs herzustellen. Jugendliche suchen nach unbewußten Spuren früher Identifikationsobjekte. Bei den rechtsextremen Skinheads fand Stefan das Gewalt- und Demütigungsmilieu seiner frühen Kindheit wieder. Er begegnete hier Verhältnissen, die frühkindlichen traumatischen Erfahrungen ähnelten und die sich in seinem bedrohlichen mütterlichen Introjekt abbildeten, das angstfreie Kohärenz bot, solange er sich mit ihm in Einklang befand. Parin (1983) hat ein solches Introjekt in Anlehnung an Amigorena und Vignar (1979), die Persönlichkeitsumstrukturierungen unter den Bedingungen grausamer Diktaturen beschrieben haben, als «tyrannische Instanz» bezeichnet. Meloy (1988) spricht von einem fremden Selbstobjekt, das unintegriert neben den sonstigen Strukturen des Selbst persistiert und unter bestimmten Umständen, zum Beispiel in Kriegssituationen, reaktiviert werden kann. Abhängig von dem Ausmaß der inneren und äußeren Bedrohung wird bei jedem von uns dieses Introjekt wiederbelebt, das uns veranlaßt, bei Gefahr Anlehnung zu suchen, um Sicherheit zu finden, statt im Anderssein sich lebensbedrohlichen Situationen auszusetzen. Man könnte auch fragen, ob in den sogenannten kalten Kulturen mit den brutalen Initiationsriten jene tyrannische Instanz etabliert wird, die zur Angleichung des Jugendlichen an die Gesetze der Alten führt.

Wie umfassend der Anpassungs- und Angleichungsvorgang die Persönlichkeit des einzelnen bestimmt, läßt sich mit der Entwicklungsreihe des falschen Selbst nach Winnicott (1965, S. 185) differenzieren: bestimmt das «falsche Selbst» die Persönlichkeit wie bei Stefan, findet eine von früh an lebensnotwendige, bedingungslose Anpassung an die äußeren Verhältnisse statt. Repräsentiert das falsche Selbst lediglich die Organisation einer höflichen und gesitteten gesellschaftlichen Haltung, so sind nur Teile der Persönlichkeit von der Angleichung erfaßt.

Die Gewalterfahrungen, denen Stefan sich aussetzte, machten den inneren Notstand, der auf frühkindlichen und aktuellen Erfahrungen basierte, zunehmend zu einem äußeren, aktiv herbeigeführten. Diese Verwandlung eines passiv erfahrenen Zustands in einen aktiven ist als Bewältigungsversuch anzusehen. Es konstituiert sich der bereits oben erwähnte Wiederholungszwang, der zwangsläufig dann entsteht, wenn ausreichend gute internalisierte Objekte (Ladame 1991) fehlen. Für Stefan führte der Weg in die rechtsextreme Gruppe zum Abbruch der Beziehungen zu seinen Adoptiveltern, die ihm jetzt als ihn ablehnende, seine scheinbare Autonomie in Frage stellende Personen erschienen. Auch mag für ihn deren durchorganisierte Lebensweise ebenso wie die gesellschaftlichen Erwartungen wie «ein Gehäuse der Hörigkeit» (Weber zit. n. Horn 1983) vorgekommen sein, nicht erkennend, daß er aufgrund seiner Persönlichkeitsentwicklung nur die eine Hörigkeit durch eine andere austauschen konnte.

Subkulturspezifische Stabilisierungen

Im folgenden sollen einige wichtige Stabilisierungen nochmals gesondert hervorgehoben werden. Es sind dies die Etablierung eines aufgeblähten Größenselbst per Ideologie, die selbstreparative Verwandlung von Selbsthaß in Fremdenhaß, die Uniformierung und Maskierung der Persönlichkeit und die Perversion der sexuellen Lust zur Gewaltlust. Während Stefan, solange er sich in stationärer Psychotherapie befand, Erwachsene der Station von seinen rechtsextremen Einstellungen völlig abschirmte, entlud er bei Kränkungen massive menschenverachtende, rassistische Äußerungen gegen bestimmte Jugendliche und konnte in besonderen Situationen gewalttätig werden, zum Beispiel einem, den er als Behinderten bezeichnete, an die Gurgel gehen. Durch Rückgriff auf die rechtsextreme Ideologie stabilisierte er sich. Die Ideologie übernahm hierbei eine Plombenfunktion (Morgenthaler 1974) für sein beschädigtes Selbst. Im Einssein mit der Ideologie, die ihm zugleich die Übereinstimmung mit einigen anderen Jugendlichen sicherte, versetzte er sich in einen Zustand narzißtischer Selbstaufblähung. Personen, die sich nicht mit ihm verbündeten, existierten für ihn nicht oder wurden zu Feinden deklassiert und entmenschlicht. Wie dieses Beispiel zeigt, bestand in solchen Situationen für Stefan nicht einmal die Notwendigkeit, sich umfassender auf rechtsextreme Ideologien zu beziehen und sich als etwas Besseres hervorzutun. Vielmehr genügte allein die *innere Übereinkunft mit der Ideologie als Kostüm zur Selbstaufblähung*. Indem er den anderen diskriminierte und deklassierte, bestimmte er ihn und beherrschte er ihn durch Gewaltandrohung und -anwendung, statt selbst in einer Situation der Demütigung und Beschämung zu verharren.

Durch rechtsextreme Ideologien konnte Stefan unerträgliche innere Konflikte, Leere, tiefe Vereinsamung und Selbsthaß externalisieren. Diese Verlagerung eines unerträglichen inneren Zustandes nach draußen ist Folge der adoleszenzspezifischen, aber auch subkulturspezifischen Umstrukturierung der Persönlichkeit. Die eigene Schwäche, die verhaßten eigenen Anteile, konnte er im anderen deponieren und an ihm bekämpfen, zum Beispiel seine eigene in der Schule immer wieder erfahrene Behinderung oder die behinderte leibliche Mutter, derer er sich so schämte. *Selbsthaß wird in Fremdenhaß verwandelt.* Er richtet sich gegen jene, die vermeintlich die Substanz des Selbst bedrohen (Lichtenberg 1992). Der feindliche andere wird zur Stabilisierung in einer «Gegnersymbiose» (Stein 1990) gebraucht. Es ist eine destruktive Verstrickung, die zu einem «deadly dance» führt, ein schrittweise verlaufender tödlicher Tanz, auf den ich noch eingehe und der zur Vernichtung einer der beiden Personen oder Gruppen führt. Es ist eine Verstrickung, bei der der andere erfährt, was einem selbst gilt. Diese Verstrickung ist Folge einer projektiven Identifikation. Man könnte diese Beziehung auch als eine negative Container-contained-Beziehung bezeichnen. Die wechselseitige Deponierung von Selbsthaß im anderen ist zwar ein Mittel der Restitution des Selbst (Lichtenberg 1992), strebt jedoch letztlich die Selbstvernichtung im anderen an.

Durch Uniformierung und Maskierung konnte Stefan seine bis dahin erfahrene Isolation, Ausgrenzung und Deklassierung überwinden. *Uniformierung ist Ausdruck einer zunehmenden Gleichschaltung und Entindividualisierung* des einzelnen. Sie zeigt sich in der bereits erwähnten paramilitärischen Aufmachung, aber auch in einer Gleichförmigkeit im Denken, Fühlen und Handeln, die von auffallend primitiven und wahnhaften Vorstellungen in bezug auf den feindlichen anderen bestimmt ist (Hacker 1990). Sie ist Folge der inneren Angleichung an das frühe Introjekt «tyrannische Instanz». Gefühle von Unsicherheit und Minderwertigkeit können hinter dieser Maskierung verborgen werden.

Die rechtsextreme Ideologie bietet Stefan eine männliche Ersatzidentität an. Im Phalluskult, dem zur Schau getragenen Gemisch betonter Männlichkeit und Härte, werden die tiefgreifenden Minderwertigkeits- und Kastrationsängste überwunden. Die bisher unintegrierte Sexualität wird in Verbindung mit einer unsicheren Geschlechtsidentität in Aggression und Gewaltbereitschaft pervertiert. Kampfbereit zu sein, brutal zu sein sind jetzt hochbewertete Zeichen von Männlichkeit und Tapferkeit. Sie sind Ausdruck von Männlichkeitsvorstellungen, die an kriegerische Gesellschaften erinnern und Heldentum versprechen. Narzißtische Aggressionslust dient nach anhaltenden Demütigungen und Entsagungen als Ersatz oder als Ausgleich für unerreichbare sexuelle Befriedigungen (Shatan 1981, 83). Ich zitiere Stefan: «Mit 18 möchte ich am liebsten alle und mich selbst abknallen, weil ich mich selbst hasse und niemals eine Freundin bekommen werde.» *Geil auf Gewalt wird zur Ersatzbefriedigung*, die wie jede andere Sucht mit einer Dosissteigerung verknüpft ist. Diese Erotisierung der Gewalt fördert die Kampfsüchtigkeit (Shatan 1983).

Je nachdem, wieviel Hoffnung noch besteht, in der Gesellschaft eine sinnvolle Lebensperspektive zu finden, hält der Jugendliche entweder an einer sozial angepaßten Fassade fest, lebt als «Mutant» (Enzensberger 1993) ein gespaltenes Leben oder aber bricht völlig mit der Gesellschaft. Stefan lebte in zwei Welten. Ein zusammenhängendes Selbst hatte er aufgrund seiner Lebensgeschichte nicht entwickeln können. Bei stationärer Aufnahme hatte er noch Hoffnungen, innerhalb der Gesellschaft Perspektiven für sich zu finden. Zunehmend machte er jedoch Schritte in die vom Krieg bestimmte Pararealität (Shatan 1983) rechtsextremer Skinheads. Je mehr er sich im antisozialen Milieu zu Hause fühlte, um so mehr traute er sich auch, sich als «Glatze» zu erkennen zu geben. Als er einige Zeit nach seiner Entlassung aus der Klinik von der Schule flog, tauchte er völlig in diesem Milieu unter. Indem er alle Bindungen und Abhängigkeiten zu den Eltern und anderen Vertretern der Gesellschaft kappte, führte er seinen sozialen Tod herbei. Mit seiner Notstandspersönlichkeit befand er sich jetzt völlig im Krieg. Statt sich mit denen auseinanderzusetzen, durch die er sich fallengelassen und ausgegrenzt fühlte, richtete er seinen Haß auf ebenfalls Ausgegrenzte, sozial Schwächere. Haß auf Fremde war sein Überlebens- und Selbstrettungsmittel geworden. Ich erinnere an mein eingangs erwähntes Beispiel.

Über den «deadly dance»

Shatan hat bei der Militarisierung von männlichen Jugendlichen Prozesse beschrieben, die vergleichbar sind mit den Entwicklungen jugendlicher Skinheads. Die Entwurzelung des einzelnen ist gefolgt von seiner Entmenschlichung und der Entwicklung einer paranoiden Kampfhaltung bis zur Erotisierung der Gewalt (Shatan 1983). Es ist ein «deadly dance», ein tödlicher Tanz, der erklären kann, wie Bereitschaften zu Fremdenhaß und Gewalt geweckt werden. Als «deadly dance» hat Stein (1990) die feindlichen Verstrickungen zweier Staaten bezeichnet, die zu einem Krieg führen. Als «deadly dance» habe ich den Gruppenprozeß verschiedentlich beschrieben, der die bereits geschilderten gefährlichen Regressionen im Denken, Fühlen und Handeln zur Folge hat. Es ist ein Prozeß, der – wie noch deutlich werden soll – schrittweise abläuft und aufzeigt, wie Fremdenhaß und Gewalttätigkeit möglich werden. Diesen schrittweisen Verlauf darzustellen ist mir deshalb wichtig, weil daran offensichtlich wird, daß er nur dann zwangsläufig in Gewalt mündet, wenn keine wirksamen Maßnahmen gefunden werden, ihn zu unterbrechen. Der Tanz beginnt mit Grenzverletzungen, die Ausdruck eines inneren oder äußeren Notstands sind, und führt über den Prozeß der Feindentstehung zur Entmenschlichung des Feindes und zum Täter-Opfer-Werden in der Gewaltanwendung:

1. Es kommt zu *Grenzverletzungen* durch grenzüberschreitendes Agieren. Ohne sichere Bindungen und familiären Rückhalt und ohne positive Selbstverwirklichungs- und Lebensperspektiven führt der Weg von der Familie in die Gesellschaft in einen Zustand von Unbehaustheit, Hoffnungslosigkeit und existentieller Bedrohung. Die Gleichaltrigengruppe wird von Jugendlichen mit einem beschädigten Selbst unter diesen Umständen nicht zu einem entwicklungsförderlichen Übergangsraum. Im Grunde nicht gruppenfähig – schon als Kinder waren sie in den verschiedenen Gruppen durch ihr unruhiges, aggressives Verhalten nicht tragbar –, können sie sich am ehesten in gemeinsamen Aktionen, wie Alkoholtrinken, Mut- und Belastungsproben, zusammengehörig fühlen. Es sind grenzüberschreitende Aktionen, die gegen sich und andere gerichtet sind. In der rechtsextremen Gruppe erfahren sie, daß Ausländer oder Asylbewerber, die deutsche Grenzen überschreiten, Lebensraum, materielle Güter und Wohlstand wegzunehmen scheinen, an ihrer desolaten Lebenssituation schuld sind. Wenn diese Fremden nicht nur Landesgrenzen überschreiten,

sondern auch private Territorien verletzen, wenn sie zum Beispiel Vor-
gärten braver Bürger in ihrer Not verunreinigen, wie geschehen, dann
können sie als unmittelbare Bedrohung erlebt werden, denn sie dringen jetzt in behütete private Territorien ein. Je persönlicher die Grenz-
verletzung, je direkter die Verletzung und Infragestellung zentraler
persönlicher Werte, oder je existentieller und unmittelbarer die Bedrohung, um so massiver setzen Mechanismen ein, die zu der regressiven
Umstrukturierung der Persönlichkeit (Wolf 1993) in bezug auf den
fremden Eindringling führen. Gruppenbildung gemeinsam gegen den
Außenfeind ist die Folge. Die hier beschriebenen Jugendlichen sind
dafür besonders anfällig. Aber an den Ereignissen in Rostock und
Hoyerswerda ersehen wir, daß der Abstand zwischen ihnen und dem
sogenannten Normalbürger mitunter gar nicht so groß ist.

2. Es kommt zu *Feindbildungen*. Das Gewaltmilieu schädigt entsprechend vorgeschädigte Jugendliche. Sofern der Jugendliche nicht bereits über eine entsprechende Persönlichkeitsstruktur verfügt, wird er
per Gruppendruck gleichsam auf ein Borderline-Niveau gezwungen
(Kernberg 1980). Es kommt zum Verlust der Fähigkeit zur Ambiva-
lenz gegenüber dem Fremden, der Fähigkeit, diesen als komplexe und
einzelne Person wahrzunehmen. Es wird ein altes, neues Feindbild
entwickelt mit realitätsverkennenden Projektionen. Gelingt es nicht,
grenzüberschreitendes und destruktives Verhalten einzugrenzen und
sichere Territorien zu schaffen, führt die Bedrohung zur Polarisierung
und Aufspaltung in Freund-Feind-Bilder. Die Fähigkeit, den anderen
komplex und differenziert zu sehen und zu erkennen, ist keine Selbstverständlichkeit, sondern oft nur eine ideale Vorstellung. Wir befinden
uns immer nur «auf dem Wege des graymakings», wie Volkan die
Fähigkeit bezeichnet hat, statt zu Schwarz-Weiß-Malereien zu neigen,
den anderen mit seinen vielfältigen Schattierungen zu sehen. Diese
Fähigkeit geht vor allem unter Bedrohungen verloren. Die Spaltung
in Gut und Böse verringert Ängste und Unsicherheiten und ermöglicht
die Anlehnung an ganz und gar gute, idealisierte Objekte (Becker
1992).

Die Erfahrungen von massiver Bedrohung und mit Unbehaustheit
werden in der rechtsextremen Gruppe aufgegriffen und auf die Nation

übertragen. Rechtsextremen Ideologien zufolge wird die Nation von fremden Eindringlingen bedroht, beschmutzt und zerstört. In ihnen wird jener bösartige alte Feind wiedererkannt, von dem sich Deutschland bereits zur Zeit des Nationalsozialismus reinhalten mußte. Infantile Rettungs- und Größenfantasien, die ursprünglich als Kompensation eigener Beschädigungen dienten, scheinen in der rechtsextremen Gruppe realisierbar zu werden. «Als Kraft, die Deutschland sauber macht» (Streeck-Fischer 1993c), wird Aufwertung und narzißtische Gratifikation erfahren. Eins mit der Nation, die als Projektionsfläche eines ganz und gar guten idealisierten Objekts dient, führt diese Verherrlichung gleichzeitig zur Aufwertung der eigenen Existenz. Selbstobjekt-Grenzen sind verschwommen, und die Selbsterweiterung und -vergrößerung, ursprünglich auf die Gruppe bezogen, bezieht sich jetzt auf die Nation. Uniformieren, Tätowieren, Zugehörigkeit sichernde Symbole und gemeinsames Hören und Singen von Kampfliedern unterstützen den regressiven Prozeß in die gemeinsame Großartigkeit. Bindungen nach draußen werden unwichtig oder sogar gekappt. Die Glatze macht den Jugendlichen innerhalb der Gruppe zu einer mutigen, nach außen jedoch zu einer stigmatisierten Person.

3. Im dritten Schritt kommt es zur *Dehumanisierung* des gewählten Feindes. Ausländer und Asylbewerber werden durch Verzerrungen und Mythen entmenschlicht, zu dreckigem Ungeziefer animalisiert oder zu verabscheuungswürdigen Perversen herabgestuft. Es sind Entmenschlichungen, die bei jugendlichen Skinheads auf eigenen Erfahrungen basieren, die sie im Feind bekämpfen, mit dem sie die Gegnersymbiose eingehen. Mit ihren eigenen leidvollen Lebensgeschichten, durch die Beschämungs- und Unterwerfungsrituale innerhalb der Skinheadgruppe und durch die Reaktion der Umwelt sind sie selbst degradiert «als Glatzen, die zum Draufhauen da sind, bis sie platzen». Die Entmenschlichung des einen ist nur dann möglich, wenn der andere, der entmenschlicht, bereits die Qualitäten von Menschlichkeit, Selbstrespekt und menschlicher Würde verloren hat (Moses 1990).

4. Im letzten Schritt kommt es zur *Gewaltanwendung* meist in einem durch Alkohol induzierten rauschhaften Gewaltexzeß. Es entstehen Opfer und Täter.

137

Angeheizt durch Parolen und in einem Zustand von paranoider Realitätsverkennung, Haß, Zerstörungswut und Gewaltlust bringen sich jugendliche Skinheads unter Alkohol in eine rauschhafte Verfassung, die zu einem Gewaltexzeß führt. Den anderen brutal zu mißhandeln, bluten zu sehen, zu zerstören, dient der Reparation einer zuvor erfahrenen schweren narzißtischen Beschädigung, eines durch Ausgrenzung und massive Grenzüberschreitung beschädigten Selbst. Es ist ein Selbst, das unter der anhaltenden Bedrohung und Beschädigung schon lange erweitert wurde um die Gruppe, das Land, die Nation, und es ist schließlich ein Selbst, das schrittweise deformiert wurde durch den hier beschriebenen «deadly dance».

Ich komme zum Schluß: Jugendliche Skinheads mit einem durch kumulative Traumatisierung und soziale Ausgrenzung beschädigten Selbst neigen zu solchen Feindprojektionen, die umso wahnhafter werden, je bedrohter sie selbst sind (Thomä 1990). Die nachfolgende Entmenschlichung des feindlichen Objekts und Gewalttätigkeit resultieren aus dem zuvor erlebten sozialen und affektiven Tod. Eine Gesellschaft, die ausgrenzt und keine Selbstverwirklichungsperspektiven anbietet, schafft Jugendliche, die ihre Erfüllung in der Zerstörung und Gewalttätigkeit von noch Schwächeren, ebenfalls Ausgegrenzten suchen. Abhängig von inneren und äußeren Bedrohungen und entmenschlichten Bedingungen geraten Jugendliche in einen inneren und äußeren Notstand, den sie hinter ihrer Versteinerung und Uniformierung verbergen. Es fällt schwer zu erkennen, daß in ihrem Haß und ihrer Gewalttätigkeit die Hoffnung verborgen ist, letztlich ein haltgebendes Objekt zu finden (Winnicott 1984), das ihnen aus dem «deadly dance» heraushilft.

Wulf-Volker Lindner

Die Fremden und unsere Identität
Überlegungen aus psychoanalytischer und psychosozialer Sicht

I. Faszinierend-unheimliche Fremde

1. Erster Kontakt: Steinzeitmenschen treffen 1933 zum erstenmal auf Weiße

Als im Jahre 1933 die Gebrüder Leahy und andere australische Gold-
sucher zusammen mit Melanesiern der Küstenregionen in das damals

Eine Menge betrachtet fasziniert das Camp der Weißen (aus: Connolly, Bob, und Robin
Anderson: First Contact. New Guinea's Highlanders encounter the outside World. New
York: Penguin Books 1988, S.63).

noch für unbewohnt gehaltene Hochland von Papua Neuguinea vorstießen, um dort nach neuen Goldvorkommen zu suchen, trafen sie auf Menschen, die bis dahin in einer Steinzeitkultur gelebt und noch nie Weiße zu Gesicht bekommen hatten, eine Viertelmillion Menschen, wie sich später herausstellte. Die Gebrüder Leahy haben die ersten Begegnungen mit diesen Ureinwohnern auf Schmalfilmen festgehalten, die erhalten sind. Sie zeigen bewegende und faszinierende Begegnungen. Für mich sind vor allem zwei Bilder besonders eindrücklich. Das erste zeigt die Expedition bei der abendlichen Rast. Um sie herum kann man dicht gedrängt neugierig und aufmerksam blickende Ureinwohner erkennen, die jeden Schritt und Tritt der Fremden beäugen.

Frauen und ein Mann voller Angst vor den fremden Weißen (aus: Connolly/Anderson, First Contact, a.a.O., S.89).

Und auf dem zweiten Bild sieht man Ureinwohner mit weit aufgerissenen und tränenüberströmten Augen. Das Fremde macht neugierig und versetzt in Schrecken.

2. Umbrüche und Identitätsdiffusionen

Im September diesen Jahres habe ich das westliche und östliche Hochland von Papua Neuguinea einige Wochen besucht und bin auch an den Stätten gewesen, wo damals vor sechzig Jahren die ersten fremden

Weißen auf die fremden Hochländer gestoßen sind. Vieles hat sich seitdem verändert. Die meisten Hochländer tragen europäisch-australische Kleidung, nur in abgelegeneren Gegenden findet man noch den traditionellen Lendenschurz aus Gras. Die Völker und Klans dort oben sind in die Begegnung mit den modernen Lebenswelten europäischer, australischer und neuerdings auch asiatischer Herkunft hineingezogen und hineingestoßen worden, was ihre eigenen traditionellen Lebensweisen und Symbolsysteme zerstört und sie vor bisher nicht gekannte Probleme in der Bewältigung ihrer Alltagswelt und ihrer Identitätsfindung stellt, die es zu bewältigen gilt.

Nur ein Beispiel für viele. Die Hochländer kannten zwar dauernde Paarbeziehungen zwischen Männern und Frauen und auch die Institutionen der Heirat und Ehe mit großen Festen und Zeremonien, und als Eltern waren sie ihren Kindern auf ihre Weise auch sehr verbunden. Doch eines war in der traditionellen Lebensweise im Hochland unbekannt: das dauernde Zusammenleben von Mann, Frau und Kindern unter einem Dach. Die Hochländer wohnten nach Geschlechtern getrennt in Frauenhäusern, wo auch die Jungen und Mädchen lebten, die auch als «die aus den Frauenhäusern» bezeichnet werden konnten, und die Männer wohnten davon getrennt in Männerhäusern. Seit der Begegnung mit den Weißen und insbesondere mit den christlichen Missionaren leben immer mehr Kleinfamilien dauernd unter einem Dach, was die Menschen oftmals in unvorstellbare Familienkonflikte hineinstürzt, für die sie keine Vorbilder in ihren Kulturen und somit auch keine Leitbilder in sich selbst haben. Das führt unter anderem zu gewalttätigen Auseinandersetzungen und Alkoholismus, und im Konflikt der Generationen, der auf traditionelle Weise durch starke Initiationsriten kanalisiert und dadurch auch entschärft wurde, braut sich nach dem Zusammenbruch der Initiationsriten vielerorts vor allem unter heranwachsenden Männern ein explosives Potential aus Enttäuschung, Funktionslosigkeit und unterschwelliger Wut zusammen. Die Menschen dort werden ihren ursprünglichen Traditionen immer mehr entfremdet, haben zu neuen Lebensweisen, die für sie Halt, neue Konfliktlösungen und Perspektive bedeuten könnten, aber noch nicht gefunden. In der Begegnung mit den fremden Weißen sind die Völker und Klans des Hochlandes von Papua Neuguinea also in ihren Identitäten erheblich verunsichert und auch gefährdet.

Aber nicht nur sie. In das Hochland von Papua Neuguinea sind seit den 30er Jahren nicht nur die Missionare der großen Kirchen und neuerdings auch die Missionare der evangelikalen und pfingstlerischen Freikirchen geströmt, sondern auch zahllose Ethnologen, Kultur- und Sozialanthropologen, Psychoanalytiker und Gruppenanalytiker, und auch mich hat es in dieses Land gezogen.

Papua Neuguinea ist eines der am gründlichsten «durchforschten» Länder dieser Erde. Die Neugier auf die faszinierend-unheimlichen anderen Lebenswelten hat sie, uns alle dorthin getrieben.

In welche Tiefen dies gehen kann, ist mir zum ersten Male vor ungefähr drei Jahren in einer der turnusmäßigen Arbeitsgruppensitzungen unseres Psychoanalytischen Institutes in Hamburg bewußt geworden. Ein Kollege, der gerade von einer Weltreise und im Zusammenhang mit dieser auch von einem Besuch Melanesiens heimgekehrt war, hielt einen Vortrag über «Psychoanalytische Aspekte der Cargo-Kulte in Melanesien». Üblicherweise dauern unsere Arbeitsgruppensitzungen Freitag abends ungefähr 2 1/2 Stunden. Wir beginnen um 20 Uhr, und alle möchten vor Mitternacht wieder zu Hause sein. An jenem Freitagabend geschah nun etwas Überraschendes. Unsere Arbeitsgruppe blieb bis weit über Mitternacht zusammen. Wir konnten uns einfach nicht trennen! Bis 1 Uhr in der Frühe saßen wir zusammen und sprachen nicht nur über die aufregende Begegnung mit der Lebenswelt Papua Neuguineas, sondern zu vorgerückter Stunde auch – wie kamen wir nur darauf? – über eigene Urlaubserfahrungen, in der Hauptsache über solche mit zerstörerischem Inhalt, über Beinbrüche, Unfälle und Überfälle. Wir kamen in eine eigenartige Stimmung. Wir waren beides, fasziniert und so aufgeregt-beunruhigt über das, was wir von unserem Kollegen über die innerseelischen Verarbeitungen und den offenen Umgang mit Aggression und Destruktion bei den Melanesiern erfahren hatten, daß wir unfähig waren, unser Gespräch an diesem Abend zur üblichen Zeit zu einem Ende zu bringen (vgl. Bosse/Knaus 1984). Als Vorsitzender unserer Arbeitsgruppe sagte ich schließlich, ich dächte, die eine oder der andere von uns würden jetzt, da wir so viel über den Umgang mit Aggression und Destruktion bei den Melanesiern und in unseren Sommerurlauben gehört hätten, fürchten, in die Dunkelheit der Nacht hinauszugehen. Diese Bemerkung löste ein lautes Lachen aus. Danach war es möglich, unser Treffen zu beenden.

Fasziniert hatte uns an diesem Vortrag, wie gesagt, der offene Umgang der Melanesier mit Aggression und Destruktion, und in der Begegnung mit ihren Weisen, Aggression und Destruktion zu leben, kamen wir aus der Ferne wieder in Kontakt zu Seiten von uns selbst, die unserem Wachbewußtsein so nicht zugänglich, in unsere bewußte Identität also nicht integriert waren.

3. Infragestellung eigener Identität

Ein letzter Eindruck von meinem Aufenthalt in Papua Neuguinea zur Einstimmung in die Hinter- und Untergründe meines Vortragsthemas. An der Nordküste von Papua Neuguinea, südlich von Madang in der Gegend der Astrolabe Bay habe ich eine erschreckende Begegnung mit einem Abholzungsprojekt des tropischen Regenwaldes dort gemacht. Ein philippinischer Konzern schlägt dort für einen Spottpreis in Zusammenarbeit mit einigen Ältesten wertvolle Tropenhölzer ein. Diese hetmen und big men, wie die Ältesten auf Pidgin heißen, wollen, bevor sie in die Grube fahren, noch Geld «auf der Kralle» sehen, wie uns dort einige junge Männer voller Zorn erzählten. Zusammen mit dem dortigen Parlamentsabgeordneten sitzen diese Ältesten als Aushängeschilder in einer Holding-Gesellschaft, die dieses Abholzungsprojekt kontrollieren soll, wie es so «partnerschaftlich» in den Verträgen heißt. Doch dies kann faktisch mangels jeglicher Kenntnisse und Erfahrungen in dieser Materie nicht stattfinden. Als ich in dieser Gegend mit jungen Menschen, aber auch einigen Ältesten und auch dem Parlamentsabgeordneten sprach, begegnete ich immer wieder einem Argument für dieses Abholzungsprojekt: Papua Neuguinea braucht das Geld aus dem Verkauf der Baumstämme für die Entwicklung des Landes, denn es soll Ländern wie Japan, Hongkong, Taiwan und Singapur wirtschaftlich nacheifern. In diesen Gesprächen wurde immer wieder inhaltsleer der Begriff development, also Entwicklung, wie ein Zauberwort gebraucht. Da begann ich zu merken, daß ich in diesem Wort und dem damit verbundenen Denken auch einem problematischen Teil unserer, meiner westlichen Zivilisation wieder begegnete. Denn: Was verstehen wir 1993 unter Entwicklung?

II. Was geschieht in der Begegnung mit den Fremden?

1. Das Fremde fasziniert und ängstigt – phänomenologische Annäherung

Ich hoffe, durch meinen Bericht über Episoden aus der faszinierendfremden Lebenswelt Papua Neuguineas ist schon erzählenderweise deutlich geworden, worum es in der Begegnung mit Fremden und dem Fremdem überhaupt regelhaft geht:
– Fremdes fasziniert und ängstigt und
– die Begegnung mit dem Fremden ist nicht nur eine Begegnung mit Unbekanntem, über das aufzuklären genügte. Die Begegnung mit Fremden wird nicht nur auf der bewußten Ebene der Auseinandersetzung geführt, die sich je nach Bildungs-, Informationsstand und politischem Standort allein rational gestaltet, nein, die Begegnung mit Fremdem hat Tiefgang, sie zieht sozusagen wie ein Magnet in Sekundenschnelle individuelle wie kollektive unbewußte Seiten unseres Erlebens aus der Tiefe empor, die unsere bewußten Auseinandersetzungen mehr bestimmen, als uns lieb ist.

Wie sich das im Alltag abspielt, können wir am deutlichsten am Urlaubsverhalten vieler Menschen beobachten, die Sommer für Sommer in die Fremde strömen. Auch wenn es vielen nicht von selbst bewußt ist – vielen allerdings verständlich zu machen wäre, würde man sie darauf ansprechen –, meine ich, daß jährlich Tausende auf Grund dieser Faszination mit bangen Gefühlen in fremde Länder reisen, um aus dem Üblichen, Gewohnten, Angepaßten auszusteigen und in der Ferne wieder Kontakt zu Seiten von sich selbst zu bekommen, die zu Hause im Lebens- und Arbeitsalltag verschüttet worden sind. Ein Mann träumte zum Beispiel vor seiner Reise in den Skiurlaub: «Ich bin in den Bergen und gehe in Schnee und Sonne einen gewundenen Trampelpfad talaufwärts. Da höre ich plötzlich ein Wimmern. Ich gehe ihm nach und finde ein nacktes, kleines Kind, das kopfüber im Schnee steckt. Nur seine nackten Füßchen schauen noch aus dem Schnee heraus. Ich ziehe das Kind aus dem Schnee und nehme es auf den Arm.» Ein wichtiger Einfall dieses Mannes zu seinem Traum war: «Das kleine Kind, das da kopfüber im Schnee steckt, das bin ich selbst.» – Nicht nur die Sonne, die andere fremde Landschaft, das Aussteigen in die freie Zeit oder die anderen Lebenswelten, sondern auch die Suche nach dem verlorenen Selbst im Fremden reizen. Aber eben nicht nur!

An unserer Tourismuskultur können wir auch sehen, wie das sehnsüchtig Gesuchte auch ängstlich vermieden wird. Der deutschsprechende Kellner oder auch die deutsche Fremdenführung halten die Touristen auf jener optimalen Distanz, die das Fremde erträglich macht. Der Tourismuskitsch, überall der gleiche, und die Organisierung des Lebens nach den Standards der Reisegesellschaften schützen davor, selbst eingehendere Beziehungen zum Fremden aufnehmen zu müssen. Die Rollen, die Urlaubern laut Reiseprospekt im Tourismusspektakel zugewiesen werden und die sie als Schutz dankbar übernehmen, binden Begegnungsängste ebenso wie die Tatsache, sich als Gleiche unter Gleichen an den gemeinsamen Merkmalen wie Fotoapparat, Shorts oder Rucksack wiederzuerkennen. Das beruhigt und heimelt an. Die Begegnung mit dem Fremden bleibt so erträglich (vgl. Büttner/Ostermann 1988).

2. Fremde sind wir uns selbst (Julia Kristeva)

Das Maß der Erträglichkeit kann aber auch leicht überschritten werden. Wir alle, auch die sogenannten Gesunden, Normalen, im Sinne der jeweiligen Gruppe und Kultur, der wir angehören, Angepaßten, haben im Laufe unseres Lebens problematische und konflikthafte Bereiche unseres Erlebens und Lebens «angesammelt», die verleugnet, verdrängt und auf unerkannte Weisen daran gehindert werden, ins

Wachbewußtsein vorzudringen. Solche ins Unbewußte abgedrängte konflikthafte Bereiche tendieren nun dazu, vom eigenen Selbst abgespalten zu werden, nach dem Motto: «Das gehört nicht zu mir; das ist mir fremd.»

In der Begegnung mit Fremden und dem Fremden können diese abgespaltenen konflikthaften Anteile unserer Persönlichkeit nun tatsächlich oder in unseren bewußten und unbewußten Phantasien wieder auf uns zukommen. Und diese Begegnung kann für uns dann unerträglich werden. In der Begegnung mit Behinderten können wir damit konfrontiert werden, uns mit unseren eigenen Einschränkungen und Behinderungen innerlich auseinandersetzen zu müssen. Dies kränkt unser Selbst mehr, als wir manchmal wahrnehmen. Um solche Kränkungen nicht erleben zu müssen, neigen viele Menschen dazu, Behinderten aus dem Wege zu gehen. Ähnliches geschieht mit Homosexuellen und Aidskranken. In der Begegnung mit ihnen können wir mit unbewußt gewordenen konflikthaften Seiten unserer eigenen sexuellen Entwicklung, unserer sexuellen Identität und somit tief verwurzelten Strafängsten in Berührung kommen. Dann werden wir Homosexuelle und Aidskranke – vermutlich schon die Themen Homosexualität und Aids – bestenfalls vermeiden und aus unserem Bewußtsein als fremd ausgrenzen. Daß dies wiederum reflexhaft geschieht, versteht sich von selbst (vgl. Lindner 1989, 1990).

Wir alle sind uns selbst nur zu Teilen vertraut. «Unterhalb» des Wachbewußtseins gibt es das Unbewußte – individuell und kollektiv. In unser Unbewußtes verdrängen und verlagern wir konflikthafte Seiten unseres Erlebens und lassen sie uns selbst gegenüber auf diese Weise fremd werden. Das Fremde ist also auch in mir – als mein Unbewußtes. Insofern sind wir uns selbst entfremdet, haben immer nur problematische Identität und Existenz. Niemand kann über sein Unbewußtes verfügen, niemand hat einen direkten Zugriff auf es, auch ein Psychoanalytiker nicht! Wir können aber sensibel werden für die Existenz unserer unbewußt gewordenen konflikthaften Seiten, mit ihnen rechnen und uns im Verstehen unserer Ängste, unserer Schutzvorkehrungen und unserer Abwehrbemühungen der Entschlüsselung unserer unbewußt gewordenen eigenen Konflikte gegenüber öffnen.

3. Identität ist nichts Festes

Bereits 1956 machte Erik Homburger Erikson in dem programmatischen Aufsatz «Das Problem der Ich-Identität» deutlich, daß man Identität nicht fest umrissen definieren, sondern nur in einem Interaktionsprozeß zwischen dem einzelnen, seinen Bezugsgruppen, in denen er aufgewachsen ist und lebt, und der Gesellschaft beschreiben kann. Identität stellt sich in diesem Interaktionsfeld einerseits als Wachstumsprozeß her, kann andererseits aber auch immer wieder durch regressive Einbrüche gefährdet werden, die zum Beispiel durch Krankheit, aber eben auch durch die Begegnung mit fremden Menschen und dem Fremden ausgelöst werden können. Identitätsbildung, so schreibt Erikson, ist eine lebenslange Entwicklung,

«die für das Individuum und seine Gesellschaft weitgehend unbewußt verläuft. Diese Entwicklung vollzieht sich für das Kind in einem Austausch- oder Interaktionsprozeß zwischen körperlicher Entwicklung, seelischer Reifung und den Antworten der Umwelt auf diese Entwicklungsschritte des Kindes, die zunächst die Antworten von Mutter, Geschwister und Vater sind. Solche Entwicklung in einer Gemeinschaft hinterläßt Gefühle von sich selbst, z.B. das Gefühl, in dieser Welt akzeptiert zu sein, oder das Gefühl, Herr des eigenen Körpers zu sein, aber auch Gewißheiten, Bilder und Vorstellungen von sich selbst, von dem, was von einem erwartet wird und wie man sich in bestimmten Situationen verhält, Normen und Werte also, all das von Erfahrungen und Eindrücken, das später unsere unverwechselbare Individualität wie unsere Art von Beziehung zu den anderen ausmacht.» (Erikson 1956).

Wenn wir die Gedanken von Erikson unter dem Aspekt der Begegnung mit dem Fremden und den fremden anderen noch einmal neu durchdenken, so finden wir, daß wir schon im Prozeß der Identitätsentwicklung und -findung mit dem Fremden und den fremden anderen in vielfältiger Weise in Berührung, Austausch und in Auseinandersetzung geraten. Zunächst einmal ist festzuhalten, daß wir zu uns selbst nur durch die Begegnung mit dem Fremden kommen. Ich und Nicht-Ich, Ich und Du und die anderen heißen die Stationen auf diesem Weg zu uns selbst. Da sind wir uns zu allererst einmal in der Beziehung zu uns selbst körperlich wie psychisch immer nur zu Teilen vertraut. Und auch die bedeutsamen anderen unserer Lebensgeschichte sind uns nur zu Teilen vertraut. Vieles an ihnen ist uns nicht nur unvertraut, weil wir es noch nicht kennen, sondern unbekannt, weil auch sie ihr eigenes fremdes Unbewußtes haben. Wenn nun unsere Identitätsentwicklung in den beschriebenen Interaktionsprozessen weitgehend unbewußt verläuft, so macht uns dies noch einmal aus einer anderen Perspektive deutlich, daß unsere bewußten Identitäten wie Inseln in einem weiten Meer von Fremdheit sind, untereinander zwar durch vielfältige Beziehungen verbunden und vertraut, aber eben nur zu Teilen.

4. Das innere Bild vom Fremden

Mario Erdheim, der Zürcher Ethnopsychoanalytiker, hat die erwähnte Ansammlung problematischer und konflikthafter Bereiche, die in unserem Unbewußten den Stempel «Das ist (mir) fremd. Das gehört nicht zu mir!» tragen, als erster eingehend bedacht und das Konzept der Repräsentanz des Fremden in die Diskussion eingeführt (Erdheim 1988). Bei der Repräsentanz des Fremden handelt es sich um ein Bild in unserem Unbewußten, das unser Erleben, Denken und Handeln sozusagen hinter unserem Rücken gegen unsere bewußten Absichten bestimmen kann. Diese Repräsentanz enthält die Summe der Erfahrungen, die aus der Begegnung mit Fremdem und fremden anderen oder von uns selbst als fremd Erlebtem stammen, beginnend mit den frühesten und endend mit den letzten Erfahrungen. Diese Repräsentanz dürfen wir uns nicht als scharf abgegrenzt vorstellen. Sie durchläuft viele Entwicklungen, Transformationen und Metamorphosen.
Wie unser inneres Bild des Fremden in uns gestaltet ist, hängt von unseren individuellen Erfahrungen in der Begegnung mit Fremden seit unseren ersten Lebenstagen und von der Art und Weise ab, wie wir in den Beziehungen und in den Zeiten und unter den Bedingungen, unter denen wir aufwuchsen, die Begegnung mit dem Fremden in uns aufgenommen und innerlich in unseren Fantasien und Gefühlen verarbeitet haben. Je nachdem kann bei uns dadurch die Entwicklung von

Neugier und das Interesse, andere Menschen wirklich in ihrer Andersartigkeit zu entdecken, sich Dingen zuzuwenden, die es zu Hause nicht gibt, gefördert und der Anreiz entstanden sein, die Lebensumstände zu verändern und sich der kulturellen Entwicklung zuzuwenden. Andererseits kann unser inneres Bild vom Fremden aber auch so gestaltet sein, daß wir dem Fremden überwertig als dem Unbekannten, Unheimlichen, Gefährlichen begegnen, das potentiell bedroht. Ich denke, alle Menschen haben sowohl neugierig machende und faszinierende als auch ängstigende Erfahrungen aus der Begegnung mit dem Fremden in sich, allerdings in höchst individuellen Mischungsverhältnissen und Erfahrungszusammenhängen einerseits, die andererseits aber wiederum in gemeinsame familiäre, gesellschaftliche und geschichtliche Erfahrungen eingebunden sind.

Es ist immer sehr aufschlußreich, wenn in Gesprächen über die Begegnung mit dem Fremden und den Fremden jede und jeder der Beteiligten nur eine faszinierende und eine ängstigende Erinnerung von der Begegnung mit Fremden aus der eigenen Kindheit erzählt. Dann wird in der Regel in solchen Gesprächen sehr lebendig, wie die ersten Begegnungen mit dem Fremden waren – neugierig machend oder ängstigend – und wie sehr sie die betreffenden Personen geprägt haben.

Das innere Bild des Fremden in uns kann reifen, aber auch archaisch bleiben. Bleibt es archaisch, bestimmen auch die archaischen Abwehrmechanismen Spaltung in Gut und Böse und Projektion, jene ersten und elementaren Erlebens- und Lebensbewältigungsmechanismen, die wir häufig an uns selbst beobachten können, den Umgang mit neuen Situationen, fremden Personen und der unbekannten Welt überhaupt. Wichtig in diesem Zusammenhang ist zu verstehen, daß das innere Bild des Fremden nicht nur reifen oder in seiner Entwicklung stagnieren kann. Es ist auch möglich, daß Menschen unter bestimmten Bedingungen auf eine frühere Stufe der Entwicklung dieser Repräsentanz des Fremden zurückfallen, regredieren können. In Großgruppen zum Beispiel, vor allem in Massen und in Angst auslösenden Situationen, wie sie gesellschaftliche und politische Umbruchsituationen darstellen, kann es im Fühlen, Fantasieren und Denken zu solchen Regressionen auf frühere Stufen der Entwicklung der Repräsentanz des Fremden kommen. Und dann greifen die archaischen Abwehr- und Bewältigungsmechanismen Spaltung in Gut und Böse und Projektion wieder.

Ich fasse den bisherigen Gedankengang noch einmal zusammen: Die Begegnung mit dem Fremden und den Fremden fasziniert und ängstigt. Wie sich die Begegnung mit Fremden vollzieht, hängt wesentlich von der Entwicklung unserer Repräsentanz des Fremden ab. In der Begegnung mit Fremden können wir vom Bewußtsein abgespaltenen Teilen unserer Persönlichkeit und unserer Geschichte als einzelne, Familien wie als Gemeinschaft wiederbegegnen. Geschieht dies, wird die Sicherheit des Gewohnten, des Üblichen, des Fraglosen erschüttert. Es kommt zu Identitätskrisen. Einzelne, Familien, Gruppierungen und ganze Gesellschaften neigen dann dazu, solche Verunsicherungen durch Ausblenden, Ausgrenzen, Ausstoßen und Verteufeln zu bewältigen, solange es ihnen nicht möglich ist, sich auf das im Fremden verborgene konflikthafte Eigene wirklich einzulassen und dann das Fremde als etwas anderes neu zu entdecken.

III. Wiederbegegnung mit problematischen Anteilen der eigenen Identität

1. Wir sind alle regressionsanfällig

Der aus Berlin stammende und nach seiner Emigration in Beverly Hills/USA lebende und arbeitende Psychoanalytiker und Gruppenanalytiker Martin Grotjahn hat einmal von der sogenannten «Hierarchie der Regression» gesprochen, die von der Zwei-Personen-Beziehung über die Klein- zur Großgruppe bis hin zur Masse sozusagen aufsteigt. Kleingruppen lösen in Menschen mehr Regressionen als Zwei-Personen-Beziehungen aus, Großgruppen mehr als Kleingruppen und Massen noch mehr als Großgruppen.

Als Individuum leben wir immer schon in die vielfältigsten Gruppenbezüge und sozialen Prozesse eingebunden, in denen sich vor allem in

150

gesellschaftlichen und politischen Krisenzeiten bestimmte auslösende Situationen mit sogenannter psychischer Valenz, also mit einer Mächtigkeit, die auf unsere Seelen einwirkt, wie in Klangkörpern verdichten, vertiefen und verbreitern können und dann zu Regressionen führen. Unser seelisches Gleichgewicht ist nämlich nicht ein für alle Mal festgefügt, es ist vielmehr labil, also regressionsanfällig.

2. Projektive Verarbeitungen von Krisenerfahrungen

Gesellschaftliche Krisen- und Umbruchsituationen, wie wir sie gegenwärtig in Deutschland, dem ehemaligen Jugoslawien, der ehemaligen Sowjetunion, in der Europäischen Gemeinschaft, aber auch in Afrika, Asien und im Nord-Süd-Konflikt miterleben, führen zu Verunsicherungen von Individuen und Gruppen, und dies insbesondere dann, wenn diese Krisen- und Umbruchsituationen Thematiken mit hoher psychischer Valenz produzieren, wie es zum Beispiel die Themen «Klima», «Umwelt», «Bevölkerungsexplosion», «Nahrungsressourcen», «Wanderungsbewegung», «Arbeit», «Arbeitslosigkeit» und «Wohnungsnot» darstellen, um nur einige zu nennen. (Ich verweise in diesem Zusammenhang aus aktuellem Anlaß auf den Artikel «Sprengstoff im Sockel» im Spiegel Nr. 42 vom 18. Oktober 1993, in dem auf den anwachsenden Sprengstoff der Arbeitslosigkeit in der Europäischen Gemeinschaft ausdrücklich hingewiesen wird.) Alle Menschen sind nämlich mit ihren Identitäten in den Gesellschaften, in denen sie leben, über Gruppenzugehörigkeiten mit so etwas wie «Identitätstentakeln» verankert. Ändern sich die gesellschaftlichen Verhältnisse, ändern sich Machtstrukturen und -konstellationen, dann geraten die Gruppen und Institutionen, in denen wir leben, ins Wanken und verlieren ihre Halte- und Sicherungsfunktionen, wodurch auch die individuellen Identitäten zwangsläufig in Mitleidenschaft gezogen werden. Das ist die gegenwärtige Situation im vereinigten Deutschland vor dem Hintergrund europäischer und darüber hinausgehender politischer Veränderungen, die kollektiv wie individuell erhebliche Destabilisierungen mit sich bringen, die projektiv verarbeitet werden. Dadurch kann die ängstliche, feindliche und hassende Reaktion auf die Anwesenheit unbekannter Fremder, die wir als sogenannten «natürlichen» Rohzustand einer Gesellschaft (Bohleber 1993) gegenüber dem Fremden annehmen müssen, in bestimmten Gruppen und Schichten archaisch außer Kontrolle geraten, mit den dazugehörigen archaischen Abwehrmechanismen der Spaltung in Gut und Böse, Schwarz und Weiß, der Projektion, der Verteufelung, der Ausstoßung und schließlich der Beseitigung der Fremden.

3. Jugendliche Fremdenfeinde

Daß insbesondere Gruppen Jugendlicher – von den ca. 40 000 Rechtsextremen sollen nach Schätzungen 70 % Jugendliche sein – am Übergang von der Familie zur Gesellschaft für solche Prozesse besonders anfällig sind, darf uns in diesem Zusammenhang nicht verwundern. Jugendliche unterliegen ja schon allein aus entwicklungspsychologischen Gründen tiefen Verunsicherungen: Am Übergang von der Familie zur Gesellschaft beleben sich in der Adoleszenz die zentralen Kindheitskonflikte mit ihren archaischen Bewältigungsmustern wieder. Diese können sich mit den eben skizzierten sozialen Kontexten und ihren Reizthemen auf unheilvolle Weise verbinden und so potenzieren (Streeck-Fischer 1993). So zeigte eine Langzeituntersuchung Rechtsextremer, teilweise arbeitsloser Jugendlicher, daß persönliche Distanz gegenüber Ideologien von Ungleichheit und Gewaltakzeptanz nur dann gesichert ist, wenn die Jugendlichen realisierbare Entwicklungschancen hatten, gesellschaftlich gebraucht wurden und die Erfahrung stabiler, verläßlicher und Geborgenheit vermittlender Beziehungen machen konnten (Heitmeyer 1992). Wurde den Bedürfnissen der Kinder Gewalt angetan, indem die Erwachsenen die Beziehungen zu ihren Kindern für ihre eigenen Interessen «instrumentalisierten» beziehungsweise «funktionalisierten», so machten solche Beziehungen in der Adoleszenz die Jugendlichen für Ideologien anfällig, Gewalt zu verherrlichen, die eigene Nation zu idealisieren und andere abzuwerten.

4. Reinheitsfantasien

Fremde haben gruppenpsychologisch gesehen noch eine weitere besondere Bedeutung. In der Regel begegnen sie den Einheimischen als Grenzgänger, die zum Beispiel so erlebt werden können: Sie dringen in die eigene Gruppe ein und wollen sich mit ihr vermischen, wenn sie nicht davon abgehalten werden. Dadurch drohen Unterschiede zwischen der eigenen vertrauten Art und der fremden ausgelöscht zu werden, und die Einheimischen können sich in ihrer Identität aufgeschreckt fühlen. Hierin wurzelt die Vermischungsangst gegenüber den Fremden, unter der alle Rassisten leiden. Weil die Fremden aber als Grenzüberschreiter die Identität der eigenen Gruppen aufzulösen drohen, kann man sich ihnen gegenüber nicht distanzieren. Man muß sie vielmehr entfernen, auslöschen, sich von ihnen reinigen und säubern. In dieser gruppenpsychologischen Dynamik sind alle gesellschaftlichen Bestrebungen nach Homogenität und Reinheit der Rasse oder des Volkes bei uns und anderswo verankert. Durch Projektion wird Bedrohliches und Unerwünschtes aus dem Inneren der eigenen Gruppe herausgeworfen und so das eigene Haus rein und sauber gehalten (Bohleber 1992/1993).

5. Politische und psychische Destabilisierungen

Mit den oben genannten regressionsauslösenden Themen habe ich auf die geschichtlichen und politischen Zusammenhänge und ihre Wirkungen auf Individuen, Gemeinschaften und Staaten bereits hingewiesen. Ich denke, es ist inzwischen deutlich, daß die Überwindung des Ost-West-Konfliktes durch den Zusammenbruch des real existierenden Sozialismus in der ehemaligen Sowjetunion, in Osteuropa und in der ehemaligen DDR neben ihren großartigen Wirkungen der Befreiung auch die Destabilisierung individueller wie kollektiver Abwehrformationen zur Folge gehabt hat, die verdrängte und ungelöste historische Konflikte wieder ins Bewußtsein treiben und uns allen eindrücklich vor Augen führen, daß über Generationen zurückliegende Wunden zwischen Familien, Volksgruppen und Völkern wieder aufbrechen können. Das ist nicht nur im ehemaligen Jugoslawien und im asiatischen Teil der ehemaligen Sowjetunion der Fall. Wir finden eine ähnliche Bewegung auch bei uns in Deutschland.

6. Unbewußt gewordene politische Wunden in unserer Identität

Mit vielen Kolleginnen und Kollegen, z.B. Hermann Beland (1993), bin ich der Meinung, daß die Spaltung Deutschlands unbewußt über vierzig Jahre hinweg sozusagen wie eine gerechte Strafe für das Unmenschliche verstanden worden ist, das unser Volk im Zweiten Weltkrieg und mit der Ermordung von Millionen von Juden begangen hat. Die Spaltung in Ost und West war sozusagen zum Symbol für die psychische Abwehr gegen eigene unbewußt gemachte Schuld und Scham geworden. Nach dem Fall der Mauer, die man auch als Symbol für die Abwehrschranke gegenüber dieser unbewußten Schuld und Scham verstehen könnte, scheint diese Schuld und Scham wiedergekehrt zu sein und sich nur mit großer Mühe bewältigen zu lassen. Wenn ich in diesem Zusammenhang von (unbewußter) Schuld spreche, meine ich nicht reale Schuld, individuell wie kollektiv, sondern vor allem unbewußte Schuldfantasien. Sie sind im Unbewußten lebendig und können als Bilder der unbewältigten Vergangenheit wiederkehren. Der Wiener realistisch-surrealistische Maler Rudolf Hausner hat 1984, lange vor dem Fall der Mauer mit Feder und Tusche eine Zeichnung mit dem Titel «Deutsch-deutscher Adam» angefertigt.
Künstler nehmen in ihren Werken oftmals unbewußte Probleme ihrer Gesellschaften auf, lange bevor die öffentliche Meinung und der rationale Diskurs dazu in der Lage sind. Der «Deutsch-deutsche Adam» ist meines Erachtens solch ein künstlerisch gestalteter Abkömmling eines unbewußten Bildes unbewältigter deutscher Geschichte.
Wir sehen zwei Köpfe, die wie bei einem siamesischen Zwilling in der Mitte zusammengewachsen sind. Ein Auge haben beide Köpfe gemeinsam, die anderen beiden Augen haben sie für sich wie Mund und Nase allein. Wie kann dieser siamesische Kopf mit drei Augen sehen?

Können die beiden Köpfe überhaupt für sich allein sehen? Und können sie sich wechselseitig anblicken? Und wie sehen sie sich dann? Fragen über Fragen, die das Bild aufwirft, aber nicht beantwortet. Die Antworten müssen von uns kommen. Zunächst einmal hat der «Deutsch-deutsche Adam» seine Augen geschlossen, und es ist, wie wenn er schläft und im Schlaf den Schmerz zu vergessen versucht, der ihm in den Köpfen haust. Er ist verwundet, seine Schädeldecke ist geöffnet. Ein Verband umspannt beide Köpfe.

Was geschehen ist und das Hirn des «Deutsch-deutschen Adams» besetzt hält, ist darüber sichtbar: Krieg, Soldaten, Getümmel, Stahlhelme, Befehlsgeber, Offiziersmützen unterschiedlicher Nationalität, Deutsche, Russen, Franzosen, Italiener, Amerikaner. Sie alle haben sich im Hirn Adams verschanzt und gedenken, diesen Ort nicht zu verlassen. Irgendwo außerhalb ist der Feind. Das Getümmel drängt nach außen. Bajonette recken sich über den Wall aus Sandsäcken und

Rudolf Hausner: Deutsch-deutscher Adam (Abdruck mit freundlicher Genehmigung des Künstlers).

Panzerungen hinweg. Leuchtspuren – von Geschossen? – steigen in die Dunkelheit auf. Die Augen der Köpfe sind – wie gesagt – geschlossen. Schläft der «Deutsch-deutsche Adam»? Wird ihm, was in ihm vorgeht, vielleicht im Traum bewußt: daß er den Feind im eigenen Hirn hat, aber draußen vermutet (vgl. Holländer 1985)? – Ich breche meine Betrachtungen des Bildes von Rudolf Hausner hier ab. Ich hoffe, sie haben angedeutet, wie unser Deutsch-deutsch-Verdrängtes beschaffen sein könnte, das nach dem Fall der Mauer am Bewußtsein und an der schmerzlichen Erinnerung vorbei auf Abfuhr drängt.

Was da kollektiv unter der Oberfläche des deutschen Wachbewußtseins brodelt, konnten wir bereits sehr deutlich auch an der Reaktion vieler Deutscher beim Ausbruch des Golfkrieges 1991 ablesen. Damals kam es in kurzer Zeit zu Demonstrationen, an denen sich Eltern, Lehrer und Kinder gemeinsam beteiligten. Hermann Beland schreibt dazu:

«Eine tiefsitzende unbewußte Angst beherrschte viele Deutsche und konnte sich unter der bewußten Kriegserinnerung und der bewußt pazifistischen Ablehnung dieses und jedes zukünftigen Krieges ausdrücken: Als käme jetzt die Vergeltung der Völker der Welt für die deutschen Verbrechen des Zweiten Weltkrieges. … Wir sind dieselben wie jene. Wir haben auch einen solchen Führer gehabt, der die Juden umbringen wollte, vielmehr, der sie umgebracht hat. Wir fürchten die Vergeltung, die wir schon lange unbewußt erwarten. Wir wollen diesen Krieg nicht, er richtet sich gegen uns wie gegen die Bevölkerung des Irak» (Beland 1993, 380).

Das Unbewältigte an der Vergangenheit drängt in diesen Zeiten politischer Labilisierung bei uns wie in anderen Ländern wieder ins Wachbewußtsein und schafft sich in Gewalt gegen Fremde bei uns, gegen ehemalige Nachbarn im ehemaligen Jugoslawien und anderswo bedenkenlos Luft; es kann keiner Erinnerungs- und Trauerarbeit zugeführt werden.

IV. Folgerungen

Aus meinen Ausführungen folgt, daß sich eine idealistische Betrachtung des komplexen Themenfeldes «Die Fremden und unsere Identität» verbietet. Zwar sind wir im Prozeß unserer Identitätsfindung von Kindesbeinen an in der Begegnung mit dem Fremden in uns und den anderen geübt – Identität stellt sich nur über die Begegnung mit anderen her! –, und dennoch haben wir Grund genug zu akzeptieren, daß die ängstliche bis feindliche und in Extremfällen die hassende Reaktion auf die Fremden zunächst einmal das individuelle und kollektive psychische Rohmaterial auch unsere Gesellschaft darstellt, das dauernder zivilisatorischer und humanitärer Anstrengungen bedarf, um Toleranz und Menschlichkeit gegenüber den Fremden und dem Fremden in Individuen und in der Gesellschaft zu fördern.

Bei den Bemühungen um Toleranz und Menschlichkeit gegenüber den Fremden gibt es keine einfache Lösungen. Es ist wichtig, zu akzeptieren, daß wir wohl alle Fremdenangst haben. Idealisierende Fremdenfreundlichkeit läuft Gefahr, die eigene Fremdenangst bei sich selbst zu verleugnen und statt dessen die Fremdenangst, Fremdenfeindlichkeit und den Fremdenhaß umso mehr bei anderen zu attackieren. Wenn aber der andere als Fremdenfeind blind für die eigene Problematik angeklagt und bekämpft wird, hat die Projektion nur das Objekt gewechselt: Das abgelehnte Eigene wurde vom Fremden nur auf den Fremdenfeind verschoben. Erst wenn wir zumindest die eigene Fremdenangst zulassen, das heißt, wenn wir die Zwiespältigkeit unserer Gefühle, die Fremde in uns auslösen, anerkennen und sie bewußt als eigene ertragen, können wir dem Fremden ohne größere unbewußte Abwehr gegenübertreten (vgl. Bohleber 1993).

Was ich zuletzt über die eigenen Projektionen auf die Fremdenhasser ausgeführt habe, kann leicht mißverstanden werden, so als wäre ich nicht dafür, Rassisten mit allen Mitteln demokratisch legitimierter Macht entgegenzutreten. Dies muß geschehen. Aber es darf gleichzeitig nicht vergessen werden, daß die Jugendlichen selbstverständlich auch Kinder von Müttern und Vätern sind, die in einem politisch-psychologischen Generationskontext und -konflikt miteinander stehen.

Bei der Betrachtung des Fremdenhasses finden wir uns immer wieder in komplexen Situationen vor, die oft etwas Paradoxes an sich haben. Dies hat neben der Schwierigkeit, für anstehende wirtschaftliche und soziale Probleme bei uns in Deutschland, aber auch weltweit noch keine überzeugenden Konzepte zu deren Bewältigung zu haben – was heißt Entwicklung/development für uns? – auch mit der Geschichte, die «im Hirn sitzt», und mit der Komplexität der innerseelischen und zwischenmenschlichen Mechanismen zu tun, die sich mit dieser Thematik verbinden.

Yaacov Ben-Chanan

Das Eigene und das Fremde
am Beispiel jüdischer Identität

Das mir gestellte Thema lautet: «Das Eigene und das Fremde am Beispiel jüdischer Identität». Ich will, was mir dazu wichtig erscheint, aus
der Sicht eines jüdischen Historikers darzustellen versuchen, der sich,
schon seiner Herkunft nach, einem säkularen, also nicht religiös geprägten Judentum zugehörig fühlt, dem aber die tiefe Verwurzelung
jeder denkbaren jüdischen Identität im biblischen und rabbinischen
Judentum immer bewußt ist. Nur einen *Versuch*, noch bescheidener:
nur eine allererste Annäherung an das Thema kann ich bieten. Denn
das jüdische Eigene ist ja in mindestens dreitausendfünfhundert Jahren gewachsen. Und das Fremde, mit dem es sich immerfort und überall auseinanderzusetzen hatte, in Faszination wie in Abwehr, reichte
vom Ägypten der Pharaonen bis nach Auschwitz. Niemand kann das
in einer einzigen Stunde ausleuchten.

I

Ich möchte zunächst vom Eigenen sprechen und bitte um Nachsicht,
wenn ich dabei länger verweile als nachher beim zweiten Teil. Denn
nur weniges von diesem jüdischen Eigenen ist außerhalb bekannt. Von
so vielem wäre darum zu erzählen! In den Jahrtausenden, die das
jüdische Volk bis heute durchmessen hat, hat sich, vom Keller bis
unter das Dach des jüdischen Hauses, vieles angesammelt. Allerdings
– das macht die Aufgabe wiederum einfacher –: alles, was sich da
angesammelt und jüdische Identität geformt hat, hat sich um einen
einzigen Kern kristallisiert, dessen Urgestalt, wie bei jedem Kristall,
trotz aller Anlagerungen immer erkennbar bleibt. Vom Eigenen im
Judentum sprechen heißt darum, von diesem Kern reden.

Diesen Kern nennen wir Tora. Wer Judentum verstehen will, muß zuerst verstanden haben, was Tora bedeutet. Auf deutsch wird «Tora» oft mit «Gesetz» wiedergegeben. Das stammt aus der ältesten griechischen Bibelübersetzung, die um 250 vor unserer Zeit in Ägypten entstand; Paulus hat das übernommen, und so ist diese Übersetzung auch in den christlichen Sprachgebrauch gekommen. Ein verhängnisvoller Irrtum! Denn bis heute mißversteht man im christlichen Kulturbereich Judentum als eine «Gesetzes»religion. Aufklärer wie Kant meinten sogar, Judentum sei überhaupt keine Religion, sondern bestünde nur in einer sklavischen Erfüllung von Paragraphen. Schon Luther hat dem Judentum die «christliche Freiheit» als die bessere, ja die einzig angemessene Alternative entgegengesetzt. Viele Tragödien im Verhältnis zwischen Juden und Christen kommen aus diesem Mißverständnis.

Wörtlich übersetzt heißt Tora: «Weisung, Lehre». Sinngemäß aber wäre Tora am besten wiederzugeben mit «Anweisung zum richtigen Leben». Und Judentum, jedenfalls das klassische, auf das sich jüdische Identität immer zu beziehen hat, wäre am besten als eine Gemeinschaft von Menschen zu beschreiben, die ihr Leben nach einer für alle verbindlich geltenden Regel gestalten. In der Tat – das ganze Leben! Also nicht nur religiöse, kultische Feier, Gottesdienste, Gebete und Rituale zu bestimmten Anlässen, etwa zu Beginn des Lebens oder beim Eintritt in den Kreis der Erwachsenen, bei der Hochzeit oder am Lebensende. Solche Rituale kennt jede Kultur, auch die jüdische; keine menschliche Gemeinschaft kann ohne sie auskommen. Eben weil man Rituale in allen Religionen und Kulturen findet, auch in atheistischen, gehören sie nicht zum Eigenen im Judentum. Nur dem Judentum ist eigen, daß sich ein ganzes Volk, mit allen seinen Männern, Frauen und Kindern, über die ganze Erde verbreitet, Jahrtausende hindurch von der gleichen, für alle verbindlichen und darum auch alle verbindenden Lebensregel leiten läßt. Man kann durchaus an religiöse Orden denken, wie verschiedene große Religionen sie hervorgebracht haben. Christentum, Islam, Buddhismus, Hinduismus kennen sie. Aber da gibt es drei entscheidende Unterschiede. Erstens: Die Tora bindet ein ganzes Volk, nicht nur eine Elite, die sich zu einer Bindung an diese Regel entschlossen hat. Und – das ist ein zweiter wichtiger Unterschied zu einer Ordensregel – Tora zieht die jüdischen Männer, Frauen und Kinder nicht aus der Welt in ein abgesondertes, vom Alltag abgehobenes Leben. Tora ist eine Anweisung zur richtigen Gestaltung gerade *des* Lebens, das *jeder* jüdische Mensch zu leben hat. Jeder kann sich nach ihr richten. Keinem wird Unerfüllbares abverlangt. Schließlich – das wäre ein dritter Unterschied zu einer Ordensgemeinschaft – ist Judentum kein Bund, in den man aus eigenem Entschluß eintritt, so wenig man jemals aus ihm austreten kann. Jeder, der von einer jüdischen Mutter geboren wird, ist Jude und bleibt es lebenslang. Man kann natürlich ein guter oder ein schlechter Jude sein, am Maßstab der Tora gemessen. Keine Gemeinschaft besteht nur aus Idealgestalten. Jude aber bleibt man in jedem Fall. Und aus einem schlechten kann jederzeit wieder ein guter Jude werden. Dazu braucht es, nach jüdischer Überzeugung, keine besondere Erlösung vom Himmel her. Der einfache Entschluß zur Umkehr genügt.

Die Tora ist in ihrem Kern uralt. Mose hatte sie nach der Überlieferung der Bibel von Gott am Berge Sinai empfangen – man weiß nicht genau, wann das war – und die unter seiner Führung durch die Wüste ziehenden, aus Ägypten aufgebrochenen Gruppen auf sie verpflichtet. Von da an hat die Tora aus diesen Gruppen allmählich ein einheitliches Volk gemacht, sie als Volk «identifiziert». Tora war seitdem für jeden Juden das *Leitbild* im Prozeß der Findung einer eigenen jüdischen Identität und gab ihm zugleich die *Hilfe*, um sie zu gewinnen. Tora war das unsichtbare, aber unzerreißbare Band um die Juden aller Länder und Zeiten. Sie steckte einen Heimatbereich ab, aus dem man nicht vertrieben werden konnte, auch nicht im bittersten Exil. Auch im fremden Land und unter dem Einfluß fremder Kulturen hielt die Tora die Juden beisammen und formte aus jüdischen Kindern, wo immer sie aufwuchsen, unverwechselbar jüdische Menschen, Söhne und Töchter Israels. Weil es die Tora gab, haben wir Juden als einziges Volk aus der Antike bis auf den heutigen Tag überleben können.

II

Wir können das nur verstehen, wenn wir, was Tora bedeutet, etwas genauer ins Auge fassen.

Zunächst: Tora ist keineswegs nur ein Religionsgesetz. Judentum ist nicht *weniger* als eine Religion, wie manche seiner neuzeitlichen Gegner meinten, es ist *mehr* als das. Judentum ist eine Lebensform, die traditionell Religion einschließt. Doch wer, wie viele Juden heute, sich nicht mehr religiös zu identifizieren vermag, kann dennoch weite Teile der Tora als Lebensregel annehmen. Denn die Tora widerspricht der Vernunft, dem normalen Menschenverstand, nicht. Man kann auch ohne Glauben an Gott Jude sein. Ganz ohne *Tora* ein mit Judentum noch identischer Jude zu bleiben, ist dagegen sehr schwierig. Man ist dann, weil nun einmal unwiderruflich als Jude geboren, nicht etwas anderes geworden – nur eben ein Jude ohne jüdische Identität. Davon zeugen viele geistige und seelische Tragödien jüdischer Menschen in der Neuzeit. In Auschwitz wurden zahllose Juden von Fremden als Juden identifiziert, die selbst längst vergessen hatten, daß sie Juden waren.

Eine Regel, die das gesamte Leben einer Menschengesellschaft ordnen kann, muß ein sehr kompliziertes, vielgliedriges Gebilde sein – so kompliziert wie das Leben selbst. In der Tat besteht die Tora aus unzähligen einzelnen Anweisungen, Geboten wie Verboten. Zusammengenommen, umspannen sie das ganze menschliche Leben, das des einzelnen und das der Gemeinschaft, und geben ihm seine unverwechselbar jüdische Form. Viele dieser detaillierten, den Außenstehenden in ihrer Fülle verwirrenden Bestimmungen leiten den Juden und die Jüdin durch den Tag, vom Aufstehen und der Morgenhygiene bis zum Löschen des letzten Lichtes vor der Nacht. Andere Vorschriften legen fest, was ein Jude und eine Jüdin essen dürfen und was sie meiden müssen, und auch, wie das Essen zuzubereiten ist, damit es «koscher», das heißt für den menschlichen Verzehr geeignet sei. Die Bibel leitet diese Vorschriften aus der Gottesoffenbarung am Sinai ab. Aber sie enthalten sicher auch uralte Erfahrungen orientalischer Menschen über bekömmliche und unbekömmliche, sogar krank machende Ernährung, und manche Erkenntnis heutiger Forscher hat sie bestätigt. Einen toratreuen Juden wird das nicht verwundern. Denn wenn, nach seiner Überzeugung, Gott der Ursprung allen Lebens ist, können seine Weisungen nicht im Widerspruch zur Natur stehen, deren Teil wir sind, und darum ist es dem Menschen bekömmlich, sich ihnen anzuvertrauen.

Die Tora gliedert auch den Tagesverlauf, der durch drei Gebetszeiten am frühen Morgen, am Mittag und am Abend seinen Rhythmus bekommt, und den Wochenrhythmus, der auf sechs Tage der Arbeit einen absoluten Ruhetag folgen läßt. Sie ordnet das Leben der Familie: die sexuellen Beziehungen der Eheleute, die Erziehung der Kinder, die Probleme, die bei der Ehescheidung entstehen können. Ebenso regelt sie das Zusammenleben in der Gemeinschaft, in Nachbarschaft, Stadt und Staat. Sie enthält Satzungen für Rechtsstreitigkeiten und Strafnormen bei Rechtsbruch. Die berühmteste und am häufigsten mißverstandene von diesen ist die Regel: «Auge um Auge, Zahn um Zahn» (2. Mose 21,24 und 3. Mose 24,20). Man zitiert diese Regel unter Nichtjuden immer noch gern als einen Beweis für die Vorherrschaft des Rachedenkens im Judentum, im Gegensatz zum herrschenden Prinzip der Liebe bei den Christen. In Wahrheit soll diese Regel den straffällig gewordenen Menschen vor zu strengem Urteil schützen, also gerade dem ungezügelten natürlichen Rachebedürfnis wehren: Nicht *mehr* als ein Auge oder einen Zahn (das meint den Geldwert eines Auges oder Zahns nach einem festgelegten Tarif) darf man vom Täter nehmen, wenn dieser nur ein Auge oder einen Zahn beim Kläger beschädigt hat. Die Tora sichert schließlich auch dem sozial Schwachen, dem Verwaisten, nicht zuletzt dem Fremden sein Lebensrecht: «Einen Fremden sollst du nicht ausbeuten» (2. Mose 23,9); «Du sollst das Recht von Fremden, die Waisen sind, nicht verbiegen; das Kleid einer Witwe sollst du nicht zum Pfand nehmen» (5. Mose 24,17 und viele andere Stellen).

Ich hoffe, es wird an diesen wenigen Beispielen schon erkennbar, was das Eigene am Judentum ist. Es ist mehr als nur eine der vielen historisch gewachsenen Möglichkeiten, Gott zu begegnen. Die Tora erweitert die Grenzen der Religion auf alle profanen Bereiche: alles, auch das Alltäglichste, hat mit Gott zu tun. Man kann es auch umgekehrt sagen: Toratreues Judentum verneint, daß irgend etwas in der Welt an sich schon heilig und darum einer besonderen Verehrung würdig sei. Nichts ist an sich heilig, alles ist profan, der Mensch und seine Werke, der Staat, die Erde, der Kosmos. Aber es ist dem Menschen aufgegeben, alles zu «heiligen», das heißt zum Guten zu gebrauchen. Und es liegt ausschließlich in seiner Verantwortung, wenn alles zum Schlechten gerät. «Ihr sollt heilig sein, denn ich bin heilig» läßt die Tora Gott an einer sehr prominenten Stelle sagen (3. Mose 11,44); man kann frei, aber zutreffend übersetzen: Ihr sollt ganz anders sein, als es üblich ist, denn Ich, euer Gott, bin ganz anders als alles, was sonst Macht über Menschen beansprucht. Das ist, so kann man sagen, die klassische Kurzformel für jüdische Identität. Geheiligt werden Menschen und Dinge, wenn der Mensch mit ihnen ihrer Bestimmung gemäß umgeht; schlecht werden sie, wenn der Mensch sie mißbraucht, ausbeutet oder ihnen eine Macht in seinem Leben einräumt, die nur Gott zukommt. Tora holt den einzelnen jüdischen Menschen also nicht heraus aus der *Profanität*, wohl aber aus der *Banalität* des alltäglichen Lebens, indem sie, wie chassidische Meister im 18. Jahrhundert sagten, das Leben jedes einzelnen Juden «an seine obere Wurzel bindet».

Nach jüdischer Überzeugung bilden die einzelnen Vorschriften der Tora in ihrer Gesamtheit das Lebensgesetz des Menschen, so wie die Gesamtheit der biologischen, chemischen und physikalischen Gesetze das Naturgesetz bildet, das das Weltall im Gleichgewicht hält. Beide sind letzten Endes eins, wie ihr gemeinsamer Ursprung nur Einer ist. Juden sehen die Welt und den Menschen grundsätzlich nicht dualistisch, also nicht als Kampfplatz zwischen guten und bösen Mächten, zwischen «Geist» und «Materie», zwischen Gott und einer finsteren Gegenmacht. Juden kennen diese gegensätzlichen Kräfte, die in der Welt wirken. Doch sie sehen sie nicht als Antagonismen, sondern als Polaritäten. Die jüdische Weltsicht ist einheitlich, wie der jüdische Gott selbst Einer ist. «Höre, Israel, ER unser Gott, ER ist EINER» – das ist die jüdische Grundüberzeugung.

Die Tora ist der Kern des Judentums, sein Lebensgesetz. Dem nur von außen Betrachtenden, der nur die vielen einzelnen Gebote und Verbote sieht, muß Judentum nicht nur kompliziert, sondern auch einengend erscheinen, als ein «Joch». Traditionelle Juden empfinden das nicht so. Keine Kultur ist kompliziert für den, der von Kindheit an in sie hineingewachsen ist. Und kein Gesetz wird als belastend empfunden, wenn man es in der Überzeugung erfüllt, damit dem Leben selbst gerecht zu werden. Das Gegenteil des Gesetzes ist ja nicht die Freiheit; es ist die Gesetzlosigkeit, wie das Gegenteil des Maßes die Maßlosigkeit ist. Beides umschreibt keinen erstrebenswerten Zustand, sondern ein chaotisches Menschenleben und eine terroristische Gesellschaft. Juden feiern im Herbst das «Torafreudenfest», weil sie die Tora gerade nicht als Einengung ihrer Freiheit, sondern als deren Voraussetzung verstehen.

III

Die Tora war, nach altjüdischer Überzeugung, von Gott dem Mose am Sinai gegeben worden. Sie war geoffenbartes Gotteswort. Als solches durfte sie von Menschen niemals geändert werden. Aber als Lebensregel war sie, ungleich mehr als eine dogmatische Aussage, die eine «ewige Wahrheit» fixiert, auf Interpretation und Aktualisierung angewiesen. Vorschriften für ein Leben im ländlichen Milieu verlieren ihren Sinn, wenn man in die Stadt gezogen ist und das Leben dort nach ganz anderen Regeln verläuft. Und was für die antike Stadt praktikabel war, paßt nicht mehr in die moderne, von den Chancen und Gefahren der Technik beherrschte. Die politischen, wirtschaftlichen und kulturellen Verhältnisse änderten sich schon im jüdischen Mutterland, unter dem Einfluß der nichtjüdischen Mitbewohner und unter dem der umgebenden Großmächte im Norden und Süden. Und die Juden, die, gezwungenermaßen oder aus freiem Willen, in die vielen Kulturgebiete des alten Orients zogen, römische, griechische, babylonische, persische, fanden dort wiederum ganz andere Lebensbedingungen vor. Es war für das Weiterleben eines einheitlichen jüdischen Volkes in einer nichtjüdischen Umwelt verschiedenster Prägung von entscheidender Bedeutung, daß sich, seit dem Beginn des babylonischen Exils, also nach 586 vor unserer Zeitrechnung, Männer fanden, die das Dilemma zwischen Tora als ewigem Gotteswort und Tora als Ordnung des stets fließenden und sich verändernden Lebens erkannten und eine Lösung dafür fanden. Diese Männer nannte man die Weisen, die Lehrer, die Schriftgelehrten. Die Pharisäer und ihre Nachfolger, die Rabbinen, wurden die wichtigsten unter ihnen. Sie wurden die geistigen Väter des klassischen Judentums.

Sie wurden dies auf eine eigene, für das klassische Judentum bezeichnende Weise. Dieses Judentum hat niemals ein zentrales Lehramt gekannt, das über die richtige Auslegung der Tora zu entscheiden gehabt hätte, keinen Vatikan, kein Konzil und keinen Papst. Jene schriftgelehrten Rabbis waren nicht einmal Berufstheologen; sie verdienten ihr Brot als normale Handwerker. Einzig ihre tiefere Kenntnis der Tora, also ihre Gelehrsamkeit, nicht eine besondere Weihe oder hierarchische Würde, verschaffte ihnen Autorität im jüdischen Volk. Diese Autorität übten sie aber nicht in autoritärer Weise. Niemals wäre im Judentum ein Mann als Lehrer akzeptiert worden, der gesprochen hätte wie der Jesus der Bergpredigt, den Matthäus sagen läßt: «Ihr habt gehört, daß zu den Alten gesagt wurde ... Ich aber sage euch» (Matth. 5,21 ff.). Das richtige Verständnis einer jeden Stelle in der Tora wurde vielmehr auf dem Weg der Diskussion zwischen den gelehrten Autoritäten gesucht und zwischen den Schulen, die sich um die Meister bildeten. Was sich in diesen Diskussionen schließlich als die Meinung der Mehrheit herauskristallisierte, wurde verbindlich für die jüdischen Gemeinden in aller Welt; es wurde selbst zum Bestandteil der Tora, zum Teil des jüdischen Identifikationsprogramms, das auf die Frage zu antworten hatte: «Was ist jüdisch?»

Immer neue Probleme stellten sich mit der weiter laufenden Zeit. Der Stoff, der Tora war und die jüdische Identität prägte, wuchs allmählich ins Unübersehbare. Mehrfach wurden darum die Protokolle solcher Gelehrtendiskussionen, die zunächst nur mündlich tradiert worden waren, zusammengefaßt, redigiert und niedergeschrieben. Es entstanden die großen Sammelwerke der Mischna (um 200) in Palästina und schließlich des Talmud im Babylonien des frühen 6. Jh.s unserer Zeitrechnung. Auch diese Sammelwerke hielten stets die zuweilen kontroversen Deutungen vieler Lehrer zu jedem Problem jüdischer Praxis fest; niemals sprach in ihnen nur eine einzige Autorität. Es ist geradezu ein Merkmal jüdischer Identität geworden, skeptisch gegen den Führungsanspruch einer einzigen großen Persönlichkeit zu sein. Es kann zwar – davon sind auch Juden überzeugt – nur eine einzige Wahrheit geben; aber die hat viele Gesichter, und einem einzelnen Menschen oder auch einer einzigen Generation ist sie immer nur bruchstückweise zugänglich. Der Talmud in seiner babylonischen Fassung ist schließlich das maßgebende Basiswerk für das gesamte jüdische Leben geworden. Mit der Zeit wurden natürlich auch die dort niedergelegten Entscheidungen selbst wieder auslegungsbedürftig; die alte Überlieferung mußte – ohne Substanzverlust! – in die jeweilige Gegenwart transportiert werden. Die Lehrer einer neuen Generation haben sich aber nie als Neuerer verstanden, immer nur als Brückenbauer zwischen Tradition und Gegenwart. Der Typus des starren Doktrinärs ist dem Idealbild jüdischer Identität so fremd wie der des reformatorischen Eiferers. So entstand mit der Zeit eine riesige Kommentarliteratur zum Talmud und zur übrigen jüdischen Tradition. Diese Unterordnung der Einzelmeinung unter die Mehrheitsentscheidung hat das Judentum lange Zeit vor zwei Fehlentwicklungen bewahrt, die gerade hier nahegelegen hätten, wo ein Volk so weit verstreut über alle Erdteile zu wohnen hatte: vor der Sektenbildung – also dem Auseinanderfallen in verschiedene, einander bekämpfende Gruppen – und vor der Gefahr, eine autoritär geleitete Organisation zu werden. Die Spannung zwischen der freien Diskussion, in der jeder Stimmrecht besitzt, der etwas zu sagen hat, und dem Respekt vor der Mehrheitsentscheidung am Ende gehört ebenfalls zu den klassischen Merkmalen jüdischer Identität.

Und noch ein letztes Merkmal ist mir wichtig. Auch dieses ist aus der Tora abgeleitet und klassisch im rabbinischen Schrifttum formuliert: «In ganz Israel ist Jeder für Jeden verantwortlich» (Sifra Lev. 26,27). Der Satz bezog sich ursprünglich auf die Rechtssphäre. Doch hat er eine viel größere Tragweite: jeder ist dafür verantwortlich, daß der andere, der Mitjude, im vollen Sinne Jude werden und bleiben kann. Daß ein junger jüdischer Mensch in einem inneren Wachstumsprozeß mit sich und seiner jüdischen Heimat identisch wird, wurde niemals ihm selbst überlassen; die ganze jüdische Gemeinschaft hatte sich dessen anzunehmen. Väter und Mütter, Gemeindevorsteher und Gelehrte hatten dafür zu sorgen, daß alle Kinder die Tora lernten – und dieses Lernen lebenslang fortsetzten; denn, so sagt einer der großen alten Schriftgelehrten über das Lernen der Tora: «Wer nicht wächst, der schrumpft» (MAvot I,13). Nicht mächtig oder reich, sondern weise zu werden, ist das Idealziel jüdischer Identität. Weise aber heißt, in diesem jüdischen Verständnis, keineswegs: ein Philosoph werden, der aus konkretem Leben abstrakte Wahrheiten zieht. Weise werden heißt, jüdisch verstanden: die An-weis-ung zum Leben immer tiefer verstehen und immer ganzheitlicher nach ihr leben. Weil die Tora als Anweisung zum ganzheitlichen Leben verstanden wird, muß die Erziehung auch des einfachen jüdischen Menschen *alles* Menschliche umfassen, sie muß den *ganzen* Menschen bilden, nicht nur eine abgespaltene religiöse Provinz. Schon in der Antike, im Jahr 76 vor unserer Zeitrechnung, wurde im Land Israel unter dem Einfluß der Pharisäer die allgemeine Schulpflicht für Jungen vom sechsten Lebensjahr an eingeführt. Nirgendwo in der Welt hat es eine jüdische Gemeinde gegeben, zu der nicht ein Lehrhaus gehört hätte; und niemand hielt sich für zu klug oder für zu beschäftigt, um nicht wenigstens eine Stunde frühmorgens vor der Alltagsarbeit in das Lehrhaus zu gehen und, in der Diskussion der Texte mit anderen, Tora zu lernen. Die Gemeindevorsteher hatten dafür zu sorgen, daß *jedes* Kind lernen konnte. Die Wohlhabenden in jeder Gemeinde waren verpflichtet, Stipendien für arme Kinder auszusetzen, damit niemand aus Mangel an Geld auf das Studium verzichten mußte. Daß schon immer überdurchschnittlich viele jüdische Kinder in ihrer Umgebung durch außerordentliche Intelligenz, geistige Beweglichkeit, die Fähigkeit zum Argumentieren und Streiten, zum Umgang mit dem gesprochenen und geschriebenen Wort auffielen, ist allgemein bekannt; nicht selten hat das den Neid und die Abwehr der anderen herausgefordert. Dieses Merkmal jüdischer Identität hat wenig mit natürlicher Begabung zu tun; Juden sind nicht begabter als andere Völker. Es hat unmittelbar mit dieser besonders intensiven Menschenbildung zu tun, die wiederum mit der Bindung an die alle Bereiche des Lebens umfassende Tora zusammenhängt.

So hat sich in zahllosen Generationen von Juden unter Anleitung der Tora und ihrer Lehrer jüdische Identität herausgebildet und im Schutz der ganzen Gemeinschaft auch behaupten können. Eindeutig war definiert, was ein Jude ist und wie der einzelne, als Jude geborene Mensch dahin kommt, auch wirklich ein solcher zu werden. Der jüdische Mensch gewann seine Identität, sein Jüdischsein, in einem lebenslangen Wechselspiel von Lernen und Tun.

IV

Beides, das Lernen und das Tun, spielte sich nun zumeist in einer Umwelt ab, die nicht von Juden selbst geprägt war; sie lebten in ihr als Fremde. Juden waren in ihrer langen Geschichte immer ein Minderheitsvolk. Auch wenn sie, wie in biblischen Zeiten, souverän im eigenen Lande wohnten, war die Macht der «anderen» ständig präsent. Im Lande Israel selbst wohnten, mit Juden zusammen, immer auch andere Völker mit anderen Normen des Menschlichen. Und von den Grenzen im Norden und im Süden wirkten immer Fremde auf das kleine Volk der Juden ein: Ägypter, Assyrer, Babylonier, Griechen, Römer, später Byzantiner, dann Araber, Türken, Briten. Erst recht waren Juden ein Minderheitsvolk in den vielen fremden Ländern, in denen sie zu leben hatten, durch die Wechselfälle der Geschichte oder eigenen Entschluß dorthin verschlagen. Wie kamen Juden mit diesen Fremden zurecht? Zwei Grundmodelle sind denkbar: Befruchtung oder Konflikt.

Das klassische, durch die Tora definierte Judentum hat sich dem Fremden gegenüber immer zugleich ganz abgeschlossen und ganz offen gezeigt. Es war und ist abgeschlossen, wenn es um die Selbstverwirklichung des Juden als Jude geht, also um das, was den jüdischen Menschen eigentlich mit sich selbst identisch macht. Hier sind Kompromisse nicht erlaubt. Ich denke etwa an die Speisevorschriften, den Sabbat, die Ehe mit nichtjüdischen Partnern. Auch in der grundsätzlichen Einstellung zur Welt ist ein Kompromiß nicht möglich: es ist Gottes Welt, und dieser Gott ist Einer; alle und alles andere sind Nicht-Gott, also irdisch, relativ, nur bedingt mächtig. Wenn ein Herrscher, ein Staat, eine Ideologie für sich unfehlbare Wahrheit und heiligen Rang beanspruchte, mußte es zu Widerstand und Konflikt kommen.

Weit offen dagegen ist ein durch die Tora definiertes Judentum für alles, was mit dem geistigen Leben zu tun hat, also mit Wissenschaft, Philosophie und Kunst. Tora bindet die jüdische Praxis, aber nicht den jüdischen Geist. Im Denken ist jeder Jude frei; er kann denken, was er will, philosophieren, worüber er will, künstlerisch gestalten, wie er will – sieht man einmal von dem Verbot ab, Gott, Menschen und Tiere bildlich darzustellen.

Diese Freiheit, die die Tora jedem Juden läßt, hat immer Begegnung und Austausch mit dem Geist und der Kunst der anderen möglich gemacht; großartige Symbiosen konnten sich entfalten. Man mußte als toragebundener Jude keine Furcht vor der Faszination des Fremden haben. Jüdische Denker konnten sich mit vielen nichtjüdischen Denksystemen schöpferisch verbinden, ohne damit ihre jüdische Identität aufzugeben. Philo von Alexandrien hat im 1. Jahrhundert unserer Zeit als praktizierender Jude eine Synthese zwischen Mose und Plato gesucht. Maimonides im 12. Jahrhundert hat mit den großen Arabern aristotelisch, Leone Ebreo im 16. mit der Florentiner Akademie neuplatonisch, Mendelssohn hat im 18. Jahrhundert mit Lessing und anderen deutschen Frühaufklärern rationalistisch, Cohen im 20. Jahrhundert kantisch, Franz Rosenzweig hegelisch philosophiert. Erich Fromm hat in unseren Tagen Elemente der Tora mit Erkenntnissen von Marx und Freud zu einer großen Synthese vereint. Judentum, von keinem Denkverbot gehindert, kann sich mit jedem Fremden verbinden, solange dieses Fremde ihm nicht abverlangt, sein Eigenes zu opfern und selbst schon im Ansatz ein Fremdes zu werden.

Ebenso sind Juden, die sich an die Tora binden, frei in dem, was sie künstlerisch schaffen. Sie können bauen, malen, dichten, musizieren, wie sie wollen. Griechisch-hellenistische, islamische oder christliche Baukunst, italienische Renaissance – oder Barockmusik, Buchmalerei und Poesie im maurischen Spanien und im mittelalterlichen Frankreich und Deutschland – das alles hat in jüdischen Kunstwerken ein Echo gefunden.

Konflikte, durch die Regeln der Tora bedingt, gab es manchmal, wenn zwei verschiedene Lebensformen aufeinanderprallten. So etwa in der griechisch-römischen Antike: hellenistische Gastgeber konnten nicht verstehen, warum Juden ihre Einladungen zum Essen ausschlugen oder ihre Töchter nicht heiraten wollten, und leiteten daraus gelegentlich, wie Tacitus schreibt, sogar einen jüdischen Haß auf andere Menschen ab. Später kam es, im islamischen Herrschaftsbereich, gelegentlich zu Schwierigkeiten, wenn etwa im Kriegsfall muslimische Herrscher Juden der Konspiration mit dem Feind beschuldigten und deshalb verfolgten. Doch das alles waren stets punktuelle, keine prinzipiellen Konflikte. Niemals hat es im alten Rom oder später in islamischen Staaten – von deren Frühzeit einmal abgesehen – eine Judenverfolgung nur aus dem Grund gegeben, weil es sich um Juden handelte. Immer konnten Juden in diesem Bereich Juden bleiben, wie die Tora es ihnen gebot. Darum hat sich im islamisch beherrschten Orient in vielen Gegenden toragebundenes Judentum bis heute vielfach rein erhalten können.

Ganz anders verlief die Geschichte der Juden im Zusammenprall mit dem Christentum. Das Christentum – ich spreche nicht vom einzelnen Christen, aber vom dogmatischen Konzept! – ist, als einzige unter den Religionen, prinzipiell intolerant. Aus dem Dogma von Christus als Gottmensch und Erlöser der ganzen Welt folgt zwingend, es könne neben dem christlichen keinen anderen Weg zum Heil geben. Christus allein sei «der Weg, die Wahrheit und das Leben» (Joh. 14,6). Er sei, als der Auferstandene, bereits jetzt unsichtbar der Herr der Welt; wer ihn als seinen Herrn ablehne, stelle sich außerhalb der Gesellschaft, in der die Kirche den kosmisch herrschenden Christus irdisch repräsentiert, und dürfe darum von ihr nicht toleriert werden. Wo die Kirche zur beherrschenden Macht wurde, hat sie ihre Alleinherrschaft rigoros und mit allen Mitteln gegen jeden durchgesetzt, der sich ihrer Lehre nicht bedingungslos unterwarf.

Mit dem Christentum konnten Juden darum niemals eine fruchtbare Symbiose bilden. Von vornherein war diese Beziehung auf den Konflikt hin angelegt. Denn das Christentum bestritt Juden nicht dieses oder jenes Teilstück ihrer Identität, sondern ihr Daseinsrecht schlechthin. Mit dem Kommen Christi sei das in den Heiligen Schriften vorausverkündete Heil vollständig auf die Kirche übergegangen. Israel sei als das Gottesvolk erledigt, die Tora aufgehoben. Nur die Taufe, also die Preisgabe der eigenen Identität, stand Juden offen. Dazu kam noch, daß schon das älteste Christentum Juden – allen Juden aller Generationen! – die Schuld am Tod des Erlösers zuwies. Indem sie an der Tora und an ihrer jüdischen Identität festhielten, blieben Juden der Pfahl im Fleisch der christlich definierten Menschheit. Juden und Christen wurden einander zur tödlichen Bedrohung – nur mit dem Unterschied, daß das Christentum die Macht in Händen hatte.

Diesem Konzept folgend und ihre volle Macht einsetzend, hat die christliche Kirche, wo sie es konnte, weit über ein Jahrtausend lang Juden bekämpft. Aus vielen christlichen Ländern wurden sie ganz vertrieben; in England, Frankreich, Spanien, Portugal gab es am Ausgang des Mittelalters keine Juden mehr. Wo man sie, vor allem aus wirtschaftlichen Gründen, nicht vertreiben konnte, vor allem im mittelalterlichen Deutschland, wurden Juden allmählich durch staatliche und kirchliche Gesetze an den Rand des Existenzminimums und des gesellschaftlichen Ansehens gedrängt. Schließlich wurden ihnen nur noch Tätigkeiten zugestanden, die mit Geld und Handel zu tun hatten, und zwar zuletzt auf dem niedrigsten Rang des Pfand- und Hausierhandels. Viele Juden sanken auf die unterste soziale Stufe des Bettlers ab, wurden von Ort zu Ort getrieben, durften überall nur eine Nacht bleiben. Nur im Osten Europas, in Polen, konnten sie über Jahrhunderte ihre Identität und Kultur in relativ ungestörter Freiheit behaupten. Im 19. Jahrhundert wurden sie jedoch auch hier in ihren Rechten eingeschränkt, vielfach gedemütigt und schließlich auch blutig verfolgt.

Lange, über viele Jahrhunderte, haben die Juden trotz alledem an ihrer Identität als Torajuden festgehalten. Sie schlossen sich noch enger zusammen, banden sich noch bewußter an die Tora und nahmen vielerorts lieber den Tod auf sich, als ihr Judentum preiszugeben. Aber: sie waren hier, im christlichen Machtbereich, mit sich allein, von jedem geistigen Austausch mit den «anderen» abgeschnitten. Ganz allmählich wirkte sich diese Isolation auf ihre Identität aus. Denn jeder Mensch und jede Gruppe kann ihre Identität nur aus der Auseinandersetzung mit den sie umgebenden und auf sie einwirkenden Kräften gewinnen. Wo an die Stelle der Auseinandersetzung der reine Terror tritt, wird Identität nicht gewonnen, sondern zerrieben. Mangelnder Austausch mit der Geisteswelt der anderen zieht geistige Stagnation nach sich, eine Inzucht des Denkens tritt an die Stelle des lebendigen Diskurses. Das Leben nach der Tora erstarrte in der Isolation von der gesellschaftlichen Wirklichkeit zu rein formaler Erfüllung von Vorschriften, deren Sinn man nicht mehr begriff. Das Rabbinat erhielt unter dem Druck von außen, der zu straffer Führung in der jüdischen Gemeinde zwang, einen klerikal-autoritären Charakter. Das Ghetto veränderte auch den Charakter der darin Eingesperrten; es zwang zum Aufstau von Aggressionen, zu Depressionen bis zum Selbsthaß, zu ängstlicher Anpassung. Schließlich aber mußte es auch, langsam, aber unaufhaltsam, in immer mehr Juden, vor allem solchen aus der ökonomisch und geistig privilegierten Schicht, den Wunsch nach Befreiung von einer Identität erwecken, die nicht mehr Freude, sondern nur noch Last, ja Qual geworden war.

Solange die Ghettotore geschlossen blieben, spielte sich dies alles mehr im Verborgenen ab. Doch als zu Anfang des 19. Jahrhunderts die Mauern fielen, und, wiederum in einem nur langsam fortschreitenden Prozeß, Juden in Europa die gleichen Rechte erhielten wie andere Menschen auch, wurde offenkundig, in welchem Ausmaß jüdische Identität im Sinne des alten Torajudentums beschädigt, zum Teil auch verloren gegangen war. Der jahrhundertelange psychische Druck hatte sich mit dem ökonomischen ebenso verbunden wie mit der in der frühen Neuzeit beginnenden philosophischen Skepsis gegen jede Form traditioneller Religiosität zugunsten einer eher rationalen Begründung des Sinnes von Mensch und Welt; aber bei vielen Juden auch einfach mit dem ganz natürlichen Wunsch, sich den bürgerlichen Lebensformen der Umwelt anzupassen, um endlich ein Dasein in Verachtung und Existenzangst gegen eine von der Mehrheit anerkannte Zugehörigkeit einzutauschen. Zwar waren nur relativ wenige Juden bereit, jetzt auch zur *Religion* der Mehrheit überzutreten. Doch immer mehr Juden paßten sich jetzt an die Lebensformen der nichtjüdischen Umwelt an. Das spezifisch Jüdische hörte auf, ihr Leben noch unverwechselbar zu prägen; es wurde, wie damals ja bei vielen Christen auch, immer mehr zur Privatsache, zur Verzierung des bürgerlichen Lebens. Was jetzt noch jüdisch war, definierte jetzt nicht mehr die Tora, sondern der einzelne Jude in seiner Subjektivität, die wiederum von seiner Stellung in der bürgerlichen Gesellschaft bestimmt war. Der Bogen der jetzt nahezu unbegrenzten Möglichkeiten jüdischer Selbstidentifikation reichte von einer traditionellen, weitgehend toragebundenen Jüdischkeit auf dem Dorfe und in kleinen Gruppen von Stadtjuden bis zur totalen Assimilation an die Umwelt. In vielen Varianten entwickelten sich, zwischen diesen beiden Polen, religiös-liberale, sozialistische, zionistisch-nationale Definitionen von Jüdischsein – um nur diese wichtigsten zu nennen. Jüdisch blieben diese neuen Daseinsentwürfe, solange ihre Anhänger sie aus unverwechselbaren Elementen des Ur-Jüdischen ableiteten: vor allem aus dem Grundmotiv der Gerechtigkeit, der Gleichheit aller Menschen vor Gott oder aus dem der Einheit von jüdischem Volk und jüdischem Land.

Seit dem 19. Jahrhundert gibt es mithin keine einheitliche jüdische Identität mehr. Es gibt nur noch eine Pluralität von jüdischen Teil-Identitäten. Wir Juden, wie immer wir unser Jüdischsein heute definieren, haben das zunächst anzuerkennen, und auch unsere nichtjüdische Umwelt muß es akzeptieren. Gerade Auschwitz hat uns gelehrt, daß keine jüdische Gruppe heute mehr das Recht hat, ihre Teil-Identität für die einzig legitime auszugeben und andersdenkende Juden auszugrenzen. Der toragebundene Jude von heute hat nicht das Recht, dem liberalen oder gar säkularen sein Judentum abzusprechen. Kein Jude, keine Jüdin hat sich nach Belieben ausgesucht, auf welche Weise er heute Jude sein will. Die Geschichte unserer jeweiligen Familie und Gruppe hat uns zu den Juden gemacht, die wir sind – und das ist ja, aus meiner Sicht, nicht wenig. Immer, wenn reife Identität entsteht, kommen zwei zusammen: ein Schicksal, das einem Menschen auferlegt wurde, und eine Freiheit, in der er sich zu entscheiden hat. Heute jüdisch sein heißt darum zugleich, zu unserer jeweils eigenen, geschichtlich gewordenen jüdischen Identität zu stehen – und die anderen in ihrem anderen Jüdischsein zu achten und von ihnen, die ebenfalls einen Teil unseres jüdischen Gesamtschicksals verkörpern, auch zu lernen. Auschwitz hat uns gelehrt, daß wir Juden trotz aller Verschiedenheit eine einzige Schicksalsgemeinschaft bleiben, in der weiterhin jeder für jeden verantwortlich ist. Das allein kann heute das Übergreifende einer jüdischen Gesamtidentität ausmachen. So gesehen, ist die Definition des Jüdischen heute ungemein einfach geworden: Jude ist, wer es sein will.

In einem Bild zusammengefaßt: die eine jüdische Identität ist zerbrochen. Es gibt kein «Judentum» mehr, nur noch Judentümer. Doch wie bei einem kostbaren Keramikteller, der zu Bruch ging, zeigen die einzelnen Scherben durch ihr Material und ihre Färbung noch, von welchem Original sie stammen. Daß man auch an den Scherben noch das Original erkennen kann, zeigt umgekehrt an, welche Kraft diesem selbst einst innegewohnt hat. Auch in der Lebensgestaltung und in den politischen oder künstlerischen Äußerungen und Engagements vieler sich nur noch rein säkular verstehenden Juden kann man etwas von der bindenden und belebenden Energie der alten Tora erkennen. Durch so viel Anderes und Fremdes leuchtet immer noch jenes Eigene hindurch, das unser aller Mutter bleibt.

Elisabeth Moltmann-Wendel

Selbstentfremdung und Eigensein
Der Weg der Frau zu sich selbst im Spiegel biblisch-christlicher Traditionen und deren Mißverständnisse

Einleitung

Entfremdung heißt: aus dem Konnex der Nähe, des Eigenen, Heimischen, Gemeinschaftlichen, Vertrauten oder Gewohnten herausgenommen werden. Dies erleben Millionen von Menschen in unserer Welt jeden Tag neu. Es bedeutet Trennung, Entfernung, Verschwinden aus heimischer Umwelt, von Besitz, Beziehungen, Religion. Daneben gibt es eine Entfremdung mehr subtiler Art, die nach außen kaum in Erscheinung tritt, und jeder Mensch macht sie in irgendeiner Phase seines Lebens durch: Entfremdung von der Familie, der Gruppe, der Arbeit, vom eigenen Land, das politisch und sozial enttäuscht. Für jeden eine bedrohliche Phase, ein Fallen ins Nichts, die Erfahrung eines luftleeren Raumes. Aber es ist auch ein notwendiger Prozeß, der zur Selbstfindung, zur Gewissensbildung und zur Reife führt.

Die Entfremdung, die hier auf Frauen bezogen ist, ist ebenfalls subtiler, innerer Art, aber sie umfaßt weit mehr als einen begrenzten Bereich, etwa Familie oder Gruppe, und mehr als einen begrenzten Prozeß, der zur Selbstfindung wichtig ist. Sie ist für viele Frauen grundsätzlich, und die fünffache Definition von Seeman (Wörterbuch der Philosophie), was «Entfremdung» heißt: Machtlosigkeit, Sinnlosigkeit, Namenlosigkeit, Isolierung und Depersonalisierung, beschreibt treffend die Erfahrung vieler Frauen.

Die Vokabel Entfremdung wird allerdings nicht häufig in der feministischen Theorie und Praxis gebraucht, da der Feminismus sich aus sozialen Erfahrungen speist und gesellschaftssoziologische Ausdrükke, wie Unterdrückung, Diskrimierung, bevorzugt. Ein Buchtitel aus der frühen Zeit heißt allerdings «Women in a Strange Land» und be-

176

schreibt die umfassende Heimatlosigkeit von Frauen in einer Welt, die von Männern bestimmt wird: in Sprache, Kultur, Machtverteilung. Eine wachsende Zahl von Frauen macht heute die Erfahrung solcher Land-losigkeit in Strukturen, die fest in männlicher Hand sind, in Gottesdiensten, in denen ihre Sprache nicht gesprochen wird, in Arztpraxen, wo ihr Körper ein Objekt, aber nicht Teil ihrer Persönlichkeit ist, in Universitäten, wo androzentrische Themen und Stile Tradition haben, in der Industrie, wo weibliche Rhythmen unbeachtet sind.

Frauen sind von sich selbst entfremdet.

Frauen sind fremdbestimmt.

Doch was ist das Selbst der Frau?

Hier beginnt die Schwierigkeit, denn Frauen lassen sich nicht auf einen Nenner bringen. Ich greife deshalb auf zwei Formulierungen von Entfremdung zurück, die von Frauen stammen und höchst unterschiedlich sind. In der frühen Phase der Frauenbewegung in der Mitte des Jahrhunderts hat Simone de Beauvoir den Körper, die Leiblichkeit der Frau als das sie Entfremdende bezeichnet, ein Hindernis auf dem Wege zum existentialistischen Bewußtsein ihrer selbst. Gegenüber dem Mann haftet der Frau demnach etwas Unvollkommenes an, mit dem sie fertig werden muß. Künstliche Insemination war für sie deshalb die Möglichkeit, mit dem Körper umzugehen.

Diese Sicht hat sich heute geändert. Viele Frauen erleben sich in ihrer Ganzheit, und sie erleben zugleich, wie diese ganze Persönlichkeit mit Kopf und Körper, mit allem, was sie ist, denkt und hat, fremdbestimmt ist. So ist auch ihr Körper von dieser Entfremdung nicht ausgenommen.

«Das ums Bewußtsein betrogene weibliche Wesen ist auch im Innersten seiner Leiblichkeit sich selbst zur Fremden gemacht» (Brigitte Weisshaupt). Dieser Prozeß selbst beginnt nach heutigen Untersuchungen schon früh. Christiane Olivier zum Beispiel beschreibt, wie schon das kleine Mädchen mit seinem gleichgeschlechtlichen Körper von der Mutter nicht als reizvoll akzeptiert werden kann, wie dem Mädchen die «Kindheitssexualität» verweigert wird und es ständig seinen «Mangel» kompensieren muß. «Dies ist der Ursprung der permanenten Entfremdung der Frau von ihrem eigenen Körper.» Entfremdung bekommt dabei eine neue physische Dimension. Sie geht über das Bewußtsein hinaus und läßt sich nicht durch dessen Veränderung berühren. Allerdings ist dies von vielen Frauen nicht oder noch nicht gesehen und wird das Fremdbestimmte als das Eigene verstanden oder besser mißverstanden.

Gehen wir der Erfahrung der Frau als Fremde nach, so merken wir bald, daß dies keine moderne Vorstellung ist», sondern auch eine Tradition in der androzentrischen (von Männern) geprägten Kulturgeschichte hat. Die Frau als Fremde, die Frau als andere hat eine Geschichte, die bewußt gemacht werden muß, um unseren gegenwärtigen Erfahrungen näher zu kommen. Zunächst stellt sich die Frage, was macht eine Frau zur Fremden, zur Anderen, wo sie doch wie der Mann aus dem gleichen Mutterleib kommt, den gleichen Vater haben kann, zur Gattung Mensch gehört und heute unter gleichen sozialen Bedingungen aufwachsen kann?

I. Die Frau als Fremde

Was uns fremd ist, rücken wir von uns ab und charakterisieren es mit uns fernen und unheimlichen Vorstellungen. Mit Frau verbinden viele ebenfalls unheimliche Bilder, die sie in ihrem täglichen Leben abwerten wollen oder abzuwerten gelernt haben. Und das betrifft nicht nur Männer. Auch Frauen können ebenso distanzierend mit sich, abweisend und abwertend mit Frauen umgehen.

Eine Stammtischrede ist zum Beispiel: «Meine Frau, mein Hausdrache!» Eine Anspielung auf eine böse, zänkische, Allmacht ausübende Hausfrau, hinter der jedoch die Vorstellungen von der Urmacht Schlange, Drache stehen, die in matristischen Kulturen mit der Frau, ihrer Leben gebenden und Weisheit ausstrahlenden Kraft verbunden waren und später dämonisiert wurden.

Ein Psychoanalytiker aus der Freudschule sagte mir einmal: «Die Frau ist Urschlamm» – eine angstbesetzte Vorstellung von Chaosmacht und Chaoskraft, die dahinter hervorsah.

Im Islam werden die Frau und ihre Sexualität mit Fitna – Chaos –

bezeichnet, die es vom Mann zu regulieren gilt und in sinnvolle Fruchtbarkeit gelenkt werden muß. In den Apokryphen des Alten Testaments finden wir einen klassischen frauenfeindlichen Satz: «Die Sünde kam her von einem Weibe, und um ihretwillen müssen wir alle sterben» (Jesus Sirach 25,32), der auf den Mythos von einer verführenden Eva zurückgeht. Die Evagestalt und später im Christentum die Magdalenengestalt wurden fälschlicherweise auf Sünde, Labilität und Verführbarkeit ausgelegt und haben in dieser Art Kirchen- und Kulturgeschichte gemacht.

Und die Frauenratschläge der neutestamentlichen Briefliteratur – «Das Weib schweige in der Gemeinde...»

«Sie sei dem Mann untertan!»

«Sie soll verborgenen und sanften, stillen Gemüts sein...»

sind ebenfalls angstbesetzt, und sie haben die Absicht, etwas Ungeordnetes ruhig zu stellen und in Schach zu halten.

Hinter solchen Aussagen steckt das alte Bild von der Frau als Natur, während der Mann den Geist vertritt. Geist aber ist assoziiert mit Ordnung, Natur dagegen mit unkontrollierbarer, ungebremster, archaischer Macht. Wo Natur romantisiert und vergöttlicht wurde, konnte zwar auch die Frau wieder romantisiert und neu verehrt werden. Wo Natur vor allem als Biologie gesehen wurde, die Reproduktion verspricht – wie im Faschismus –, bekam diese Natur darstellende und reproduzierende Frau hohen Stellenwert.

Doch hinter den verschieden gebrauchten Natur-Mustern blieb die Angst vor der Natur-Macht Frau, die Nietzsche sagen läßt: «Wenn du zum Weibe gehst, vergiß die Peitsche nicht.»

Neben der Angst steht aber zugleich auch ein Stück Faszination. Jedes Fremde ist auch stets etwas Erregendes. Was fremd ist, stößt ab, zieht aber in seinem Anderssein zugleich auch an. Die Chaosmacht, das Untier, das Urmaterial fordert heraus und entzückt zugleich. Angst und Attraktion gehören hier eng zusammen.

Doch wie ist diese Sicht entstanden? Wie kommt es, daß Frauen, die wir häufig gleichgestellt, gleichberechtigt und gleichbefähigt erleben, auch heute noch in die Ecke des Unheimlichen, Fremdartigen geschoben werden?

Wir können zwei Schritte tun, um diesen Prozeß besser zu verstehen. Wir können einmal unsere Sozialisationsformen, die uns zu Frauen und Männern gemacht haben, besehen.

Und zweitens können wir in unsere Kulturgeschichte, in unsere Mythen und Sagen zurückgehen und die Prozesse der Menschwerdung von dort aus noch einmal beobachten.

Fangen wir bei der männlichen Sozialisation an: Viele Untersuchungen zeigen heute, daß der Junge, um sich in einer männlichen Gesellschaft zu behaupten, den Bereich der Mutter und damit den Bereich des Weiblichen, der Pflege, Zuneigung, Nahrung verlassen muß, um sich in einer männlichen Gesellschaft zu behaupten. Er muß sich trennen von dem, was sein Urgrund war, und diese Trennung prägt ihn lebenslänglich. Sie prägt sein Selbstgefühl und seine Normen, nach denen er lebt. «Er gewinnt seine Identität aus dem Bewußtsein seiner selbst als etwas Getrenntes, etwas, das der Welt, dem anderen und sogar dem eigenen Körper gegenübersteht» (Catherine Keller).

Das getrennte, in sich verschlossene Subjekt geht auf eine gefährliche, es isolierende Reise. Um mit sich identisch zu bleiben, muß es sich also verschließen. Beziehungen, die es eingeht, müssen es in seinem Wesen unberührt lassen. Das Gefühl der Unabhängigkeit wird die es erhaltende Kraft. Überlegenheit entwickelt es in Übungen der Trennung. Um eine Autonomie zu entwickeln, darum kreist sein Leben. Doch die Angst, in den Urgrund wieder hinabgezogen zu werden, bleibt stets präsent, und die Abwehrmechanismen sind stets im Einsatz. Separatismus und Sexismus gehören – nach Keller – zusammen. Mit der Vorstellung vom Ungetrenntsein verbinden sich für das männliche Selbst eine Fülle von angsterregenden Vorstellungen: Verschmelzung, Selbstauflösung, Verschlungenwerden, in den Mutterschoß zurückkehren, von Emotionalem überwältigt zu werden. Es ist eine Angst vor ungezähmter Natur, zugleich eine Angst vor der besitzergreifenden Frau und der verschlingenden Mutter. Sie sind es, die Leben geben, die aber auch das autonom werdende Ich tödlich bedrohen können. In vielen kulturellen Verästelungen steckt diese Matriphobie, und sie hat auch ihre Parallele in der Frühgeschichte der Menschheit.

Damit sind wir beim zweiten Schritt, der uns das Fremde zwischen Männern und Frauen noch einmal deutlich machen kann: die Frühgeschichte der Menschheit, wie sie uns in Mythen und Sagen begegnet. Tiamat ist die erste Mutter im babylonischen Schöpfungsmythos Enuma Elisch, und aus ihren Leichenteilen schafft der göttliche Held Marduk die Welt, seine Welt. Der Urgrund, die Urerfahrung mit der Mutter muß dran glauben, muß zugrunde gehen, damit seine Welt entsteht.

Der Drachentöter Georg der christlichen Legende tötet wie alle Drachentöter des patriarchalen Zeitalters den Drachen, die Schlange, das Urtier, das einmal mütterliche, schöpferische Kraft darstellte, um die Jungfrau zu retten: das Symbol der reinen Natur, die er besitzen möchte und die er dann gebändigt in die befreite Stadt führt.

In der alten Martha-Legende, die noch aus matriarchalem Kontext stammt, hatte die Frau, die Heilige, diese mütterliche, weibliche Urkraft noch mit ihrem eigenen Gürtel gebändigt und für sich in Anspruch genommen. Heilige, christliche Frau und weibliche schöpferische Kraft gehörten eine Weile zusammen.

Marduk und Georg sind die männlichen Urbilder des patriarchalen Zeitalters, die mit den Urkräften von Frauenmacht kämpfen und siegreich sind. Sie sind Bilder für das autonome Ich, das mit allen Mitteln, mit Rüstung und List sich gegenüber den Abgründen behaupten muß. Sie sind Urbilder des männlichen Zeitalters, das bis heute nicht zu Ende gegangen ist, dessen Strukturen wir aber heute besser durchschauen. Sie zerschlagen, besiegen, trennen das Weibliche, machen es zum Fremden und zum zu Bekämpfenden und sind die Kronzeugen für das, was Frauen heute als Entfremdung bezeichnen.

In der Hexenverfolgung kam am Ende des Mittelalters dieser Prozeß zu seinem Höhepunkt: Nun wurden endgültig alle matriarchalen Kräfte gebannt und verbrannt, und das autonome Ich schickte sich an, die Erde neu zu ordnen, sie sich dienstbar und nutzbar zu machen und mit ihr die Frauenrolle.

Kennzeichnend für diesen Prozeß der Matriphobie wurde die wachsende Angst und Verachtung des Körpers. Schon die griechische Philosophie hatte den Körper als zweitrangig von Seele und Geist geschieden. Er wurde bei Plato zum Gefängnis, bei Aristoteles zur formbaren Materie. Als Männerkörper war er Symbol für Sterblichkeit und Endlichkeit geworden. Als lebengebender Frauenkörper wurde er Inbegriff geheimnisvoller, verführender und verschlingender Macht. Verstärkt durch kirchlich-asketische Einflüsse konnte er auch zum Inbegriff des Ekels und der Schlammigkeit werden. Odo von Cluny schrieb: «Die Schönheit des Weibes geht nur bis zur Haut. Wenn Männer sehen könnten, was unter der Haut ist, würde ihnen übel beim bloßen Anblick von Frauen...» Die reine Jungfrau wurde das Frauenideal, die gebärende Frau der Alptraum, und um diesem Konflikt zu entgehen, erfand man das Konstrukt der Maria: eine gebärende Jungfrau, die sexuell rein ist.

Der Gegenstand der Angst waren und sind die nicht subjektbezogenen Energien der körperlichen Welt. Sie sind das Fremde, Archaische, die das von den Urkräften abgezogene Selbst bedrohen. Und diese Energien schienen verkörpert in der Frau, in ihrem Körper, in ihrer Fähigkeit, Leben zu geben.

Wie aktuell diese Angst und diese Aggression sind, zeigen gegenwärtig die Zustände in Jugoslawien, wo eine archaische Männerhorde wieder zu ihren Ursprüngen zurückkehrt und den Satz von Mary Daly bestätigt, «daß das universale Ziel des Angriffs in allen phallokratischen Kriegen sein Urobjekt, das Selbst in jeder Frau ist.»

Misogynie und heldische Männlichkeit sind danach ununterscheidbar. In unserer zivilisierten, industrialisierten, mitteleuropäischen Gegenwart gilt diese Angst vor solchen nicht subjektbezogenen Energien der körperlichen Welt als gebannt. Doch nur scheinbar. Die fremde, wilde Frau des Mittelalters ist heute die Andere. Indem der Mann sich trennte, sich trennen mußte, sich Trennung auferlegte, definierte er sich selbst als der Eigentliche, der Vernunftbezogene. Was draußen vor blieb, war anders. Das Fremde ist zum Anderen geworden. In einer rationalisierten Kultur gilt zwar auch die Frau als der ratio unterworfen, oder sie hat sich ihr untergeordnet. Doch wer die Normen in dieser androzentrischen Welt bestimmt, ist noch immer Er. Das andere, das er nicht ist, ist Sie, die Andere, die außerhalb seiner Normen steht. Sie gehört zum anderen Geschlecht. Sie paßt mit ihren Lebensrhythmen nicht in die Industriewelt mit ihren Normen und ihrer Forderung nach

Kontinuität. Sie menstruiert, ist schwanger, gebiert, erlebt die Menopause. Sie stellt damit zwar das autonome, mit sich selbst identische männliche Ich in Frage, aber sie hat einen Körper, der nicht diese gleichförmige Leistung erbringt. Er bleibt letzten Endes siegreich mit seiner Mehrheit und seiner Leistungsmacht und läßt sie fremd, anders und draußen vor.

II. Wege zum Eigen-Sein

Wie können Frauen aus Fremdbestimmung zu Selbstbestimmung gelangen?
Wie kann Tiamat wieder zusammengefügt werden?
Wie kann der getötete Drache wieder lebendig werden?
Wie kann unsere Patriarchatsgeschichte wieder umgekehrt werden?
Für manche Frauen heißt es, sich mit dem diffamierten, aber doch Weiblichkeit darstellenden Untier neu zu identifizieren. In der Geschichte aller Monster – so sieht es Catherine Keller – können sich alle Frauen der westlichen Welt wiederfinden. Sie sagen:
Ich bin ein Monster, und ich bin stolz (Robin Morgan).
Ich bin eine Hexe.
Ich bin eine Schlange.
Damit bekennen sie sich zum Anderssein, nehmen die ihnen zugeschriebene Fremdheit an und suchen einen Weg zum Eigensein, der sie fasziniert. Was ihnen in der männlichen Geschichte als Vorwurf gemacht ist, greifen sie kreativ auf und stellen es auf die Füße der Wirklichkeit.
Doch gelingt dieser aus der therapeutischen Praxis bekannte Zugriff, um in einer gegenwärtigen Gesellschaft eigene Wege zu finden?
Gelingt es, mit dem, was immer Abscheu hervorgerufen hat, jetzt noch hervorruft, einen überzeugenden, eigenen Stil zu finden?
Frauen sind auf der Suche nach dem «Eigenen». Das zeigen Buchtitel und Frauenthemen der vergangenen Jahre: Eigenzeit (Helga Novotny), Eigenleiblichkeit (Annegret Stopczyk), Ein eigener Mensch werden (Moltmann-Wendel). Doch woher nehmen sie ihre Begleitungen?

Die Erziehung zum autonomen, trennenden und abgetrennten Selbst prägt weiterhin unsere Kultur, und sie prägt auch die Sozialisation von Frauen. Und es gibt wenig Vorstellungen, Bilder, Mythen, die diesen Weg des Helden und der Heldin in Frage stellen. Die Entstehung der Helden- und Patriarchatsgeschichte ist eindrucksvoll dokumentiert. Doch es gibt Gegenentwürfe.

Je mehr ich mich – auch mit Frauen – mit den neutestamentlichen Frauengeschichten, speziell den Heilungsgeschichten, befasse, um so stärker erlebe ich diese als eine große Revision der patriarchalen Gesellschaft, ihrer Gesetze, ihrer männlichen Erbfolge, ihrer Mythen. Tiamat wächst zwar nicht mehr zusammen, aber die biblische Tiamat, die Tehom, die «Tiefe» der Bibel wird ja auch nicht zerschlagen, sondern bleibt in der Schöpfungsgeschichte gelassen, wenn auch unbedeutend unter dem über ihr schwebenden Geist. Und der christliche Georg ist kein biblischer Held.

Die Heilungsgeschichten des Neuen Testaments haben bisher keine große theologische Bedeutung gehabt:

Sie wurden reduziert auf das begleitende Wort, und die physische Erfahrung des Heil-Seins wurde ausgeblendet;

sie wurden als Vorwegnahme des Eschatons verstanden, schon hier vollzogen an einzelnen Personen;

sie wurden – bei Blumhardt – als Kampf Jesu mit den Dämonen angesehen.

Doch die psychisch-somatisch-gesellschaftliche Bedeutung ist nie recht erfaßt worden.

In den Frauenheilungsgeschichten werden nicht einzelne Frauen von einzelnen Krankheiten geheilt, auch wenn die Geschichten jederzeit individuell auslegbar sind. Es wird eine wiederherstellbare Frauenwelt heraufbeschworen, die zum Teil Züge der alten matriarchalen Welt trägt. Geheilt wird die Kränkung der Frauen. Geheilt wird aber auch der kranke Kosmos, das Weltganze, an dem sich auch die Frauenkrankheiten zeigen. Jesus ist dabei auch nicht die Heilandsperson, auf dessen Wundergaben sich die Heilungen reduzieren. Er ist nicht der «Neue Mann». Er ist mitten hineingenommen in den Prozeß der Verwandlung, die Frauen verwandelt und auch ihn selbst.

Die Heilung der Tochter der syrophönizischen Frau gilt dem gestörten Mutter-Tochter-Verhältnis. Es ist eine biblische Demeter-Persephone-Variante, dieser letzten mythologischen Erinnerung an die Kraft der Mutter-Tochter-Beziehung, und die biblische Form weist auf die Wiederaufnahme der alten Frauenbeziehung. Die die Heilung forcierende Mutter, die Jesu Selbstverständnis durcheinander bringt, und die geheilte Tochter sind Symbol neuer Frauenbeziehung in der Jesusbewegung.

Der gekrümmten Frau wird nicht allein ihre Rückenerkrankung geheilt. Sie erfährt die Botschaft, daß auch sie nicht mehr von der Glaubensgemeinschaft der Männer ausgeschlossen ist, daß auch sie dazugehört und eine legitime Tochter Abrahams mit Erbrecht ist. Die Patrilinearität ist durchbrochen.

Der zwölfjährigen Jairustochter, die nicht erwachsen werden wollte und konnte, wird ein neues, eigenständiges Leben geschenkt. Mit zwölf Jahren wurde der Sohn mündig. Jetzt ist auch der Tochter eigene Reife zugestanden. Die Gleichstellung von Frau und Mann ist anvisiert.

Am eindrücklichsten für die Aufhebung der Entfremdung der Frau ist die revolutionäre Geschichte von der blutenden Frau, die nach zwölf Jahren Blutungen, die sie von der Gesellschaft und Religion absonderten, die Gesetze durchbricht, die sie zur anderen und zur Außenseiterin machten, und sich selbst Heilung holt, indem sie Jesus berührt. Die Frau ist die Aktive, die Initiatorin. Es wird in der Bibel ein ungewöhnlicher Körper-Energietausch beschrieben, und Jesus selbst wird dabei hineingerissen in den Prozeß der Re-Vision. Er, der selbst Fremder war, Gesetzesbrecher, dem gerade auch diese Heilung zur Anklage gereichte, der später vor den Toren wie ein Fremder starb, erfährt von der Frau die «Wahrheit» seiner Mission. So kann er der Frau ihren Weg bestätigen: Gehe hin in Ganzheit – Schalom – und sei gesund. Geh hin den Weg, der den Ausschluß der Frau aufhebt.

Diese neutestamentliche Tradition schafft kein Matriarchat. Sie schafft aber eine Sphäre der Gleichstellung und Gerechtigkeit zwischen den Geschlechtern. Sie macht auch Erlittenes und Vergessen wieder gut, indem sie eine Vielfalt von Frauenmacht und Frauenwissen in den Vordergrund schiebt. Die den verunsicherten Jesus salbende

Frau in ihrer prophetisch-weisheitlichen Haltung, die Leben und Tod voraussagt, ist vielleicht die stärkste – und die von der patriarchalen Kirche am schnellsten vergessene Gestalt dieser Revision von Frauengeschichte: Zu seinem Gedächtnis wird bis heute Abendmahl gefeiert. «Zu ihrem Gedächtnis» hat Jesus selbst aufgefordert, aber es verhallte ungehört.

Zwei Christusbekenntnisse von Frauen: von Martha und von der samaritanischen Frau machen diese Sicht deutlich: Sie erklären Jesus zum Christus, «der in den Kosmos gekommen ist» (Johannes 11), und Christus als den «Heiler des Kosmos» (Johannes 4), auffällig gegenüber den üblichen männlichen Bekenntnissen, die den Kosmos außen vor lassen. Am Kosmos zeigen sich in beiden Geschichten die unerträglichen Spaltungen der Menschen: die Spaltung von Bruder und Schwester durch den Tod. Die Spaltung von Samaritanern und Juden, die durch die Frau-Mann-Begegnung am Brunnen und ihre erotische Komponente aufgehoben ist.

Ich möchte diese Geschichten auf dem Hintergrund der jüdischen, in der Religionsgeschichte einmaligen Fremdentradition sehen, die in Erinnerung an das eigene Fremdsein in Ägypten Mitgefühl und Liebe für den Fremden forderte. Das Christentum sah in Jesus selbst den Fremden, der ausgeschlossen und ausgestoßen wurde, und es legt sich nahe, daß sich die jüdische Fremdentradition auch auf Frauen ausweiten konnte.

Wo auch immer noch andere Motive für diese Frauengeschichten liegen, wir erleben, wie alte Bilder von Frauenmacht und Frauenbeziehung zurückkehren. Wie etwas gut gemacht und revidiert wird, was im Argen lag. Wie neue Bilder auftauchen, die die Entfremdung aufheben. Und wir erleben heute, wie diese Frauentraditionen des Neuen, aber auch des Alten Testaments die Rückbesinnung der Frauen auf ihr Eigenes begleiten und eine transformierende, verwandelnde Kraft entwickeln können. Doch das Entscheidende ist, die Re-Vision oder Rehabilitation erfolgt vor allem durch physische Veränderung: durch Heilung. Der Körper ist der Ort, wo das Vergessene wieder bewußt wird, wo das Erlittene wieder gutgemacht wird.

Die Frage ist nun: was ist heute das Eigene?

III. Eigenleiblichkeit

Wo ist das Eigene, auf das Frauen zurückgreifen können? Wie sieht dieses Eigene in unserer gegenwärtigen Welt aus?

Der Weg der Frau aus der Entfremdung zu ihrem Eigensein geht meines Erachtens nur über unsere Leiblichkeit und über die Erkenntnis unserer Körper als der Grundlage des Lebens. Das ist schwierig in einer abendländischen, androzentrischen Tradition, die stets Geist und Materie, Seele und Leib zu trennen wußte. Das ist befremdlich in einer Frauentradition, die sich Mitte dieses Jahrhunderts mit ihrer Vorkämpferin Simone de Beauvoir in diese Tradition einklinkte und gerade den Leib als etwas empfand, das nicht zu ihr gehört und in dem sie sich «entfremdet» fühlt. Das ist schwierig für jede Frau, die sich immer auf «Natur» festlegen lassen mußte, die sie zur Reproduktion zwang und ihr angebliche weibliche Verhaltensweisen, friedliche und einfühlsame, nahelegte. Das ist sicher auch ungewöhnlich für eine Kirche und Theologie, die sich um den Körper des Menschen, der doch eigentlich die Grundlage ihres christlichen Inkarnationsdenkens sein müßte, herumschleicht, vor diesem Körper beim Gebet die Augen schließt und ihn nur als Dienstleib anerkennt. Das ist schwierig für einen Teil christlicher Frauen, die in ihrer religiösen Sozialisation das zentrale Lied der christlichen Mädchenarbeit sangen: «Wenn das Eigne uns erstorben, Christ, so hast du uns erworben, dein zu sein als Gotteskind.»

Wir stehen mit dem Eigenen der Frau als Eigenleiblichkeit mitten in einem Konflikt. Und dieser Konflikt wird nicht kleiner, wenn wir bedenken, welche Gewalt heute Körper und gerade Frauenkörper erleiden:

- durch die tägliche Gewalt auf den Straßen und in der Familie,
- durch Inzest,
- durch die Wissenschaft, die – wie Barbara Duden aufgezeigt hat – mit unverhohlener Neugier den Embryo ohne Rücksicht auf dessen Einbindung in die Mutter durchleuchtet und beurteilt,
- durch die Gesellschaft, durch die Frauen zur Sterilisation gezwungen werden, um ihre Arbeitsplätze zu erhalten,

– durch einen Krieg, in dem sich eine archaische Männerhorde Selbstbefriedigung durch Frauenzerstörung holt.

Aber es muß sich auch zeigen, daß wir gerade bei diesem geschundenen, verdächtigten und weggeschobenen Körper ansetzen müßten. Daß wir seine Subjektivität entdeckten, seine Fähigkeit zur Sprache. Die Unausweichlichkeit, sich an ihm vorbeizumogeln, seine Schönheit und seine Sterblichkeit. Das Energiefeld, ohne das wir nicht sind und das auch die nächsten Generationen mit seinen Energien erfüllen wird. Für Frauen scheint es mir deshalb wichtig, den durch viele Diffamierungen enteigneten Körper sich wieder zurückzuholen, ihn sich wieder anzueignen. Nicht als Schönheitsobjekt, das wir pflegen, trimmen, schminken, um seine eigenen Spuren zu vertuschen, sondern als lebendigen Ausdruck unseres ganzen Lebens, ob wir alt, jung, krank oder gesund sind.

Mein Körper bin Ich.

Das könnte heißen, die einzelnen Organe sich wieder anzueignen, die wir übersehen haben, die wir verachten gelernt haben oder nur noch als passiv, abgeleitet und in Relation zu anderen erleben. Menstruation – immer noch mit Schmutz und Heimlichkeit umgeben – könnte wieder als «weise Wunde Menstruation» gesehen werden. Sexualität der Frau könnte dabei wieder in ihrer Eigenart, nämlich als ganzheitliches Erfassen des anderen statt nur als Koitus verstanden werden. Die Brust, die für viele Frauen nur Mann und Kindern gehört, könnte wieder als aktives, nährendes, Leben gebendes Organ – dem Phallus ähnlich – angenommen werden. Die medizinisch sprichwörtliche Labilität der Frau würde dann wieder die bewundernswerte Flexibilität werden, die den weiblichen Körper die größten Leistungen der Anpassung an immer neue Situationen: Menstruation, Schwangerschaft, Geburt, Menopause, erbringen läßt.

Jeder Körper ist ein lebendiges, aktives und passives Energiefeld, das aus Beziehungen, nicht von Abgrenzungen lebt.

Vergleichen wir, was wir über die Sozialisation des Jungen sagten, über seine schicksalhafte Trennung vom Bereich des Weiblichen und den Separatismus, der ihn lebenslänglich begleiten kann, so ist das Eigene, was Frau-Sein ausmacht, die Beziehung zur Mutter, die aber keine Separation erfordert. Wir wissen alle, wie alptraumartig Mutter-Tochter-Beziehungen sein können, wieviel Abhängigkeit und gegenseitiger Druck damit verbunden sein kann, aber im Gegensatz zur männlichen Sozialisation bleiben Frauen in einem «empathischen Kontinuum», das zwar Horror, aber auch Hoffnung geben kann. Viele Untersuchungen der Mutter-Tochter-Dyade zeigen, welche geheimnisvolle, schöpferische Kraft dieser Frauenbeziehung innewohnen kann, wenn zum Beispiel beide nicht mehr hoffnungslos ineinander verschlungen sind, sondern ein eigenes Beziehungsfeld haben. Sie kann heute als Ursache für Entstehung weiblicher Freiheit angesehen werden, wenn zum Beispiel aus der Dyade eine Triade geworden ist, wenn der Vater einbezogen wird, die Familienarbeit geteilt und die Persönlichkeiten reif und unabhängig werden können. Dann können Töchter statt emotionaler Abhängigkeit eine Autonomie entwickeln, die nicht auf der Grundlage der Trennung aufbaut, sondern das empathische Kontinuum beibehält und eine Autonomie in Beziehungen ermöglicht. Die Mutter braucht dann die Tochter nicht mehr zur Selbstbestätigung und Kompensation ungelebten Lebens, sondern als eigenständiges Gegenüber. Statt des trennenden und auf Trennung beruhenden Selbst könnte sich – wie Catherine Keller sagt – ein fließendes Selbst entfalten: «Fließend und nach allen Seiten durchlässig sein – erweist sich als das Merkmal des Lebens und des neuen Seins.» Dieses Selbst lebt nicht aus Abgrenzung, sondern aus Beziehungen, offen für Begegnungen und Erfahrungen, fähig, sich zu verändern. Es knüpft an alte weibliche Lebensformen an, aber es enthält in sich den Kern der Autonomie und Eigenständigkeit.

Das Eigene von Frauen ist also, daß sie ihr Geborensein und ihr Bezogensein nicht verleugnen müssen, sondern ihr Leiblich-in-der-Welt-Sein als die Grundlage ihrer Existenz annehmen können. Das Eigene von Frauen ist also ihr Wissen um Gebären, das in den Trennungsoperationen des Mannes sehr schnell in ein biologisches Abseits gedrängt wurde und im männlichen Denken keine Rolle spielt. Gebären ist aber nicht nur ein physiologischer Vorgang bei Frauen. Er bedeutet auch Wissen um die Zusammenhänge zwischen Mensch und Natur und die unauflösbare Abhängigkeit zweier Lebewesen, die überhaupt erst Leben ausmacht. Das männlich-heroische Phantasma von einem sich selbst erhaltenden Subjekt im Kampf gegenüber einer feindlichen Umwelt hat die geburtliche Herkunft menschlichen Lebens und ihre leibliche Kontingenz vergessen. Die Erfahrung des Getrenntseins – vor allem von den Vorgängen der Entstehung neuen Lebens – ist eine männliche Erfahrung, die tief in Theologie und Philosophie eingegangen ist, der jetzt die Eigenerfahrung von Frauen gegenübergestellt wird. Leiblichkeit, und zwar die eigene, nicht eine abstrakte philosophische Leiblichkeit wird dabei zur Grundlage des Eigenseins der Frau.

Und daraus folgt die Einsicht, die sich heute als das «Eigene» von Frauen immer deutlicher herausschält, daß wir nicht abstrakt, lebensfern oder lebensfeindlich mit Kopf und Verstand denken sollten, sondern mit unserem Körper. Die Philosophin Annegret Stopczyk spricht von «eigenleiblichem Denken», das sensibel wahrnimmt, sich am Leben orientiert und auf das Leben ausgerichtet ist. Die Reaktorkatastrophe in Tschernobyl war für sie eine Folge der körper- und lebensfeindlichen Vernunftanbetung. Der Körper der Frau ist nichts Fremdes, das frau verschämt verleugnet, sondern der sie sensibel, wachsam und erkenntnisfähig macht. Ein Denken, bei dem einem nicht «Sehen und Hören» vergehen muß, wie Hegel es empfahl, sondern das aus Sehen und Hören, aus den Sinneswahrnehmungen kommt.

Zwei grundlegende Dinge ergeben sich daraus: einmal, daß Leben nur in Gegenseitigkeit besteht und der/die/das andere nicht die Hölle, sondern das Leben ist;

zweitens, daß wir mit dem Körper denken und daß jede abstrakte Begrifflichkeit irreal, unwahr und gefährlich ist.

Diese beiden Erkenntnisse haben sich in den letzten Jahren aus den Erfahrungen und dem Nachdenken von Frauen als das ihnen Eigene erwiesen. Und es könnten lebensrettende Erkenntnisse für alle werden. Das «Eigene» von Frau könnte so unversehens das Gemeinsame von Frauen und Männern werden. Es könnte uns in unser aller Eigenleiblichkeit zurückführen, die Symbol für das Leben ist, das nicht aus Trennung, sondern in Beziehung besteht.

Und der Körper des Mannes? Hat auch er eine Eigenleiblichkeit, auf die er eingehen könnte?

190

Da er seinen Körper früh verdrängen gelernt hat und da er nicht – wie viele Frauen – darin in Frage gestellt ist, wird der Prozeß bei ihm weit schwieriger werden. Vorausgehen müßte ihm die Erkenntnis, daß auch sein Körper entfremdet ist. Da er jedoch selbst mit seinen Körpererfahrungen diese Gesellschaft geprägt hat, drängt sich ihm diese Frage selten auf. Doch es erwachsen auch kritische männliche Einsichten. Sie hinterfragen die Dominanz des Sexualtriebes, die alle anderen Triebe in den Schatten gestellt hat und zu deren empfindlichen Schwächung beigetragen hat. Männliche Körperrhythmen werden zum Thema. Die Dominanz des individuellen Willens, die von den Kräften des Lebens abgetrennt wurde, wird als Gefahr gesehen. Die ökologischen Fragen fordern auch von Männern, daß diese nicht ohne Einbeziehung des eigenen Körpers, ohne Trennung, Distanz und Unabhängigkeit von der Natur gelöst werden können.

Der Phallus könnte dann ein Instrument der Beziehung statt der Eroberung werden, wodurch auch alle anderen erobernden Verhaltensweisen, Denkweisen, Sprechweisen sich verändern könnten, denn wir leiden nicht nur an brutaler, sondern auch an verbaler und gedanklicher Gewalt. Die Erkenntnis eigener körperlicher Unfähigkeit und Verwundbarkeit könnte ihn achtsamer und liebevoller mit sich selbst (nicht narzißtischer!) machen. Der Körper könnte das bewunderte statt das abgewehrte und abgewertete Fremde werden. Der Umgang mit Kleinkindern und deren Körper könnte ihn – wie Dorothy Dinnerstein gezeigt hat – in das fleischliche Leben und seine Verantwortung dafür einbinden. Das, was die Frau fremd gemacht hat, hat auch ihn sich selbst gegenüber entfremdet. Das Eigene, das Frauen heute wieder entdecken, das aus der Erfahrung des Leibes heraus verstandene Selbst in Beziehung könnte dann eines Tages das Gemeinsame werden. Noch ist es nicht so weit. Aber die Prozesse dazu sind im Gange, und sie erweisen sich für uns alle als lebensnotwendig.

Heidi Gidion

«Die Hoffnung lag im Weg wie eine Falle» – Vom Umgang mit dem Fremden im Eigenen

Ich werde mein Thema umkreisen mit Lese-Erfahrungen aus einer Literatur, die mir näherstand als andere Literaturen und die mich daher mehr anging als andere. Das ist Literatur, die geprägt ist von den Bedingungen, unter denen sie entstand – genauer: Sie war geprägt von scharf einengenden Bedingungen, von mannigfacher Überwachung auf der einen Seite und auf der anderen von den großen Erwartungen einer Leserschaft, die von den Zeitungen im Stich gelassen wurden. Da gab es viel zwischen den Zeilen zu lesen; Anspielungen voller politischer Brisanz waren zu entdecken in scheinbar harmlosen Bildern.

Zu den Bedingungen aber gehörte anfänglich, zu Beginn der 50er, 60er Jahre, auch der große Schwung, den die Überzeugung verleiht, daß alles «Nicht» ein «*Noch* Nicht» sei, daß hier eine Gesellschaft *unterwegs* sei zu Lebensformen, in denen der Mensch nicht mehr ein erniedrigtes und beleidigtes Wesen wäre – dann, wenn das Ziel erreicht wäre. Die Literatur, von der ich spreche, ist also entstanden in der DDR.

Ich bin geboren und habe meine Kindheit verlebt in Berlin-Köpenick, das durch die Folgen des Hitler-Krieges dann zu Ostberlin gehörte. Aufgewachsen bin ich in dem Teil Deutschlands, der zum Westen gehörte. Insofern war die Literatur, die mich mehr anging als andere, Literatur aus der Fremde hinter der Mauer. Ich war zwar öfter bei Freunden in Dresden zu Besuch. Aber was sieht schon ein Besucher, wenn er gutwillig absieht von allem, was er nicht sehen will. Was ich von der DDR wußte und kannte, das waren durchaus Nachrichten aus der Fremde. Aus ihnen suchte ich mir heraus, was ich in der Literatur und im Leben «zu Hause» vermißte. Das waren Utopien. Modelle.

Visionen. Hoffnung. Die machte ich mir zu eigen, so gut das eben gehen wollte. Von anderem sah ich ab – aber das klingt viel zu bewußt. Anderes nahm ich nicht wahr, weil es mich gestört hätte bei der Aneignung der Visionen. Alle die Erscheinungsweisen des durch und durch repressiven Systems, wie sie Hans-Joachim Maaz so nach- und eindrücklich hier vor uns hingestellt hat. So verhielt ich mich, als seien sie nur als Übergangskrankheiten da, etwa die Spuren gewalttätiger Naturzerstörung und gewaltsam erzwungener Einigelung. Ich hielt mich an die Utopien, Modelle, Visionen endlich befreiten (auch von den Nazi-Relikten befreiten) Lebens. Und kam mir selbst dadurch als ein befreiter Mensch vor – irgendwie.

Visionen. Utopien. Hoffnung. Hoffnung vor allem. Das war für mich stets etwas unbedingt Positives. In dem rasch populär gewordenen Gedicht «Das Eigentum» von *Volker Braun* aus dem Jahr 1990 wird Hoffnung nun als «Falle» rückwirkend entlarvt. Das Gedicht – auch sein Autor gehört zu denjenigen, die aus überzeugter Hoffnung nicht weggingen – besinnt sich auf das, was ihm noch angehört nach der Wende.

Es fängt an mit der lapidaren Entgegensetzung: «Da bin ich noch: mein Land geht in den Westen.» Es endet mit der Klage, die Utopie verloren zu haben, ehe sie noch wirklich die Probe aufs Exempel hatte bestehen können: «Was ich niemals besaß, wird mir entrissen. Was ich nicht lebte, werd ich ewig missen.» Und dann kommt das böse Bild: «Die Hoffnung lag im Weg wie eine Falle.» Ich möchte dieses Gedicht einmal vorlesen, gerade weil es eine Sprache spricht, die mich im Grunde irritiert, das heißt als fremd anmutet. Gleichzeitig provoziert sie mich, das heißt, sie regt mich an zum Überdenken meiner Sprache und meiner Bilder – wie jede Sprache aus der Fremde, jede Fremdsprache das vermag. Habe ich das eigentlich je gekannt: Solch eine enttäuschbare starke gesellschaftliche Erwartung? Bin ich im Unterschied dazu nicht gründlich resigniert, ja mehr noch: in jungen Jahren seinerzeit schon ziemlich vergreist aufgewachsen?

«Das Eigentum»: – aber ich falle mir noch einmal ins Wort. Dieser Titel, was ruft er hervor? An was denken Sie spontan, wenn Sie ihn hören, ohne das Gedicht zu kennen? Es gibt ein Gedicht von Goethe, das – außer unseren Haus- und Grundstücksvorstellungen – der belesene Volker Braun vielleicht sogar mitgemeint hat als Kontrastfolie mit seinem Titel. Goethe versteht unter Eigentum dieses:

> «Eigentum.
> Ich weiß, daß mir nichts angehört
> Als der Gedanke, der ungestört
> Aus meiner Seele will fließen,
> Und jeder günstige Augenblick
> Den mich ein liebendes Geschick
> Von Grund aus läßt genießen.»

Schönes Eigenes!
Bei Volker Braun klingt das hart, der Zusammenstoß dessen, was er für das Eigene gehalten hatte, mit dem Fremden.

> «Das Eigentum.
> Da bin ich noch: mein Land geht in den Westen.
> Krieg den Hütten Friede den Palästen.
> Ich selber habe ihm den Tritt versetzt.
> Es wirft sich weg und seine magre Zierde.
> Dem Winter folgt der Sommer der Begierde.
> Und ich kann bleiben wo der Pfeffer wächst.
> Und unverständlich wird mein ganzer Text.
> Was ich niemals besaß, wird mir entrissen.
> Was ich nicht lebte, werd ich ewig missen.
> Die Hoffnung lag im Weg wie eine Falle.
> Mein Eigentum, jetzt habt ihrs auf der Kralle.
> Wann sag ich wieder *mein* und meine alle.»

Hoffnung – das ist heute für mich zum Reizwort geworden. Denke ich zurück, so löst es bei mir als erstes den Impuls aus, nach Jahren einmal wieder *Brigitte Reimanns* Bücher in die Hand zu nehmen. «Die geliebte, die verfluchte Hoffnung» – erinnern Sie sich? So hieß die Textsammlung aus ihren Tagebüchern und Briefen, die nach dem Tod der knapp vierzig Jahre alt gewordenen Schriftstellerin 1983 hüben und drüben erschienen. Die Jahre zwischen 1950 und dem Beginn der 70er wurden da als Lebenshintergrund und Schreibstoff anschaulich; ebenso wie noch einmal in dem jetzt erschienenen Briefwechsel zwischen *Brigitte Reimann* und *Christa Wolf*, «Sei gegrüßt und lebe – eine Freundschaft in Briefen». Heute gelesen, wiedergelesen, erscheint mir das in einem tiefen Sinne als «Nachrichten aus einer Fremde», die mir einmal geistige Heimat war.

Aber die frühen Bücher Brigitte Reimanns schlagen im Unterschied zu den privaten Dokumenten einen ungebrochen überzeugten Ton an. Das geht schon hervor aus einem Titel wie – «Ankunft im Alltag»: Er gab einer ganzen literarischen Richtung den Namen. Da wurde etwas Ungeheuerliches behauptet, nämlich dieses: Die Utopie vom befreiten, in die Gemeinschaft befreiten sinnvollen Leben des nicht mehr vereinzelten Einzelmenschen, mit wechselseitiger Verantwortung – diese Utopie IST auf der Erde angekommen, vom Sonntag der Proklamationen, Präambeln und Festreden in den Werktag ganz normaler Leute überführt. Ich habe das damals gelesen mit Tränen beteiligter Zustimmung. Heute lese ich es mit dem Gefühl, das Christa Wolf im Hinblick auf ein eigenes Buch in Worte faßt in einem Brief an Brigitte Reimann vom 29. 9. 71:

«Ich las, weil ich es zu Korrekturzwecken leider mußte, in der letzten Woche noch mal den ‹Geteilten Himmel›, dabei kam mir an manchen Stellen das große Heulen über die unschuldsvolle Gläubigkeit, die mir damals, vor zehn Jahren, noch zur Verfügung stand. Nicht umsonst ergreift die Dichter um das vierzigste Jahr herum die große Traurigkeit, es ist ja wirklich nicht einmalig, was wir erleben. Aber soll man sich nach Unwissenheit und Unreife zurücksehnen, weil anders Unbeschwertheit ja nicht zu haben wäre?»

«Unschuldsvolle Gläubigkeit», ja, das war es wohl, auch bei mir, und es läßt sich übersetzen in die Leitbegriffe unserer Tagung aufs genaueste fassen als: Glauben, daß das Fremde eigentlich das Fremde nicht sei, sondern das Eigene. Vergessen, daß es sich beim Blick auf die Wirklichkeit des Alltags allenfalls um bescheidene Annäherung an die sozialistische Utopie handeln könnte, um symbolische Abbildungen –

statt einer skeptischen Warte-Haltung das enthusiastische, jugendliche (vor dem 40. Lebensjahr, wie Christa Wolf meint, sozusagen erlaubt), stürmische Behaupten, daß die Ankunft der sozialistischen Zielvorstellungen im Alltag bereits stattgefunden habe. Wo jeder Blick in die Realität diese Behauptung Lügen strafte.

Brigitte Reimanns Hauptwerk, der Roman «Franziska Linkerhand», handelt vor allem von den Anstrengungen, die es kostet, etwas zu retten von der «unschuldsvollen Gläubigkeit» inmitten massiver Enttäuschungen. Die Heldin wird Architektin, sie will lieben – und, wie es heißt, «den Sozialismus aufbauen helfen». Sie wollte die Stadt für befreite Menschen bauen helfen, eine Stadt, in deren Straßen keine Frau vergewaltigt werden könnte. Und was sah sie entstehen? Betonplatten-Klötze wie die im Berliner Stadtteil Marzahn, von öder Eintönigkeit und Schlampigkeit. Das gibt sie in ihrem letzten Roman, ihrem Vermächtnis, nun zu Protokoll, denn sie war ja bei Lichte besehen gar nicht naiv, sondern nur unerschöpflich guten Willens voll. Franziska Linkerhand – eine geistige Schwester von Christa T. – fragt durch die verkrusteten Institutionen hindurch, durch die verordneten Programme der Verherrlichung des Kollektivs hindurch: nach dem Eigenen, dem einzigen, unwiederholbaren Leben des einzelnen Menschen. Ihre Franziska Linkerhand erlebt es so:

«Auch unsere Träume von einer schönen Gesellschaft: Studententräume, die an der Wirklichkeit zerschellen; unsere Projekte – unstreitbar, das schon – die Wohnungen, Wohneinheiten für eine tausendköpfige Familie: Zukunftsmusik, aber wir hörten sie schon, und wir hörten und verstanden Reger (den Chef-Architekten, hinter dem sich der DDR-Architekt Henselmann verbirgt), bei dem wir lernten, daß ein Architekt nicht Häuser entwirft, sondern Beziehungen, die Kontakte ihrer Bewohner, eine gesellschaftliche Ordnung. Wir haben versagt» – «euch überschätzt», korrigiert ihr Freund, «Halten wir's eurer Jugend zugute.»

Da hören wir es schon wieder: als sei Hoffnung einzig eine Sache jugendlichen Alters, eine Art Kinderkrankheit, aus der man herauswächst. Aber: «Habt Respekt vor den Träumen eurer Jugend!» zitierte wieder und wieder aus «Don Carlos» von Schiller der gerade auch im Westen einst hochgeschätzte Philosoph Ernst Bloch, als er längst schon ein alter Mann war. Auch von ihm wird in auffallender Einmütigkeit und Promptheit heute allgemein abgerückt; sein Hauptwerk trägt den programmatischen Titel «Das Prinzip Hoffnung».

Brigitte Reimann hat an die Veränderung ihrer Gesellschaft in Richtung auf Herrschaftsfreiheit leidenschaftlich geglaubt. Gemeinnutz sollte unbedingt vor Eigennutz gehen, weil der Gemeinnutz ja noch im Gang des Textes selbst sich steigernd, belebend auf den einzelnen wiederum auswirkte und ihm zugute kam.

«Es muß, es muß sie geben, die kluge Synthese zwischen Heute und Morgen, zwischen tristem Blockhaus und heiter lebendiger Straße, zwischen dem Notwendigen und dem Schönen, und ich bin ihr auf der Spur, hochmütig und ach, wie oft, zaghaft, und eines Tages werde ich sie finden.»

Das ist der vorletzte Absatz ihres fast 600 Seiten starken letzten Romans. 1973 starb sie an Krebs. Am Recht der Kulturpolitik, ihr hineinzureden in ihre Visionen, hat sie immer wieder gerüttelt – aber zuletzt eben doch sich geduckt, auch innerlich, eben doch geglaubt, daß ihr das Große Ganze nicht fremd und feindlich gegenüberstehe und daher die Opfer des Eigenwillens zu Recht verlange. Was daran unverbrüchlich wahr ist und was andererseits davon einzig einem Machtsystem zugute kam – das hat sie nicht mehr analytisch und praktisch auseinanderteilen können. Ihre Erzählungen und der große Roman «Franziska Linkerhand» können gelesen werden als Dokumente vom falschen Bewußtsein, das mit dem Entwurf des richtigen Lebens eine selbst-zerstörerische Verbindung eingegangen ist.

Auch von ihren Texten gilt, was Helga Königsdorf einmal schrieb:

«Wenn man später wissen will, wie es gewesen ist, in dieser DDR, wird man es vor allem aus der Literatur erfahren. Oder besser, man wird erfahren, wie es auch gewesen ist. Man erfährt also nur die halbe Wahrheit, die zur Halbwahrheit verkäme, unterstellte man ihr den Anspruch eines Gesamtberichts.»

Das Absehen vom Fremden als einem Feindlichen, das Erklären des Fremden zum Eigenen, das machte ihre Hoffnung zu schlechterletzt zu einer Falle. Selbst das teilen ihre Texte noch mit, mitten in dem anrührend gutgläubigen Wunschdenken ihrer Gestalten, weil ihre begabte Autorin so aufrichtig menschenfreundlich war und mit ihrer eigenen Wärme und Konkretheit in ihren Texten die abstrakten Parolen zu täuschend echtem Leben erweckte.

Ein eindringliches Beispiel für das Absehen vom Fremden, um das Eigene nicht zu befremden, kann ich heute in *Maxie Wanders* Protokollen «Guten Morgen, du Schöne. Frauen in der DDR» erkennen und in meinem Umgang mit dem Buch. Die dort interviewten Frauen kamen mir nahe, als kenne ich sie persönlich. 1977 erschien das Buch, das es innerhalb weniger Jahre zu 20 Auflagen brachte. Es muß nicht nur mir etwas bedeutet haben. In produktivem Zuhören hatte Maxie Wander aus den Frauen Erzählungen ihres Lebens und ihrer Vorstellungen vom Leben herausgelockt, die mir erfrischend offen schienen. Es hatte etwas von ethnologischer Feldforschung; Maxie Wander schrieb: «Wir befinden uns alle auf unerforschtem Gebiet.» Sie konnte gerade noch die Fertigstellung des Bandes erleben; 1977 starb auch sie, an Krebs.

Das Vorwort von *Christa Wolf* mit dem Titel «Berührung» hatte für mich den Rang eines zusätzlichen Protokolls, intim und politisch in eins.

Solche Sätze wie diese haben mich damals berührt:

«Der Geist, der in diesem Buch herrscht – nein, am Werke ist –, ist der Geist der real existierenden Utopie, ohne den jede Wirklichkeit für Menschen unlebbar wird. Fast jedes der Gespräche weist durch Sehnsucht, Forderung, Lebensanspruch über sich hinaus, und gemeinsam – wenn man das Buch als Zusammenkunft verschiedenster, im Wichtigsten einiger Menschen sieht – geben sie ein Vorgefühl von einer Gemeinschaft, deren Gesetze Anteilnahme, Selbstachtung, Vertrauen und Freundlichkeit wären.»

Nach solchen Sätzen suchte ich in literarisch progressiven Texten meines Teiles von Deutschland vergeblich. Solche Sätze berühren mich noch immer. Da tritt mir ein ideales Selbstbild entgegen: in Anteilnahme, Selbstachtung, Vertrauen und Freundlichkeit. Christa Wolf läßt sich das Wort «herrscht» nicht durchgehen; sie verbessert sich: der Geist, der in diesem Buch «am Werke ist». Was ich damals überlesen habe und heute nicht mehr übersehen kann, ist das Wort «real existierend» vor «Utopie»: «der Geist der real existierenden Utopie». Ist sie da nicht wieder, die Hoffnung als Falle? Da tritt sie wieder auf, die behauptete «Ankunft im Alltag», wie sie in der ebenso oft beschworenen wie karikierten Wortschöpfung «real existierender Sozialismus» auftrat. Und dabei ist Christa Wolf doch in ihren Worten ringsum vorsichtig: nicht von Erreichtem spricht sie, sondern von «Vorgefühl», und das im Modus des Konjunktivs.

1991, also vierzehn Jahre später, erschien das Gegenstück zu «Guten Morgen, du Schöne». Es trägt in bezeichnender Abwandlung den Titel «Gute Nacht, du Schöne». Mit dem Untertitel «Autorinnen blicken zurück». Der wichtigste Unterschied scheint mir in seiner Vielstimmigkeit zu liegen. Hier läßt sich beim besten Willen nicht mehr behaupten, die Frauen seien «im Wichtigsten einige Menschen». Die hier versammelten Stimmen sind sich nicht einmal darüber einig, ob es das gebe, das Wichtigste, und wenn ja, worin es bestehe. Beim Lesen begegne ich nicht mehr meinem Ich-Ideal, sondern aufgesplittert in viele Positionen begegnen mir zornige, verbitterte, hoffnungsvolle, zurückhaltende, sich verweigernde oder auch ruhig geschehen lassende einzelne Frauen. Die Herausgeberin, *Anna Mudry*, schlägt – 1991 – ganz andere Töne an als seinerzeit Maxie Wander oder Christa Wolf. Die hatte übrigens den für diesen Band versprochenen Beitrag wieder zurückgezogen – «wegen der an ihr stellvertretend vorgenommenen Demontage», wie die Herausgeberin, sie zitierend, mitteilt. Doch dazu komme ich gleich. Zunächst noch weiter aus Anna Mudrys Vorwort aus dem Jahre 1991.

Plötzlich scheint «Offenheit» etwas Neu-Erreichtes zu sein, etwas, das seinerzeit nicht möglich war, und dabei waren mir doch die Frauen in Maxie Wanders Stimmenchor gerade so offen vorgekommen. «Ich habe Angst, mich zu enthüllen, Angst vor meinem eigenen Gesicht. Die Selbsttäuschung ist eine so verläßliche Haut», zitiert die Herausgeberin eine ihrer Autorinnen. Sie selbst fährt fort:

«Es springen mit dem Wegfall von Mechanismen der Zensur und Selbstzensur eiserne Ringe vom Herzen. Spuren gewaltsamer und selbstgewollter Eingriffe in Lebensläufe, in Geschriebenes und Ungeschriebenes zeichnen sich in diesem Band noch sehr verhalten ab. Auch das wird Zeit brauchen. Selbstbehauptung stellt sich dar als Kernstück der in der DDR gelebten Jahre.»

Es ist alles sehr viel komplizierter, bescheidener auch geworden in diesem Band als in den mir vertrauten Romanen der früheren Jahre. Hoffnung – gibt es sie überhaupt noch in diesen Texten? Es gibt Hoffnung, aber ausdrücklich nicht mehr auf die Umsetzung vorgegebener Visionen, Utopien, sondern Hoffnung auf das «*Selbstdenken*». Das ist eine neue Vokabel. Und dann kommt jählings die Aufdeckung des Fremden im Eigenen. Eine gänzlich unerwartete Wendung des Vorworts von «Gute Nacht, du Schöne»:

«Die Autorinnen fühlten sich auch aufgefordert, zur Sprache zu bringen, was ein damals mutiges und redliches Buch wie Maxie Wanders Frauenprotokolle nicht leisten konnte: verschwiegene DDR-Realität darzustellen. ‹Guten Morgen, du Schöne› hatte in der DDR ein dort unbekanntes, düsteres Pendant in den ‹Hohenecker Protokollen. Aussage zur Geschichte der politischen Verfolgung von Frauen in der DDR›, hrsg. von Ulrich Schacht, Zürich 1984. Erst vor wenigen Wochen bekam ich diese Protokolle in die Hand, dank der Leipziger Grafikerin Angelika Pohler, die seit Anfang der achtziger Jahre infolge ihrer Teilnahme an den Leipziger Friedensgebeten und ihres christlichen Engagements den Machtapparat von Staatssicherheit und SED aus bedrohlicher Nähe kennenlernte. Ich erwähne die Vermittlerin des Buches (...) wegen der wiederholten, bestürzenden Erkenntnis, wie stark Versuchungen waren, Unbequemes und Beunruhigendes dem eigenen Gesichtskreis fernzuhalten.»

An dieser Stelle des Vorworts mußte ich eine Pause einlegen. «...wie stark Versuchungen waren» – sind –, «Unbequemes und Beunruhigendes dem eigenen Gesichtskreis fernzuhalten». Ich habe in der Tat viel lieber von den idealistischen Hoffnungsträgern der Brigitte Reimann gehört und deren Schwung in mir wiederentdeckt. Ich höre sehr ungern von diesen Aufdeckungen unterhalb der Visionen von einer herrschaftsfreien Gesellschaft, denn diese Aufdeckungen konfrontieren mich mit meinem Schatten, meinem Bedürfnis zu beschönigen, meinem Wegsehen vom Fremden, Unerwünschten in mir. Meinem Untergrund, wie Dostojewski das in einer Erzählung nennt. Und wie es Wolfgang Hilbig in seinem soeben erschienenen Roman eines Stasi-Spitzels, «Ich», ins Bild setzt: Der Informant hält sich mit Vorliebe auf in den unterirdischen Kellergängen, unterhalb der Häuserblocks von Berlin. Von diesem DDR-Untergrund muß ich nun also Kenntnis nehmen, spätestens bei der Lektüre des Vorworts zu «Gute Nacht, du Schöne».

«Im erzgebirgischen Stollberg befindet sich in der mittelalterlichen Burg Hoheneck ein Frauengefängnis (von 1933–1945 SA-Konzentrationslager), das Bestandteil einer verbotenen DDR-Realität und literarischen Wirklichkeit gewesen ist. Es genügten, wie im Falle der 1954 in Sömmerda/Thüringen geborenen Helgard Krumm, eine Weigerung – vielleicht in der 8. Klasse –, der Gesellschaft für Deutsch-Sowjetische Freundschaft beizutreten, und später vielleicht ‹pazifistische Äußerungen›, um abgestempelt zu bleiben. Helgard Krumm wurde nach Veröffentlichung eines Zeitschriftenbeitrags in der Bundesrepublik über ihre eigenen Erfahrungen wegen ‹staatsfeindlicher Hetze› und ebensolcher ‹Verbindungen› zu vier Jahren Haft auf Hoheneck verurteilt. Das war 1977. In demselben Jahr, in dem ‹Guten Morgen, du Schöne› erschien. Solche Gleichzeitigkeiten vermitteln nur andeutungsweise das Dilemma von Schreibenden, die mehr sahen, wußten, durchschauten, als sie schrieben (...).»

Diese Herausgeberin kann die von ihr versammelten Beiträge nicht mehr verstehen im Sinne beschwingenden «Vorgefühls» einer solidarischen Gemeinschaft, sondern sie versteht sie, nüchtern und redlich, wegen ihres offensichtlichen Fragment-Charakters als «Vorarbeit» für künftige Arbeiten.

Nun zur «stellvertretenden Demontage» von *Christa Wolf*, die dazu geführt hat, daß diese Autorin trotz ihrer Bereitschaft dann doch nicht vertreten ist im Band «Gute Nacht, du Schöne».

In einem der Briefe des schon genannten Briefwechsels «Sei gegrüßt und lebe» schreibt Christa Wolf für Brigitte Reimann zwei Sätze der Romantikerin *Rahel Varnhagen* auf, die sie «ziemlich richtig» findet:

«Ich bin überzeugt, daß es mit zum Erdenleben gehört, daß jeder in dem gekränkt werde, was ihm das Empfindlichste, das Unleidlichste ist: Wie er da herauskommt, ist das Wesentliche.»

Sie fährt fort:

«Nun ist ja, wenn wir überraschend gekränkt, enttäuscht, betrogen werden, immer auch Realitätsverkennung von unserer Seite daran schuld: mag sie noch so sympathisch, verständlich, liebenswert, vielleicht sogar edel gewesen sein – jedenfalls geht jeder Täuschung (fast) eine Selbsttäuschung voraus. Und selbst täuschen wir uns ja mit Vorliebe in Dingen des Gefühls, die uns am nächsten gehen; wir täuschen uns da manchmal fast mit Absicht, nicht?»

Und dann wiederholt sie, was auch Rahel Varnhagen ohne jedes Selbstmitleid hinzugefügt hatte, noch einmal selbst:

«Wie man da herauskommt, ist das Wesentliche: Ob verbittert, knitterig, todtraurig, mißtrauisch – oder ob einfach ein bißchen nüchterner und reifer. Was allerdings eine schwere innere Arbeit ist.»

Christa Wolf bezog sich mit diesen Worten ohne jedes Selbstmitleid auf die beunruhigenden Sachverhalte, die sie gegen Ende der 70er Jahre bei der Veröffentlichung ihres Romans «Nachdenken über Christa T.» mit der Kulturbürokratie der DDR erlebt hatte: Wie sie monatelang das Buch «durch alle möglichen öffentlichen und nichtöffentlichen Auseinandersetzungen zerren, ohne daß irgendein Mensch mir je ein Sterbenswörtchen sagen würde: Warum plötzlich der Fertigungsprozeß gestoppt wurde, warum dann die Auflage herabgesetzt» wurde, wie sie an Brigitte Reimann schreibt. Die hierzulande gern als «Staatsdichterin» Bezeichnete erlebte ihre Rechtlosigkeit: «Das Erlebnis ‹Die Hände weggeschlagen› ist eines meiner Grunderlebnisse der letzten Jahre», schreibt sie in demselben Brief.
Nachzulesen ist die Veröffentlichungsgeschichte des Romans jetzt in dem *Dokumentationsband zu «Nachdenken über Christa T.»*, der bezeichnenderweise genauso umfangreich ist wie der Roman selbst und der auch «Aufzeichnungen aus dem Untergrund» heißen könnte.

Wenn ich darüber nachdenke, was mir am meisten fehlen würde, gäbe es Christa Wolfs Bücher nicht, so fällt mir als erstes dieser Roman ein. Darin will die Erzählerin eine verstorbene Freundin nicht dem Vergessen durch «ungenaue Erinnerung» überlassen. Christa T. hat mich immer an ein Bild von Paula Becker-Modersohn erinnert: Auf dem stapft ein Mädchen durch einen Wald und bläst dabei, ganz allein vor sich hin, Trompete. Denn zu den Besonderheiten von Christa T. gehört, daß sie gelegentlich mitten auf der Straße, durch eine gerollte Zeitung, unbekümmert um das Schickliche, urige Töne ausstieß. Sie blies Trompete, hieß das bei den Freundinnen, und die Erzählerin sah darin einen Ausdruck des Wesens von Christa T. – daß sie nämlich «eine Vision von sich hatte».

Wie Erzählen von einem anderen Menschen nicht Vereinnahmen und Besserwissen sein muß, sondern behutsame Berührung, dankbare Spiegelung sein kann – das hatte sich mir eingeprägt. Und auch, daß die Erzählerin beim erinnernden Hervorrufen der andern Frau wieder ihrer selbst gewiß wird, so, als rufe sie zugleich abgespaltene, verdrängte Anteile von sich selbst mit hervor. Auch sie will sich eingestehen dürfen, grenzenlos enttäuschbar und enttäuscht zu sein vom Auseinanderklaffen der utopischen gesellschaftlichen Entwürfe und der gesellschaftlichen Wirklichkeit ihres Landes. Auch sie will so fragen, wie die Freundin gefragt hatte: «Lebst du jetzt, wirklich? In diesem Augenblick, ganz und gar?» Und: «Wann, wenn nicht jetzt?»

Anna Mudry hat das Buch anders gelesen als die Zensoren ihres Landes und die begeisterten Kritiker im Westen. Nämlich so: Christa Wolf habe das beiseitegeschobene «bißchen Ich» verteidigt und formuliert, daß der Mensch sich wieder wertvoll werden solle. Und:

«‹Nachdenken über Christa T.› öffnete uns die Augen für die ‹unverbrauchten Empfindungen› der Frauen, für die nichtverschlissenen Möglichkeiten der Nichtanpassung, für Spontaneität als weibliche Stärke. (...) Maxie Wanders Protokolle weiblicher Solidarität und gestärkten Selbstbewußtseins wären ohne Christa Wolfs Anstöße, der Aggressivität und Autorität einer bestimmten männlichen Spezies weibliche, selbstbewußte Stärke entgegenzusetzen, nicht denkbar gewesen.»

Diese Lesart wird meines Erachtens dem Buch gerecht. Die offiziellen Kritiker in Ost und West hingegen lasen es, als sei es einzig ein Container zum Transport von politischen Stellungnahmen der Autorin. Sie hielten die Passagen hoch, die Systemkritik enthielten – anklagend im Osten, triumphierend im Westen. Die offiziellen Rezensenten interessierte nicht, daß Christa T. für die Erzählerin eine befreundete Fremde war, die so viele weibliche Lebensentwürfe wie möglich ausprobieren wollte – das Schreiben war einer davon –, und daß Christa T. sich etwas bewahrt hatte von Eigenem mitten in all den Parolen der Selbstaufgabe zugunsten des Kollektivs. Der Tod der Heldin am Schluß wurde von beiden Parteien – wieder: triumphierend im Westen, anklagend im Osten – als Absage an die Lebensmöglichkeiten in der DDR für einen sensiblen Menschen verbucht.

Der Dokumentationsband enthält (mit Christa Wolfs Genehmigung) auch ihr Zugeständnis an die Forderungen des Schriftstellerverbandes, nun aber eindeutig Stellung zu beziehen. Unter der Überschrift «Notwendige Feststellung» ist da zu lesen:

«Alles, was ich bisher geschrieben habe, nicht zuletzt dieses Buch, entstand aus Parteinahme für die sozialistische Gesellschaft, in der ich lebe. Es käme mir nicht in den Sinn, die Verantwortung, die meine Leser mir hier übertragen, gegen die Unverbindlichkeit einzutauschen, die man im Westen so häufig mit Freiheit verwechselt. ‹Unter den Tauschangeboten war keins, nach dem auch nur den Kopf zu drehen sich lohnen würde.› Nicht nur dieser Satz scheint in den Exemplaren, die jenen Kritikern in die Hände gefallen sind, zu fehlen; er ist aber ein Schlüsselsatz…»

Hier erklärt Christa Wolf das ihr entgegentretende Fremde, den politischen Zwang zur unkritischen Anpassung, als das Eigene – ganz im Gegensatz zu ihrer Romanfigur Christa T., der sie mit diesem Zugeständnis letztlich dann doch auf den Weg der Veröffentlichung in der DDR verhalf.

Im Tagebuch notiert sie zur gleichen Zeit:

«Mein Interview für den ‹Sonntag›: Festhalten an und Bestehen auf alten Idealen und Positionen, die von der Wirklichkeit längst abgeschafft sind: daß das Ziel der Geschichte die Selbstverwirklichung des Individuums ist, z.B. So tun, als ob man nicht sähe, wohin der Trend geht: aus taktischen Überlegungen, aber auch aus dem grundlegenden Gedanken heraus, daß man vielleicht etwas schafft, wenn man einen Wunschgedanken beharrlich wie etwas Gegebenes wiederholt: Sie können ja nicht widersprechen. Aber: ein Stimmchen gegen das ganze Getöse?»

«...einen Wunschgedanken beharrlich wie etwas Gegebenes wiederholen» – damit trägt Literatur nun in der Tat bei zur *Beschönigung* der Realität, während sie noch zu deren *Veränderung* beizutragen hofft. Auch so kann Hoffnung zur Falle werden. Die Herausgeberin des Dokumentationsbandes, eine Generation jünger als Christa Wolf, gibt eine andere Begründung für ihre eigenen Anpassungsleistungen:

«Wir nahmen an, daß wir die Verhältnisse durch unser Engagement etwas aufweichen und Demokratisierung und Öffnung gegen den Widerstand der Machtträger erlisten könnten. Die Falle, die uns zum partiellen Funktionieren zwang, war nicht unser Einverständnis mit diesem Staat – der wurde sehr nüchtern und illusionslos analysiert –, sondern die von uns nie grundsätzlich in frage gestellte Utopie Sozialismus, deren Verwirklichung ja von irgendwo ihren Ausgangspunkt nehmen mußte, warum nicht vom real existierenden Sozialismus.»

Hier begegnen wir ihm noch einmal, dem Bild von der Falle – bezogen auf die Utopie Sozialismus.

Was die selbstgerechten Feuilletonchefs hierzulande als «Literaturstreit» gegen Christa Wolf inszenierten, nahm all das nicht zur Kenntnis, was in den Texten dieser Autorin selbst mit der eigenen Anpassungsbereitschaft und Angst vor Ausgegrenztwerden ins Gericht geht. Übrigens hat sie auch vor dem Schriftstellerverband bei späteren Anlässen, wie hier ebenfalls dokumentiert wird, durchaus gegen verordnete Maßnahmen öffentlich entschieden Stellung bezogen. Diejenigen, die Christa Wolf so vehement verurteilten, daß sie der zuvor auch hier Hochgeehrten (zum Beispiel mit dem Büchner-Preis Ausgezeichneten) nach der Wende mitsamt den moralischen Qualitäten sogar die Fähigkeit zu schreiben absprachen – diese kritischen Kritiker haben nicht ein einziges Mal in sich selbst hineingesehen. *Die Frau* Christa Wolf wurde zum Sündenbock gemacht, in ihr wurde als «fremd» all das attackiert, was in der Selbstwahrnehmung übersehen, entschuldigt oder sogar gebilligt wird. Interessant ist, daß Autoren wie Heiner Müller oder Volker Braun diese Sündenbockrolle durchaus erspart wurde. Die auf breiter Front geführte Attacke gegen Christa Wolf ist auch deshalb so fatal, weil dadurch der Diskussion entzogen wird, daß diese Autorin in ihren Texten seit «Christa T.», in «Kindheitsmuster», «Kassandra» und den «Kassandra-Vorlesungen» sowie «Störfall» genau das tut, was Hans-Joachim Maaz fordert – auch er nennt ihre Texte nicht –: das Aufspüren des inneren Faschismus, die eigene Mittäterschaft. Alles das, was Christa Wolf an praktischer psychoanalytischer Arbeit in ihren Texten leistet, wird um seine Wirkung gebracht. Ihre Schrift wird im öffentlichen Bewußtsein gelöscht. Wer sie vor der Wende geschätzt hat, soll sich seit der Wende schämen. Statt ihre Texte zu lesen, mit neuem Blick wieder zu lesen, wird die Person durch- und durchleuchtet. Die Person wird demontiert; die modellhafte Selbst- und Gegenwartserkenntnis, die in ihren Texten enthalten ist – zum Beispiel Fragen und Einsichten wie «Wie sind wir so geworden, wie wir heute sind» und «Geliebtwerden heißt Gehorchen» –, wird ignoriert oder diffamiert.

Das für mich unvergeßlich Eindrucksvolle war, wie die Zunft der Literaturkritiker mit Christa Wolfs letzter Buch-Publikation, «Was bleibt», umging: Statt einer Auseinandersetzung publizierten sie nach offensichtlich oberflächlichster Lektüre einhellig und unverzüglich schärfste Aburteilung – das war der Tiefpunkt des sogenannten «Literaturstreits» (was eine allzu schmeichelhafte akademische Bezeichnung ist).

Dabei hatte sich die Autorin längst selbstkritisch mit sich auseinandergesetzt. Schon in ihrem Buch «Kindheitsmuster» hatte sie begonnen, ihre Verstrickung in schweigende Schuld, in Schuld durch Schweigen bloßzulegen. Zu den Kindheitsmustern – in der Familie eingeübt –, gegen die sie sich mit den Mitteln ihres Berufes, dem Wort, aufbäumt, gehören Verstellung und Selbstzensur, Verleugnung unerwünschter Einsichten – und immer wieder Angst vor Wissen.

Im Roman «Kindheitsmuster» gibt es diese Situation, in der die Erzählerin bei ihrer ersten, kurzen Reise in ihre Heimatstadt, die heute polnisch ist, nachts im Hotel wachliegt.

«In dieser Nacht in der fremden Stadt mit ihren fremdsprachigen Geräuschen begreifst du, daß die Gefühle sich rächen, die man sich verbieten muß, und verstehst bis ins einzelne die Strategie, die sie anwenden: Wie sie, indem sie selbst sich scheinbar zurückziehen, benachbarte Empfindungen mit sich nehmen. Nun verbietet sich schon nicht mehr nur die Trauer, das Weh – auch Bedauern ist nicht mehr zugelassen und, vor allem, die Erinnerung. (…) Die Linien – Lebenslinien, Arbeitslinien – werden sich nicht kreuzen in dem Punkt, der altmodisch ‹Wahrheit› heißt. Zu genau weißt du, was dir schwerfallen darf, was nicht. Was du wissen darfst, was nicht. Worüber zu reden ist und in welchem Ton. Und worüber auf immer zu schweigen.»

In der Erzählung «Was bleibt» – gleichzeitig mit ihrer Erzählung «Kein Ort. Nirgends» begonnen, also noch vor der Wende – geht es ebenfalls um eine einschneidende Erfahrung von Fremdheit, hier aber mitten im vertrauten Umfeld, der Wohnung an der Friedrichstraße in Berlin. Ich lese «Was bleibt» als einen Beitrag zu dem, was Hans-Joachim Maaz in seinem großen Essay «Gefühlsstau» als «psychische Revolution» fordert: zunächst einmal die eigenen Kränkungen und Verletzungen bloßzulegen, die Enttäuschungen einschließen und Schuldgefühle auch. «Was bleibt» ist gerade nicht ein ebenso weinerliches wie läppisches Herzeigen von Stasi-Überwachung einer linientreuen Dichterin, wie als Erledigung dieses Textes behauptet wurde. Sondern hier versucht wiederum eine an den Mitteln ihres Berufes, den Worten, irregewordene Schriftstellerin sich Rechenschaft abzulegen über ihr Vertrautes und ihr Fremdes. Das hat sich unversehens vertauscht. Vertrautes wurde fremd, im Fremden erkennt sie Eigenes. – In ihrem Roman «Kassandra» schon kann sie sich nicht länger darüber hinwegtäuschen, daß «die Ihren» nicht die Ihren sind, der Vater nicht ein Vater, sondern ein eiskalter Machtpolitiker, der keinen Widerspruch duldet und die Nein-sagende Tochter für wahnsinnig erklären und einsperren läßt. In «Was bleibt» findet sich dasselbe schockartige Innewerden des Fremden im Eigenen – ein Zuhause erweist sich als Fremde. Das macht nicht halt vor der Wahrnehmung des eigenen Inneren. Die Schriftstellerin in «Was bleibt» sucht Unterstützung durch Vertrautes in dieser Fremdheitserfahrung: Namen wie Anna Achmatowa, Bert Brecht und sein «Galilei» sollen das Überrolltwerden durch Fremdes aufhalten. Auch *Wolf Biermann* wird herbeigerufen. Sein Name fällt nicht, aber sie berührt leicht den preußischen Adler auf der Weidendammerbrücke mit der Hand und ruft mit dieser Geste in ihren Text hinein Biermanns Lied vom «Preußischen Ikarus», das der damals noch in Berlin Ansässige trotz Schreibverbots verfaßt hatte und dessen zweite Strophe so lautet:

> «Der Stacheldraht wächst langsam ein,
> Tief in die Haut, in Brust und Bein,
> Ins Hirn, in graue Zelln –,
> Umgürtet mit dem Drahtverband
> ist unser Land ein Inselland,
> umbrandet von bleiernen Welln.»

Zum Schluß singt Biermann:

> «Und wenn du wegwillst,
> mußt du gehn,
> Ich hab schon viele abhaun sehn,
> Aus unserm halben Land,
> Ich halte mich fest hier, bis mich kalt
> Dieser verhaßte Vogel krallt,
> Und zerrt mich übern Rand.
> Dann bin ich der preußische Ikarus,
> mit grauen Flügeln aus Eisenguß,
> dann tun mir die Arme so weh,
> Dann flieg ich hoch –
> dann stürz ich ab,
> mach bißchen Wind –

dann mach ich schlapp,
am Geländer über der Spree.»

Ja, so kraftvoll kann ein Wolf Biermann mit der stützenden Gitarre in der Hand schlappmachen. Christa Wolf kann das nicht so. Sie macht das Schlappmachen auf leisere, selbstkritischere Weise deutlich. Ihre Erzählung stellt es in den Mittelpunkt, als die Folgen der Zensur im eigenen Inneren, das «Reden immer am wahren Text vorbei».

Die Stasi auf dem Parkplatz gegenüber ihrem Fenster, in ihren Autos, die sie hinter der Gardine anstarrt, das sind für sie immer noch die Stasi-Jungen: Sie will sie nicht verteufeln als das ganz andere, das Fremde. Schon in «Kindheitsmuster» hat sie versucht, «die Wächter vor den Toren des eigenen Bewußtseins abzuziehen». Und hier, in diesem Text geht sie noch viel weiter mit dieser rücksichtslosen Erkennung des Fremden als Teil des Eigenen, so wie es Thomas Mann seinerzeit mit seinem Essay versucht hatte, der den nicht anbiedernd, sondern aufklärerisch gemeinten Titel trägt «Bruder Hitler».

Sie tut wirklich genau das, was Maaz als Weg aufzeigt, um den Gefühlsstau zu durchbrechen: indem sie den eigenen Anteil erkennt an dem, was ihr angetan worden ist. Sie gesteht sich mit zerreißendem Schmerz die Affinität und Verwandtschaft in ihr selbst ein zu dem, was ihre Stadt zu einer fremden gemacht hat. Die Stasi-Jungen werden ihr zum Sinnbild ihrer Stadt. Sie will fast den Martin Luther beneiden, der ungebrochen hassen konnte: «Glücklicher Mensch, der seinen Erzfeind aus sich herausstellen kann (…) Was mir fehlte, war wahrscheinlich ein gesunder nivellierender Haß.» Die hatten doch längst in sie Einzug gehalten, die Genossen Bewacher. Und dann kommt es wie ein Schrei mitten in der Prosa:

«Wir, angstvoll doch auch, dazu noch ungläubig, traten immer gegen uns selber an, denn es log und katzbuckelte und geiferte und verleumdete aus uns heraus, und es gierte nach Unterwerfung und nach Genuß.»

Daß die verachtungsvollen, achtlosen Kritiker diese Geschichte haben lesen können als Ausdruck eines unbelehrbaren und unpolitisch in die Innerlichkeit flüchtenden guten Gewissens, dokumentiert eine Abwehr, deren Massivität mich aufhorchen läßt.

Der Text ist von Schmerz, Unsicherheit und Sprachverstörung beschädigt. Hoffnung kennt er als beruhigende Falle keine Zeile lang. Hoffnung taucht einzig auf als aufrüttelnde Gewißheit in zwei kurzen Momenten: in Gestalt eines jungen Mädchens, das mutig den Verführungen zur Selbstunterdrückung bisher widerstanden hat, und in Gestalt der Publikumsrunde nach der Lesung der Autorin: Da ereignet sie sich, eine wache aufmerksame Weise, miteinander zu reden, nicht mehr «am wahren Text vorbei». Die Zensoren draußen und in der eigenen Brust sind für eine kurze Zeit entmachtet. Daß sie das Ganze beendet mit einem Halt-Suchen wiederum bei einer Schriftsteller-Kollegin, das will ich nur andeuten. Mit der Gedichtzeile «Mit meinem Mörder Zeit bin ich allein» beschwört sie Ingeborg Bachmann in den Raum der Fremde hinein, als eine Frau, deren Sprache sie spricht und versteht.

«Was bleibt» – dieser Text wird bleiben als Dokument einer Selbstbehauptung mitten in der schockhaften Wahrnehmung des Fremden im Eigenen, und dabei ist das Psychische drinnen vom Politischen draußen gar nicht abzutrennen.

Wie verarmend es sich auswirkt, wenn es bei dem großen Mißtrauen gegenüber jeder Hoffnung und jedem gesellschaftlichen Entwurf bleiben würde, läßt sich an vielen Texten seit der Wende zeigen. Ich wähle aus ihnen das instruktive Beispiel, das für mich die Bücher von *Monika Maron* enthalten.

Monika Maron war in der DDR selbst Journalistin der «Wochenpost», und sie weiß, wovon sie spricht: In ihrem ersten Roman «Flugasche» kämpft sich die Journalistin Josefa Nadler hindurch durch Vorschriften und Verbote; sie läßt sich nicht entmutigen: Sie will die Wahrheit über ein defektes Kraftwerk schreiben, über die verheerenden Arbeitsbedingungen für die, die im Arbeiter- und Bauernstaat angeblich die «herrschende Klasse» sind und die faktisch in dem von Abgasen verseuchten Ort B. (Bitterfeld) ihre Gesundheit ruinieren lassen müssen.

Sie trifft auf die Amtsanmaßung der Funktionäre und deren perfekte Abschirmung von der Wirklichkeit; sie entdeckt, daß entgegen allen humanitären Parolen die Funktionäre in Wirklichkeit die herrschende Klasse sind; unzugänglich jeglicher Kritik, in abgeschotteten Machtzentren nur mit Ihresgleichen kommunizierend, nehmen sie selbstherrlich für sich das Recht in Anspruch zu definieren, was «Wahrheit» ist. Die Auseinandersetzungen innerhalb des Buches beben vor Empörung der Autorin über den Verrat an einer menschenwürdigen Idee, über die Verhunzung der Idee Sozialismus durch zynischen Mißbrauch. Und dabei wird der engagierten Journalistin vorgeworfen, SIE sei es, die ihre Gesellschaft an den Klassenfeind verrate mit ihren nest-beschmutzenden Enthüllungen. Sie kann nicht fassen, daß die Aufforderung: Mitplanen, Mitdenken nur eine Phrase ist. Sie zieht sich zurück, auch von ihren Kollegen der Anmaßung geziehen. Aber am Ende gönnt uns die Erzählerin ein Erfolgserlebnis: Das stinkende Kraftwerk wird in der Tat stillgelegt. Diesen Roman hat Monika Maron in der DDR nicht veröffentlichen können; 1981 erschien er hierzulande. 1988 ging sie mit Mann und Sohn in den Westen.

In ihrem zweiten Roman, mit dem sprechenden Titel «Die Überläuferin», hat Monika Maron, nun mit Wohnsitz Hamburg, alle Schreibprogramme und -vorschriften ihrer Vergangenheit schwungvoll über Bord geworfen. Sie verweigert sich der Forderung nach positiver gesellschaftlicher Relevanz von Literatur. Die Beine ihrer Heldin Rosalind sind hochsymbolisch gelähmt, so daß sie beim besten Willen keiner «Dienstverpflichtung» mehr nachkommen, zu keinerlei gesellschaftlich nützlicher Arbeit mehr gezwungen werden kann. Aber alles, was sie dann voller Muße mit ihrer Zeit anstellt, scheint mir nur eine Pflicht mit umgekehrtem Vorzeichen zu sein. Ich fühlte mich bei dieser Rosalind erinnert an sehr streng gehaltene Kinder, denen die Phantasie ausgetrieben worden ist und die, kaum haben die Eltern das Haus verlassen, sich verpflichtet fühlen, nun in bemühter Anarchie das Haus auf den Kopf zu stellen. Brave Kinder, die lauthals behaupten, daß sie Böse Kinder seien. In den Tagträumen der im Bett Liegenden ist alles in Zitat und Collage postmodern beliebig, nichts ist notwendig.

Hier lauert gewiß keine Hoffnung mehr am Weg als Falle. Ein Blick zurück auf ihren vorangegangenen Roman «Flugasche» macht deutlich: Der alte Sinn-Horizont ist hinfällig geworden, ein neuer ist nicht in Sicht. Jetzt fehlt die Reibungsfläche. Für die Autorin scheint mit dem Verrat an der sozialistischen Idee auch die Idee selbst hoffnungslos zerstört zu sein. Sie sieht keine Spannung mehr von Anspruch und Erfüllung; sie verordnet sich Gleichmut, verbietet sich Trauer und Wut. Was als neugewonnene Freiheit ausgefüllt werden müßte, findet fürs erste keine andere Gestalt als die Beliebigkeit. «Die Unverbindlichkeit, die man im Westen so oft mit Freiheit verwechselt», hatte Christa Wolf geschrieben. In der Tat: So sieht sie hier aus.

In ihrem bisher letzten Roman aus dem Jahr 1991, «Stille Zeile Sechs», hat Monika Maron ihrer Heldin Rosalind erlaubt, das Bett wieder zu verlassen. Trauer wird ihr zwar immer noch nicht zugestanden, dafür aber Wut. Sie wird als Tochter präsentiert, die abrechnet mit ihrem Vater. Der ist zwar schon lange tot, aber für sie steht er gleichsam wieder auf in einem repräsentativen DDR-Funktionär. Nach Arbeit ist ihr immer noch nicht zumute, sie bemüht sich immer noch, allerlei ausdrücklich spielerische Allotria im Sinn zu haben – aber aus Gründen des Geldmangels hat sie sich nun doch stundenweise verdingt: an Beerenbaum, die Vaterfigur, den alten Genossen, von dem sie sich seine Memoiren gegen Geld diktieren läßt. Bezugspunkt ist die Vergangenheit, die gemeinsame. Aber während er sie genießt, Phrase um Phrase noch einmal auskostet, wird ihr daran schmerzlich deutlich, was sie nicht mehr erträgt, die Leere der Wörter, deren Gehalt zur Lüge verkam, die vorgestanzten Sprach- und Denkschablonen der herrschenden alten Männer. Sie hat sie alle noch als Vater-Sätze im Kopf, so, daß sie seine Sätze selbst zu Ende schreiben kann. Es kommt dann zum großen Ausbruch, in dem sie diesem Vater-Stellvertreter endlich ihre Wut entgegenschreit. Die Vaterfigur als Inbegriff des fremden Vertrauten, des vertrauten Fremden. Sie kann ihn nicht umbringen, höchstens im Kopf, in ihren Vorstellungen – sie kann ihm nur die Gefolgschaft endgültig aufkündigen.

Was hat sie eigentlich an Eigenem? Ihr scheint, sie müsse noch einmal ganz von vorn anfangen: noch nicht morgen, aber übermorgen. «Morgen war noch nicht mein Tag. Übermorgen war der Tag nach Beerenbaums Tod.»

Auch dieses Buch ist im Vergleich zu jenem ersten, «Flugasche», ein Ausdruck von dem Zustand, den Christa Wolf in ihrem Roman über Kleist und die Romantikerin Karoline von Günderrode «Kein Ort. Nirgends» nannte. Der neue Ort ist noch nicht gefunden.

Zum Abschluß möchte ich Ihnen zwei kurze Absätze vorlesen aus dem Band «Gute Nacht, du Schöne», von den Schriftstellerinnen Brigitte Burmeister und Anna Mudry:

«Ich gehöre zu denen, die an die Chance für einen demokratischen Sozialismus geglaubt, die sich also geirrt haben. Dies zu sehen und Realitäten anzuerkennen, ist für mich indes nicht mit einem Wechsel meiner Wertbegriffe samt der dazugehörigen Gefühle, Wünsche, Hoffnungen verbunden. (...) Ein altes Lied, nicht wahr, und bar jeden Sinnes für das Machbare. Aber die Vernunft eines Wunsches, einer Hoffnung entspringt nicht dem Augenmaß der Realpolitik, sondern der erlebten Unvernunft von Verhältnissen, die man zu ändern wünscht. Das gilt auch in veränderten Verhältnissen, wie wir sie jetzt haben.» Und: «Der Traum von sozialer Gerechtigkeit überdauerte Skepsis, Ernüchterungen und persönliche Rückschläge. Das ist *auch* unsere DDR-Geschichte, die wir mit uns herumtragen werden» –

Und, setze ich hinzu, die wir im Westen mit aufnehmen sollten in unsere ach, so realistische Seh- und Denkweise.

Verena Kast

Angst und Faszination
Emotionen in bezug auf das Fremde

Ausgerichtet auf das Fremde
Gastfreundschaft – Inzestverbot – Kultur

Dem Fremden wird mit Mißtrauen begegnet – und doch auch mit einer gewissen Erwartung. Was bringt er, was bringt sie aus der fremden Welt? Infragestellung des Gewohnten, Verderben, Krankheit, Tod oder aufregende Nachrichten, Bereicherung? – Das ersehnte ganz Andere?

Früher – und das kennen wir noch aus den Märchen – wandelten Götter häufig als unerkannte Fremdlinge auf dieser Welt. Je nach Aufnahme, die sie fanden, verteilten sie Lohn oder Strafe: wurden sie – unerkannt natürlich – gut aufgenommen, wurden dem Gastgeber oder der Gastgeberin drei Wünsche erfüllt. Man war also gut beraten, jeden Fremdling gut aufzunehmen, denn man wußte nie, ob sich im Fremdling nicht ein Gott verbarg. In jedem – besonders in den sehr sonderbar aussehenden Fremden – durfte man den Gott vermuten. Und besonders um Weihnachten herum konnte, mußte man mit dem fremden Gast rechnen. Oder anders gesehen: in jedem Gast, für den ein Platz am Tisch freigehalten, mit dem das Essen geteilt wurde, konnte der Gott vermutet und gesehen werden.

Einer der bekannten geheimnisvollen Fremden des Islam war Khidr[1]; er kannte die Zukunft, wurde mit dem Wasser des Lebens in Verbindung gebracht und daher auch der «Grünende» genannt, der, der nie alt wird und nie stirbt, der, der die stetige Veränderung im Gange hält. In jedem Fremden konnte/kann Kidhr verborgen sein. In der Begegnung mit jedem Fremden und mit jeder Fremden könnte man die Qualitäten erleben und für sich selbst beanspruchen, die in Khidr zum

Ausdruck kommen: das Wasser des Lebens, das Grünen, die Veränderung, die Wandlung könnten durch die Begegnung mit dem Fremden erfahren werden. Khidr wird von einigen muslimischen Menschen noch heute immer wieder als Gast erwartet, dies ganz besonders in der Wüste.

Die Idee der Gastfreundschaft ist zutiefst der Überzeugung verpflichtet, daß der Fremde uns etwas wesentliches Neues in unser Leben zu bringen hat, etwas, das so wesentlich ist wie ein Gott. Natürlich auch, daß er einbezogen werden muß, damit er uns nicht schadet, damit er uns vielleicht auch nicht zu sehr verunsichert.

Das Inzestverbot, das in den meisten Gesellschaften gilt, hat in sich auch schon die Ausrichtung auf das Fremde: es soll Fremdes in unser Eigenes hereingeholt werden, damit die Entwicklung gesichert ist.

Und es ist auch nicht zuletzt daran zu denken, daß unsere Kultur dadurch entsteht und sich immer weiter verändert, daß Fremdes einige Menschen fasziniert, daß diese in Kontakt mit ihm kommen und es in schöpferischen Gestaltungen allen Menschen, die dies wollen, zugänglich machen. Dabei wirken neue Strömungen zunächst immer fremd, sie befremden uns – und irgendwann gewöhnt man sich an sie, sie werden uns vertraut.

Das Fremde

Fremd ist uns nicht einfach, was wir noch nicht kennen. Fremd ist uns, was wir nicht kennen und was uns doch in beunruhigender Weise etwas angeht. Was zunächst fremd noch ist, uns anzieht, beunruhigt und vielleicht auch befremdet, erfordert Auseinandersetzung und langsame Annäherung, bis hin zur Eingemeindung. Fremd ist uns nicht einfach der andere Mensch, mit dieser Projektion würden wir es uns zu einfach und zu schwer zugleich machen. Das Fremde ist überall, und es geht uns in beunruhigender Weise etwas an. Das Fremde hebt ab gegen das schon Bekannte, gegen das Bewußte, gegen das, was uns schon Heimat geworden ist. Das Fremde verführt uns, unsere gewohnten Grenzen zu überschreiten, uns auf den Weg zu machen.

Und je mehr Freiheit wir haben, je mehr Möglichkeiten der Entscheidung wir im Alltag haben, je mehr Freiheit wir auch intrapsychisch haben, umso mehr Fremdem begegnen wir. Umso mehr werden wir fasziniert sein, oder uns ängstigen, oder die Faszination mit der Angst abwehren. Denn wenn ein Mensch mit dem Fremden in Beziehung tritt, hat sich seine oder ihre Identität bereits verändert. Und das kann Angst auslösen. Es wird zu fragen sein, was denn der Mensch, der Freiheit will und diese auch lustvoll zu erleben vermag, in seinem Identitätserleben braucht, damit er nicht aus lauter Angst vor dem Fremden wieder in eine umfassende Unfreiheit zurückfällt.

Das Fremde löst in uns Faszination und Angst aus, Angst und Faszination. Deshalb werde ich anhand dieser beiden Emotionen unser Verhältnis zum Fremden bestimmen, ich werde aber mit der Faszination beginnen, denn vor lauter Angst vor dem Fremden, geht leicht die Faszination verloren.

Die Faszination

Die Faszination ist das Gefühl, das uns in unbekannte Räume zieht und uns diese ergründen läßt, bis sie das Geheimnis für unser Leben freigeben. Das kann unter Umständen ein Leben lang dauern. Fasziniertsein heißt gebannt sein, gefesselt sein, es ist eine Form der passiven Aufmerksamkeit. In der Faszination kommt uns das Unbekannte, Fremde unabweisbar und mit großer energetischer Anziehung entgegen. Nur das Fremde vermag uns zu faszinieren, und in der Faszination sind wir vom Fremden angezogen und dem Fremden verbunden, sei das nun ein Mensch, ein Land, eine Idee, eine Fantasie; so lange sind wir fasziniert, bis dieses Fremde preisgibt, was es für uns in sich hat und was nur in der Interaktion mit uns oder in der Interaktion von uns mit diesem Fremden entbunden werden kann. In jeder Faszination begegnen wir letztlich uns selbst, gelingt es uns, uns nicht einfach von der Faszination wegtragen zu lassen, sondern aus dem, wohin die Faszination uns zieht, allmählich die Bedeutung für unser Leben herauszufinden. Dann weicht die Kraft der Faszination; aus der Faszination ist Vertrautheit, Anhänglichkeit, vielleicht Liebe geworden. Es gibt auch die gegensinnige Bewegung: indem um etwas an sich durchaus Numinoses zusätzlich ein Geheimnis gemacht wird, die Auseinandersetzung damit gerade unterbunden wird, wird versucht, eine Faszination künstlich so lang wie möglich aufrecht zu erhalten (religiöse Systeme, geheimnisvolle nicht näher zu bestimmende psychologische Theorien). Das gelingt aber nicht auf die Dauer: auch das läßt die Faszination erlahmen, denn Faszination lebt aus der Interaktion zwischen dem, was als numinos erlebt wird, und unserer Identität.

Die Faszination zieht uns aus dem Gewohnten, es ist ein Anruf des Unbekannten an uns selbst, mit einer ausgesprochenen Dringlichkeit und Heftigkeit. Das Ich kann sich diesem Gefühl nur schlecht entziehen. Das lateinische Wort «fascinare» wird mit «verzaubern», «verhexen» übersetzt. Es ist, als ob uns etwas ungefragt mit einem Bann belegen würde. Das kann auf der Ebene der Vitalität geschehen, aber grundsätzlich können wir fasziniert sein von allem, was es anzutreffen gibt auf dieser Welt. In der Faszination kommt uns aus der Mitwelt auch unsere Innenwelt entgegen. Und die Faszination verlangt vom Ich gebieterisch eine extensive Hingabefähigkeit. Verzaubert, gebannt – der «Faszinierte ist wie mit unsichtbarer Schlinge gebunden»[2], an der auch noch gezogen wird, deshalb sind auch die Motive der Leine, der goldenen Fäden oder Fesseln, durch die der Mensch gebunden und zugleich gezogen wird, Symbole, die mit Faszination in Verbindung stehen.

Wer oder was aber zieht uns? Wovon werden wir gezogen? Im Rahmen der verschiedenen Schulen der Tiefenpsychologie hat es sich eingebürgert, in diesem Zusammenhang vom Fremden in der eigenen Seele zu sprechen, von dem, was anzusehen ist, was bewußt zu machen ist. Dabei geht es um das Verdrängte, das wir nicht wahrhaben wollen, es geht aber auch um das, was in unserem Leben ansteht, um zukünftige Entwicklungsmöglichkeiten. Die jeweils konstellierten Inhalte unseres Unbewußten – nicht einfach das Unbewußte als Ganzes – üben diese Faszination aus, und lassen das Ich einen Zustand der Unfreiheit erleben. Jung spricht in diesem Zusammenhang von der Wirkung der Archetypen als vom «fascinosum et tremendum»[3]. Dies besonders im Zusammenhang mit den übergeordneten Archetypen des Selbst und von Anima und Animus. An anderer Stelle spricht er von Göttern oder von einem Gottesaspekt, mit dem der Mensch zusammenstößt.[4]

Wenn wir fasziniert sind, vergöttern wir auch jemanden oder etwas. Dabei kann das Ich dieses Numinose nicht bewältigen, sondern ihm gegenüber nur geöffnet sein, sich ergreifen lassen «im Vertrauen auf seinen Sinn»[5]. «Gezogen», angerufen sind wir in der Faszination von etwas, das auf jeden Fall über die jeweils bekannte Identität weit hinausgeht, und deshalb auch über sie hinausführt, uns daher auch in unserer Identität verunsichert und diese verändert. Zwar erlebt sich das Ich im Zustand des Fasziniertseins als belebt, als in Verbindung stehend mit etwas Bedeutsamem, das über das aktuelle Gewordensein dieses Ichs hinausgeht, gleichzeitig aber auch als besetzt von etwas, das unbedingte Hingabe zwingend erfordern würde. Ein ausgesprochen doppeltes Gefühl: ein Interesse, das entzückt, und uns selbst damit auch entzückend interessant macht – und ärgerlich. Es besteht keine Möglichkeit, der Faszination zu entgehen, außer man verdrängt sie, spaltet sie ab, verkehrt sie ins Gegenteil: in Langeweile.

Die Faszination macht Angst und wird deshalb auch eher kritisch gesehen. So sagt etwa Jung in «Psychologie und Alchemie»[6], die Gefahr, überantworte man sich dieser Faszination, bestehe in einer «Auflösung der Persönlichkeit» zum Beispiel in einzelne Komplexe. Das würde man heute als Ichspaltungen bezeichnen. Er empfiehlt die Unterscheidung des persönlichen Ich vom ewigen Menschen in uns, die Unterscheidung zwischen dem Ich und dem Unbewußten.[7] Praktisch hieße das, sich von der Faszination ergreifen zu lassen, sie zu gestalten, die Fantasien zuzulassen, die aus ihr erfolgen, und diese in eine Relation zur «alten» Identität zu setzen; das heißt, das in der Faszination Erlebte so weit als möglich in die alltägliche Welt zurückzubringen. Gefährlich wäre es, den faszinierenden Inhalten des Unbewußten kritiklos zu folgen. Ebenso gefährlich ist es, die Faszination total abzuwehren. Das käme einem Entwicklungsstillstand gleich, einer Situation, in der wir unser Leben gleichsam eingefroren haben – einem Zustand der Unlebendigkeit, der Depression, der Resignation –, das Fremde würde man dann nur noch in der Projektion auf die Fremden erleben, und dort bekäme es dann für uns einen bedrohlichen Charakter.

Es ist aber andererseits auch klar, daß der Mensch sich nicht unbegrenzt auf Fremdes einlassen kann – es muß ein sicherer Boden da sein, von dem aus man sich mit dem Fremden einlassen kann.

Die Faszination ist ein heftiges Gefühl, und nur als heftiges Gefühl vermag sie es, uns dem zur Gewohnheit Gewordenen zu entreißen. Die Faszination ist ein kraftvolles Gefühl, ein lustvolles und ärgererweckendes Gefühl zugleich, sie konzentriert unsere Energien, sie bringt uns in eine eindringlich eindringende Haltung. Die Faszination will von uns, daß wir, metaphorisch gesprochen, das Feuer aus dem Stein schlagen wollen. Faszination ist gleichsam die vitale Vorform des Eros, es fehlt ihr aber die Freiwilligkeit, die diesem eignet. Die Faszination ist auch nah bei der Sehnsucht anzusiedeln, auch in der Sehnsucht kommt uns aus unserer eigenen Seele das entgegen, was zur momentanen Ganzheit des Lebens fehlt, der Sehnsucht fehlt aber der zwingende Charakter, der die Faszination ausmacht.

Die Faszination holt uns hinaus in das Fremde unserer Persönlichkeit – und sie befremdet uns. Da sie die Wandlung unserer Identität zum Ziel hat, kann sie leicht zu Identitätsproblemen führen; dann ängstigt uns die Faszination, und wir wehren sie ab. Anders herum: Die Faszination hilft uns, die Angst vor dem Fremden zu überwinden, indem sie sie uns zunächst überspringen läßt. Irgendwann wird also doch wieder mit ihr zu rechnen sein, spätestens dann, wenn die Konsequenzen der Faszination sichtbar und spürbar werden. Ist die Angst zu groß, jetzt allgemein gesprochen aus Identitätsunsicherheiten heraus, und das gilt nicht nur für den einzelnen, so wird das, was eigentlich fasziniert, verteufelt oder als «verhext» beschrieben. Das muß aus der Qualität der Faszination zu erklären sein: Wenn die Faszination etwas Unbedingtes meint, dann kann sie – allerdings in einem alten Denkmodell, das durch Spaltungen, durch ein Hell-Dunkel-Denken gekennzeichnet ist – nur ein Gott oder ein Teufel sein. Vielleicht meint sie aber «bloß» die ganze Hingabe an das, was gerade fasziniert, und diese wird, je nach Standpunkt, vergöttert oder verteufelt. (Ich unterscheide zwischen Hingabe und Preisgabe.)

Die Angst vor der Faszination kann auch darin gesehen werden, daß wir uns nicht unsere wirklichen Faszinationen erlauben, sondern die gesellschaftlich erlaubten Faszinationen, die uns zum Beispiel einen Orientierungsrahmen geben, wie etwa bestimmte Ideologien. Und natürlich kann man sich beispielsweise auch fragen, was denn die Faszination durch materielle Werte bedeutet. Bedeutet sie wirklich, daß auch in diesen uns so wesentlichen materiellen Werten ein Geheimnis für uns ganz persönlich verborgen ist – oder könnte es sein, daß wir weitergehende Faszinationen auf die Materie projizieren, wo sie dann aber ihren speziellen Charakter verlieren? Die Faszination durch das Mütterliche etwa in seinen vielen Ausformungen als Projektion auf die Materie und auf materielle Dinge, die uns insgeheim dann mütterliche Geborgenheit geben müßten? Und weil sie es uns nicht geben, muß immer mehr davon her?

In der Faszination, solange sie nicht abgewehrt ist, zeigt sich uns das Fremde als das Ersehnte und doch auch als das etwas Gefürchtete, als das, was das Gewohnte verändern kann, neue Aspekte unserem Leben beifügen kann. Wir fürchten dabei um unsere alte Identität, obwohl wir auch wissen, daß diese dann am bedrohtesten ist, wenn wir die Veränderung nicht mehr zulassen. Wenn wir das Fremde nicht zulassen, entfremden wir uns am meisten von uns selbst. Dennoch entscheidet unsere mehr oder weniger sichere Erfahrung unserer eigenen Identität darüber, wie sehr wir uns dem Fremden aussetzen können, wie weit wir uns unseren Faszinationen überlassen dürfen.

Wem gelingt das einigermaßen? Wo können wir lernen? Psychologie kann auch so betrieben werden, daß wir uns überlegen, wo ein gewünschtes Verhalten gelebt wird. Dann kann man sich fragen, ob man dieses gewünschte Verhalten übertragen kann. Man kann auf Lernen setzen. Im Umgang mit dem Fremden haben schöpferische Menschen eine Modellfunktion. Ihnen gelingt es, aus der Faszination durch das Fremde, durch diese Faszination etwas Eigenes zu machen, das nicht nur für sie eine Bedeutung hat. Schöpferische Menschen haben nicht notwendigerweise eine bessere Identität als andere, aber sie sind möglicherweise mehr gewohnt als andere, ständig Identitätsprobleme zu haben, ständig neu auf der Suche nach ihrer Identität zu sein, nach ihr zu fragen und nicht anzunehmen, daß diese ein für allemal feststeht. Identität ist etwas, das ein Leben lang wird, Identität steht nicht ein für allemal fest, und es ist dem Phänomen der Identität angemessener zu wissen, daß wir ständig auf der Suche nach ihr sind, als eine Lebensaufgabe, statt daß wir sie als ein für allemal weitgehend feststehend begreifen. Auch sind schöpferische Menschen vielleicht eher gewohnt, mit Ichspaltungen zu arbeiten, indem sie vorübergehend ganze Bereiche ihrer Identität ausblenden, ohne das Gefühl der Einheit der Person zu verlieren. Sie sind angezogen vom Fremden und haben die Fähigkeit, sich vom Fremden betreffen und ergreifen zu lassen. Die innere Repräsentanz des Fremden ist bei ihnen bestimmt mehr von Neugier und Interesse als von Angst geprägt. Diesem Fremden geben sie dann – oft in anstrengender Arbeit – den ihnen eigenen Ausdruck. Schöpferische Menschen haben einen ausgeprägten Gestaltungswillen.

Was also können wir von ihnen lernen? Wir können von ihnen lernen, daß wir unseren Identitätsbegriff verändern müssen: Identität hat man nicht, man sucht sie immer wieder, und man gewinnt sie ganz besonders durch die Auseinandersetzung mit dem Fremden. Es geht dabei um so etwas wie eine «flexible Identität». Darüberhinaus: Gefühle der Identität können durch das Gestalten ganz entschieden erlebt und gesichert werden. Das Gestalten und die Überzeugung, etwas gestalten zu können, sind ganz wichtige Aspekte der Ichaktivität, einem wesentlichen Aspekt der Identität. Um Faszination zulassen zu können, müssen wir überzeugt davon sein, daß wir das Erlebte auf irgendeine Weise auch gestalten können.

Faszination und Angst

Das Fremde wird von uns leicht auf die Fremden projiziert, die Fremden dann verstanden als die, die eben nicht zu uns gehören. Nun sind das nicht einfach die Ausländer, sondern es können auch Menschen der eigenen Ethnie sein, die uns «fremd» sind, etwa ein Leben führen, das uns fremd ist. Faszinierend sind diese Fremden für uns, wenn sie weit weg sind, wenn sie nicht in unsere wirkliche Nähe kommen und damit unser Gewordensein in Frage stellen, und dazu noch Futterneid auslösen. Kommt aber das Fremde in unsere Nähe, dann können wir die beunruhigende Projektion nicht mehr aufrechterhalten, sie nicht mehr bei ihnen deponieren, dann geraten wir in Angst und wehren die Faszination ab. Wir wollen die Identitätskrise nicht. Situationen, in denen wir fasziniert sind, bringen uns in mehr oder weniger ausgeprägte Identitätskrisen, als eine mögliche Voraussetzung für die Wandlung der Identität. Und umgekehrt: in Umbruchszeiten in unserem Leben haben wir eine weniger kohärente Identität; die erlaubt es uns, mehr Faszination, aber auch mehr Angst zu erleben.

Nun ist Identität nicht nur eine persönliche Angelegenheit. Wir haben auch kollektive Identitäten, die nationale Identität etwa, eine europäische Identität usw. Von diesem kollektiven Aspekt der Identität sagen wir, sie sei auch im Umbruch. Orientiert man sich an der Geschichte, dann fällt auf, daß diese kollektive Identität als Europäer zum Beispiel schon mindestens seit 1914 im Umbruch ist. Unsere Vorstellung, es hätte einmal eine unverbrüchlich feststehende Identität gegeben, ist wohl ein rückwärts projiziertes Wunschbild. Dessen ungeachtet hat sich aber die Frage nach der persönlichen Identität im Laufe dieses Jahrhunderts wohl immer mehr verschärft, da viele Regeln und haltende Strukturen weggefallen sind. Dazu beigetragen hat auch der zunehmend geringer werdende Einfluß der Religion. Sehr vieles, was Menschen gehalten hat, hält nicht mehr. Deshalb kann sich der Einzelne oder die Einzelne wesentlich weniger gut in einer kollektiven Identität finden, also muß die individuelle Identität gesucht werden und besser tragen als zuvor.

Wenn nun der Ruf nach einer sichereren Identität erschallt, damit Probleme mit dem Fremden, aber auch Probleme der Gewalt weniger entstehen, so ist es verkürztes Denken, dabei wiederum nur die Mutter-Kind-Beziehung im Auge zu haben. Die Mutter-, Vater-Kind-Beziehung begründet bestimmt einen wichtigen Aspekt der Identitätsbildung, aber es gibt viele Aspekte der Identitätsbildung, die wir selber leisten können, und es gibt auch die kollektive Identität, die uns beeinflußt und die wir beeinflussen können.

In Umbruchssituationen wird unsere Identität einer Zerreißprobe unterworfen: das Alte gilt nicht mehr, das Neue fasziniert zwar, ist aber noch nicht faßbar, und darüberhinaus wissen wir nicht, ob das Neue nur neu oder auch lebenswert ist. Das ist typisch für Übergangsphasen, und dieses Erleben löst eine diffuse Angst aus. Dieser Angst muß man sich stellen, das Risiko auf sich nehmen. Verdrängen wir die Angst, jammern wir immer nur dem Vergangenen nach und verpassen dabei die Zukunft. Wir sind dann unlebendig, wir können die anstehenden Probleme nicht lösen, die andrängenden Entwicklungen nicht aufnehmen. Verdrängen wir die Angst, so erliegen wir einer generellen Angst vor Veränderung, die sich etwa so zeigt, daß man darauf beharrt, daß es so schon weitergehen kann, daß sicher kleinere Veränderungen nötig sind, daß man aber schon immer einen Weg gefunden hat…

Eine generelle Verdrängung der Angst führt dazu, daß nicht wahrgenommen wird, daß vielleicht eine grundsätzliche Veränderung des Lebens ansteht: man arbeitet dann unter Umständen hart an den Problemen von gestern und übersieht die von heute.

Einige psychologische Anmerkungen zum Thema Angst

Angst zu spüren heißt, sich von einer Gefahr ergriffen fühlen. Diese Gefahr kann von anderen Menschen auch gesehen werden, sie kann aber auch in mehr subjektiven Befürchtungen bestehen, also mehr in unserer Vorstellung sein. Wir erleben aber selten die nackte Angst, wir gehen sofort in irgend einer Weise mit dieser Angst um: Wir gehen zum Angriff über, werden aggressiv oder destruktiv, verändern etwas, ziehen uns zurück, suchen Hilfe, machen neue Gesetze, wir bannen die Angst, oder wir verleugnen sie.

Wir Menschen stecken voller Ängste, denn wir sind zerbrechlich. Letztlich wurzelt unsere Angst immer auch in der Todesangst, in der Angst, unsere Existenz zu verlieren oder zumindest keine Zukunft mehr zu haben. Das Ich fühlt sich in der Angst vorübergehend vernichtet. Das ist das Identitätsproblem, das wir haben, wenn wir von der Angst ergriffen sind: Wir haben dann das Gefühl, vernichtet zu sein, keine Existenzberechtigung zu haben. Deshalb die schnelle Abwehr der Angst, denn wir Menschen ertragen es nicht, uns vernichtet zu fühlen. Wir Menschen haben aber nicht nur Ängste, wir sind auch mutig, wir können leben angesichts der Bedrohung durch den Tod. Daß wir sterblich sind, fordert uns geradezu dazu heraus, Spuren zu hinterlassen. Wir können mit der Angst umgehen – meistens.

Die Angst, meistens als Angst vor möglicherweise eintretenden größeren Verlusten oder Mißerfolgen in allen möglichen Lebenszusammenhängen, als Angst vor dem Verlust der Selbstachtung und der Selbstsicherheit erlebt, also als Einbruch in unserem Identitätserleben, signalisiert uns, daß wir von einer Gefahr ergriffen sind. Die Angst kann uns aktivieren und stimulieren, Alternativen zu suchen, sie kann unsere Kreativität anstacheln. Zuviel Angst lähmt uns, zuviel Angst kann uns zerbrechen. Angst schafft aber auch die Monster, schafft die böse Welt, Angst macht die Welt viel böser, als sie vielleicht ist.

Die Angst vor dem Fremden sieht nicht das Neue, das sich im Fremden ankündigt, sondern das bedrohte Alte, das Eigene, was man sich nicht nehmen lassen möchte und kann. Möglicherweise steht dahinter ein massiver Zweifel, ob unser Ich einer Kontaktnahme mit dem Fremden gewachsen wäre. Im Zusammenhang damit steht die Angst, daß die «übersichtlichen Verhältnisse», die wir in Wahrheit natürlich nie haben, durch das Fremde unübersichtlich werden; daß wir die Geborgenheit in unserer Identität verlieren könnten. Das Fremde ist aber immer schon da. Intrapsychisch wird all das, was wir Schatten nennen, als etwas Fremdes erlebt, das, was wir fremd gemacht haben, weil wir es nicht mitleben lassen. Dieser Schatten löst Angst, aber durchaus auch eine gewisse Faszination aus, besonders dann, wenn andere ihn für uns leben. Mehr Faszination, aber durchaus auch Angst, lösen Anima und Animus aus, die in faszinierenden Gestalten des geheimnisvollen Fremden oder der geheimnisvollen Fremden uns etwa im Traum erscheinen und/oder nicht selten auf einen Menschen projiziert werden, der oder die uns dann fasziniert. Auch hier ist neben der Belebung und der Beglückung die Angst davor zu spüren, der Faszination zumindest nachzugehen, geschweige denn nachzugeben. Das wäre aber durchaus sinnvoll und notwendig, denn Animus und Anima haben einerseits die Funktion, uns von den Elternkomplexen abzulösen, das heißt, uns in unser Eigenes hineinzuführen, andererseits sind Anima und Animus Gestalten, die uns zu unserer Mitte hinführen, also eine gewisse Spiritualität ermöglichen. Wenn wir uns aber ängstigen – und das ist bis in die Theoriebildung hinein festzustellen –, werden diese Gestalten in ihrer Bedeutung sofort wieder eingeschränkt auf Übersichtlichkeit hin. In der Theoriebildung wird das etwa daran ersichtlich, daß ganz selten diese Gestalten in ihrer faszinierenden und auch ängstigenden Wirkung, samt den damit verbundenen Fantasien, die den Menschen enorm beleben und die immer neue Fantasien nach sich ziehen, belassen werden, sie werden dann rasch auf eine eingeengte Begrifflichkeit hin gedeutet und dadurch ihres ganzen Zaubers beraubt. Damit ist zwar die Angst gebannt, aber der ganze utopische Charakter dieser inneren Repräsentationen, die uns in die Zukunft und in unser eigenstes Leben hinein verführen würden, ist dann geopfert. Um mit Bloch zu sprechen: Die «archetypisch eingekapselte Hoffnung»[8], die gerade mit den Archetypen von Animus und Anima verbunden ist, kann dann nicht mehr entbunden werden. Der Antagonismus von Angst und Faszination wirkt im Zusammenhang mit dem intrapsychisch Fremden, aber auch mit dem interpersonell Fremden. Auch die Fremden sind immer schon da. Auch wenn sie nicht bei uns sind, gibt und gab es sie schon immer.

Und auch in der Auseinandersetzung mit fremden Menschen befürchten wir, daß unsere Eigenart verwässert werden könnte, möglicherweise fürchten wir aber noch mehr, daß wir eine Geborgenheit im gewohnten Wir-Erleben verlieren könnten. Das ängstliche Ich denkt nicht daran, daß es verschiedene gemeinsame Welten gibt auf dieser Welt, daß man verschiedene Wirgefühle nebeneinander haben kann, daß vielleicht gerade das Wissen darum, daß wir verschiedene Wirgefühle mit verschiedenen Menschengruppen aufbauen können, die gute Identität ausmacht, daß gerade das uns eine neue Form von Geborgenheit geben könnte. Da auf den fremden Menschen oft unser Schatten projiziert und an ihn delegiert wird, entsteht auch die Angst, daß mit den fremden Menschen all das in unser Leben träte, was wir nicht wollen, was wir an uns nicht akzeptieren könnten. Eine weitere Angst im Zusammenhang mit dem fremden Menschen ist, daß wir zu sehr teilen müßten, daß wir letztlich zu kurz kämen, daß dieser vielleicht auch vitaler für ein besseres Leben kämpfen würde als die Eingesessenen. Der Futterneid stammt zum einen aus der unbewältigten Geschwisterrivalität und aus der Schwierigkeit, auf Vorteile, die man nun einmal hat, zu verzichten.

Die Angst vor dem Fremden und vor den Fremden zeigt uns, daß ein Augenmerk auf die persönliche Identität, aber auch ein Augenmerk auf mögliche kollektive Formen der Identität zu werfen ist; daß es eher möglich ist, mit Fremden in Kontakt zu treten, wenn Menschen die Überzeugung haben, daß sie sich immer wieder in einer gewandelten Identität mit sich identisch fühlen können. Die Frage ist also, wie man mit der Angst so umgehen kann, daß aus der Angst Kompetenz im Umgang mit Bedrohlichem wird. Kompetenz ist ein wichtiger Aspekt unserer Identität.

Vom Umgang mit der Angst

Natürlich weiß man, daß man sich der Angst stellen sollte, mit ihr umgehen sollte, daß man sich nur so entwickelt und in der Auseinandersetzung mit den Bedrohungen, die immer da sein werden, kompetent wird. Man weiß, weicht man der Angst immer wieder aus, so traut man sich mit der Zeit überhaupt nichts mehr zu, wird immer ängstlicher, immer lebensuntüchtiger, in der Regel auch immer abhängiger von Menschen, die angeblich besser zu leben verstehen, das Leben besser im Griff haben. Man zieht sich zurück, man entwickelt Tendenzen, alles im Leben kontrollieren zu wollen, verweigert sich den Wandlungen des Lebens.

Angst gehört zum Menschen, sie ist ein wichtiges Anzeichen dafür, daß wir in einer Situation, die Angst auslöst, achtsam sein müssen, achtsam mit dem Leben umgehen müssen.

Angst ist also die Emotion, die wir dann erleben, wenn wir uns bedroht fühlen oder ein bedrohliches Ereignis erwarten, uns zugleich aber dieser Situation hilflos ausgeliefert fühlen.

Angst ist ein emotionaler Zustand des Organismus, gekennzeichnet als betont unangenehm erlebter Erregungsanstieg, bei Wahrnehmung einer komplexen mehrdeutigen Gefahrensituation, in der eine adäquate Reaktion des Individuums nicht möglich erscheint. Angst setzt dann ein, wenn etwas, das uns persönlich als sehr wertvoll erscheint, in Gefahr ist. Die Angst bringt uns dann dazu, das für uns Wertvolle zu erkennen, es zu retten oder neue Werte zu schaffen. Um das zu können, müssen wir aber die Angst zulassen. Da die Angst aber als unangenehm erlebt wird und es auch nicht gerade ein gesellschaftlich anerkannter Wert ist, Angst zu haben und sie auch auszudrücken, versuchen wir uns so rasch als möglich von ihr zu befreien. Frauen dürfen etwas eher Angst zulassen als Männer. Ob wir aber Angst zulassen können, entscheidet darüber, ob wir uns verändern und ob wir die Umwelt verändern.

Mut zur Angst ist also gefragt. Selbstverständlich ist nicht der ängstliche, ständig zögernde Mensch gemeint, dessen Unentschlossenheit gerade schon eine Folge des Fehlens des Mutes zur Angst ist, sondern Menschen, die in bestimmten Situationen spüren, daß sie in ihrem Eigensten bedroht sind, daß das Leben jetzt bedroht ist, die betroffen sind von diesem Spüren und Abhilfe schaffen wollen.

Der Umgang mit der Angst ergibt sich aus dem Wesen der Angst. Ich werde einige Aspekte herausgreifen. Diese verschiedenen Aspekte der Angst haben jeweils auch die verschiedenen Therapierichtungen begründet.

Angst äußert sich als *Spannung*. Insofern wird alles, was uns entspannt, zur Entängstigung beitragen.

Angst setzt dann ein, wenn wir eine komplexe, mehrdeutige Gefahrensituation wahrnehmen, das erfüllt uns mit *Ungewißheit*. Ungewißheit stiftet Verwirrung. Können wir diese Ungewißheit aushalten, stellt sich nach einiger Zeit wiederum eine neue Gewißheit ein. Alle schöpferischen Prozesse beginnen damit, daß man verunsichert ist, daß man verwirrt ist, daß man etwas erkennen möchte. Verwirrung auszuhalten ist aber kein erstrebenswerter Wert in unserer Gesellschaft: Wir sollen immer ganz schnell wieder Gewißheit haben, den Durchblick haben. Das bedeutet aber oft auch, daß wir keine kreativen

Lösungen finden, sondern nur die allernotwendigste Anpassung an die neue Gegebenheit leisten.

In Zeiten der Ungewißheit sind wir auch bereiter, auf Einfälle zu rekurrieren, Träume wahrzunehmen, in der Fantasie etwas auszuprobieren. Das können wir aber alles nur, wenn wir nicht zu sehr Angst haben, wenn die Angst uns nicht zu sehr lähmt.

Wenn wir uns von einer Situation bedroht fühlen, wenn wir verwirrt sind, suchen wir Sicherheit. Das Gefühl der *Hilflosigkeit* verlangt nach Hilfe. Wir suchen meistens Menschen auf, auf die wir uns verlassen können, die von der Situation weniger gelähmt sind. Problematisch wird es dann, wenn wir sozusagen anderen Menschen die Verantwortung über unser Leben übergeben.

Wünschenswert wäre es, daß wir Menschen finden, die sich durchaus auch betreffen lassen, die aber soviel Grundvertrauen ins Leben haben – oder miteinander aufbauen durch ein Wirgefühl –, daß gemeinsam die bedrohliche Situation wirklich gesehen werden darf und daß schöpferische Vorschläge zur Veränderung der Situation wahrgenommen und aufgenommen werden können. Das Erleben eines Wirgefühls ist dabei außerordentlich wichtig, sind wir doch in Situationen, in denen wir uns ängstigen, in unserer Identität fast vernichtet. Der Verlust der gewohnten Identität kann zum Beispiel so erlebt werden, daß man sich selber nur noch als Angstperson wahrnimmt. Diese sieht bei den verschiedenen Menschen verschieden aus, sie ist aber immer hilflos (meistens auch kopflos). Viele Menschen aber treffen nicht ihre Angstperson, sondern immer nur ihre Aggressions- oder Destruktionsperson. Sie wehren die Gefühle der Angst und der Vernichtung ab, indem sie andere ängstigen und indem sie zerstören. Durch die im zerstörerischen Handeln erlebbare Ichaktivität ist der Selbstwert für eine kurze Zeit stabilisiert; nachfolgende Schuldgefühle allerdings bewirken, daß der Selbstwert erneut unter Druck gerät, die erneut auftretenden Angstgefühle werden dann mit noch mehr Destruktivität beantwortet; dadurch entsteht leicht eine Spirale der Destruktivität.

Im Wirgefühl hingegen – möglichst entstanden aus der Zugehörigkeit zu Menschen, die von uns wissen, daß wir auch mehr sind als diese Angstperson – finden wir eine gewisse Geborgenheit, die uns auch wieder mehr zu unserem ausgeglicheneren Selbstwertgefühl zurückbringen kann. Dieses Angewiesensein auf das Wirgefühl kann sich natürlich auch fatal auswirken, wenn man dieses «Wir» bei Menschen findet, die alle anstehende Änderungen nicht sehen wollen. Leider können Gruppen, die ein sehr einfaches, ideologisches, oder ein sehr aggressives Programm haben, ein starkes Wirgefühl leichter vermitteln als Gruppen, die sich nicht im Besitz *der* Wahrheit wähnen, die selber auf der Suche sind, immer wieder auch überprüfen, ob das, was sie vorschlagen, wirklich auch zu verantworten ist. Hier ist auch anzumerken, daß durch das Erzeugen von Angst Menschen sehr leicht manipuliert werden können. Man macht Menschen durch das Schüren von ganz basalen Ängsten unsicher und hilflos: Angst vor Verlust der Arbeit, Angst vor Verlust der Wohnung, Angst, nicht mehr genug Geld zu haben für den Lebensunterhalt, Angst, die Partnerin, den Partner zu verlieren. Solche Angst, verpackt mit einer einfachen Ideologie, die die vermeintlichen Sündenböcke für diese Misere deutlich und eindeutig markiert, verunsichert ungemein. Dann wird versprochen, ganz schnell und einfach Abhilfe zu schaffen. Ist das alles noch gekoppelt mit dem Versprechen, daß das Anliegen notfalls auch militant durchgesetzt wird, dann spüren die Geängstigten, daß sich hier jemand wenigstens noch um sie kümmert in ihrer Verzweiflung. Etwas «machen» zu können, oder die Aussicht, «dreinschlagen» zu können, gibt die Möglichkeit, sich für einen Moment in der Ichaktivität zu spüren, was bereits wieder etwas entängstigt, indem die Hilflosigkeit vermeintlich überwunden ist; die Identität ist für einen Moment gerettet, aber eben nur für einen Moment.

Menschen in manipulatorischer Absicht zu ängstigen, ist etwas vom Unethischsten, was wir tun können, und doch wird es tagtäglich getan. Und man kann sich geradezu die Frage stellen, wieviel Angst zu setzen ist, damit Menschen einem ideologischen Programm in der Folge unkritisch folgen. Das ist kein konstruktiver Umgang mit der Angst.

Wenden wir uns wieder dem konstruktiven Umgang mit der Angst zu: Sicherheit aus der Hilflosigkeit heraus versuchen wir auch dadurch zu gewinnen, daß wir einerseits die Angst kontrollieren können, andererseits die Gefahren. Wir sprechen dann auch von Angstkontrolle und von Gefahrenkontrolle.

Angstkontrolle: Unser Ich hat die Möglichkeit, unlustvolle Gefühle, Affekte, Wahrnehmungen, die uns gefährlich werden können, vom Bewußtsein fernzuhalten, indem wir etwa die Probleme rationalisieren, intellektualisieren, emotionalisieren usw. Wir können Abwehrmechanismen einsetzen. Das ist eine Leistung des Ichs im Sinne von Schutz- und Bewältigungsaufgaben. Sinn dieser Abwehrmechanismen, die gelegentlich auch Bewältigungsmechanismen genannt werden, wäre es, soviel Angst vom Ich wegzunehmen, das heißt auch, so viel Selbstgewißheit zu schaffen, daß das Ich wieder in die Lage kommt, das Problem, das ansteht, wirklich zu sehen und sich auch wieder auf die schöpferischen Potenzen zu besinnen. Diese Abwehrmechanismen helfen uns also, mit der Angst umzugehen; werden sie indessen einseitig, so werden sie zum Beispiel zur Ursache von Angstkrankheiten, bewirken also, daß Menschen immer mehr Angst haben, deshalb auch immer mehr abwehren müssen.

Gefahrenkontrolle: Sicherheit versuchen wir Menschen auch dadurch zu gewinnen, daß wir die Gefahren kontrollieren, also immer wieder versuchen, Gefahrenquellen im Leben auszuschalten, das Leben immer ungefährlicher zu machen, zum Beispiel durch Vorschriften und Gesetze, die die Gefahren minimieren oder gar ausschließen sollen. Unsere komplizierte Auseinandersetzung mit den Fremden, die auch in einer persönlichen Auseinandersetzung mit dem Fremden wurzelt, soll durch Gesetze über Einwanderung entschärft, aus dem Bereich des Ängstigenden herausgeholt werden. Weil wir Angst haben, betrogen zu werden, gibt es ein Gesetz, das das Betrügen verbietet. Auch unsere Tendenz, gegen alles und jedes eine Versicherung abzuschließen, hat mit der Gefahrenkontrolle zu tun. Diese Art der Gefahrenkontrolle suggeriert uns, daß wir alle Gefahren im Griff haben oder zumindest in den Griff bekommen können – alles ist machbar. Problematisch wird diese Form der gemeinsamen Angstbewältigung dann, wenn wir uns darauf verlassen, daß jede Gefahr auf diese Weise kontrolliert werden kann, aber auch kontrolliert werden muß. Diese Kontrolle muß initiiert werden von einer Gruppe, die diese Gefahr sieht.

Die Problematik besteht darin, daß die Überängstlichen immer mehr Gefahrenkontrolle fordern, dadurch werden wir immer mehr Gesetze bekommen. Die Angst wird dann übrigens nicht mehr dort erlebt, wo sie hingehört, sondern verschoben erlebt etwa als Angst, gegen eines der vielen Gesetze zu verstoßen. So hat etwa ein Autofahrer Angst, eine Buße zu bekommen, weil er die Geschwindigkeitslimits überschritten hat, aber nicht, weil er mit seinem Rasen einen Menschen töten könnte. Die Angst hat dann, im Sinne des Warnens, keinen rechten Sinn mehr. Die Bewältigung der Angst wird so aber auch in die Obhut der Autoritäten gegeben, von denen man annimmt, daß sie sowohl die Gefahren erkennen können als auch wissen, wie ihnen zu begegnen ist. Das bedeutet aber weiter, daß der einzelne und die einzelne politisch passiv werden, daß er oder sie sich anpassen; das heißt aber, daß das Handeln ichfremd bleibt und es deshalb letztlich, falls nicht zusätzlich Angst vor der Autorität besteht, nicht wesentlich ist, ob dieses Handeln stattfindet oder unterbleibt. Ichfremdes Handeln, Apathie im Zusammenhang mit der Lebenswelt, bewirkt aber, daß wir im Bereich der Ichaktiviät, einem wichtigen Aspekt des Gefühls der Identität, geschwächt sind. Das heißt aber: Wir werden noch leichter durch Angst aus unserer Ruhe gebracht.

Was vorübergehend im Umgang mit der Angst helfen kann, diese erträglicher zu machen, wird mehr Angst erzeugen, wenn dieses Mittel zur Gewohnheit wird.

Wird die *Bedrohung* aktuell erfahren, versucht man, die aktuell erlebten Befürchtungen zu analysieren, meistens auch mit anderen Menschen zusammen. Diesen Aspekt der Angstbewältigung heben die tiefenpsychologisch orientierten, analytischen Methoden in das Zentrum ihres Interesses. Sehen wir die Bedrohung dort, wo sie auch wirklich ist, sehen wir sie in etwa richtig? Wir wissen, wir können die Bedrohungen nicht auf eine objektive Weise wahrnehmen: sie stehen immer in einem Zusammenhang mit unserer Lebensgeschichte, mit unserer persönlichen Geschichte der Bedrohungen, aber auch mit dem Grundvertrauen, das wir in das Leben haben und das uns mehr oder weniger dazu befähigt, vertrauensvoll schwierige Situationen anzugehen.

Im Zusammenhang mit der Bedrohung steht immer auch ein Wert, der in Gefahr ist. Wirksam die Angst bekämpfen können wir dann, wenn wir einen Wert, der in Gefahr ist, durch einen anderen, höheren Wert ersetzen können. So könnte zum Beispiel der Wert, das Gesicht unter keinen Umständen zu verlieren, ersetzt werden durch den Wert, in einer Situation echt und authentisch zu reagieren, auch wenn man dadurch das Gesicht verliert. Der Wert einer makellosen Persona würde dann ersetzt durch den Wert von mehr existentieller Echtheit. Der Wert der wenig veränderten statischen Identität könnte zum Beispiel ersetzt werden durch den Wert einer flexiblen Identität, einer Identität, die in ständiger Veränderung in Auseinandersetzung mit dem Fremden ist. Wir sind gewohnt, in alten Wertordnungen zu denken, dabei könnte gerade die Wertkrise dazu führen, daß wir uns klar machen, welche Werte unsere bedrohten Werte für den Moment gültig ersetzen könnten.

In der therapeutischen Arbeit fällt zudem auf, daß in unseren Träumen und Fantasien vieles auftaucht, was Angst macht, so daß die jeweiligen Ängste auch in ihrer Genese deutlich werden, daß aber auch viele Situationen geradezu Angst bannen, Mut machen, zur Angriffslust stimulieren, zur Verteidigung von bedrohtem Liebgewordenen. Dabei werden durchaus – zunächst auf die Individuen bezogen – Lebenswerte deutlich, die nicht den gängigen Werten entsprechen und die zur Entängstigung beitragen könnten, nähmen wir sie ernst.

Überhaupt handeln unsere Träume oft vom Fremden und von Fremdem. Bei einer Untersuchung von Strauch und Meier[9] stellte es sich heraus, daß 44,1 Prozent aller Traumszenerien in einer Umgebung stattfinden, die dem Träumer oder der Träumerin fremd sind. 24,6 Prozent der in den Träumen vorkommenden Personen sind Fremde. Diese Fremden können dem Träumer oder der Träumerin gleichgültig sein, oder aber heftige Gefühle auslösen. Viel Fremdes bricht ja geradezu in unsere Träume ein. Fremdes kann aber auch als sehr faszinierend im Traum erlebt werden, als leise, geheimnisvolle Verlockungen zu einem Mehr an Leben. Im Traum muß das Fremde, das uns betrifft, angesehen und akzeptiert, integriert werden. Das ist auch eine Notwendigkeit im Umgang mit der Angst: Sie muß angesehen und akzeptiert werden.

Es gäbe also genug Ansätze, mit der Angst produktiv umzugehen, so mit ihr umzugehen, daß wir auch kompetenter mit den Bedrohungen umgehen könnten. Man müßte nicht so viel Angst vor der Angst haben. Eigentlich. Aber diese Wege sind alle verhältnismäßig mühsam. Deshalb scheint es einfacher zu sein, entweder das Bedrohliche an einige Menschen zu delegieren: an die Fremden, die uns dann vom Leibe bleiben sollen, und wenn das nicht mehr möglich ist, an einige Menschen, die schließlich mit dem Bedrohlichen umgehen können müssen, und offenbar auch damit umgehen wollen – Politiker und Politikerinnen etwa –, an Autoritäten, die ja letztlich dafür verantwortlich sind und die man dann schelten kann, wenn sie gar so wenig gute Einfälle haben. Oder man gibt sich kontraphobisch: Man hat keine Angst. Man hat alles auf dieser Welt, bloß keine Angst. Man fürchtet gar nichts, es ist alles irgendwie zu machen, machbar – wenn man nur will. Alle Formen und Äußerungen von Angst bei anderen Menschen werden gerügt, verteufelt, als unangebrachte Weichheit bezeichnet. So hart gehen der Kontraphobiker und auch die Kontraphobikerin mit den Ängstlichen ins Gericht, weil sie – unbewußt – selber ängstlich sind, ein großes Angstpotential mit sich herumtragen, sie haben ja Angst vor der Angst, und diese Angst könnte belebt werden durch die Menschen, die zu ihrer Ängstlichkeit stehen. Kontraphobiker und Kontraphobikerinnen sind gefährdet, weil sie die Gefahren nicht erkennen. Sie erscheinen zwar mutig, sind es aber nicht. Der mutige Mensch unterscheidet sich von ihnen dadurch, daß dieser zwar auch daran glaubt, daß, solange es noch Leben gibt, Veränderung möglich ist, aber der mutige Mensch sieht die Schwierigkeiten, die Bedrohung – und er weiß, daß es nicht ohne Veränderungen abgehen wird.

Die Angst kann uns also daran hindern, die Probleme wahrzunehmen. Sie kann uns auch daran hindern, unsere wirklichen Faszinationen wahrzunehmen. Statt daß etwas «vergöttert» wird, idealisiert wird, damit es anziehender ist, und uns eben helfen soll, unsere Angst vor dem Fremden, vor unserer Zukunft, zu überschreiten, wird es dann verteufelt, verkleinert, entwertet. Und auch wenn wir unsere Angst wahrnehmen, wenn wir zu unserer Angst stehen, wird es immer wieder so sein, daß wir Abwehrstrategien einsetzen, die tatsächlich für einen Moment die Angst eindämmen; werden diese Abwehrstrategien aber zur Gewohnheit, dann erzeugen sie ein Mehr an Angst, führen also gerade wiederum nicht dazu, daß wir kompetent mit den Bedrohungen umgehen. Hätten wir allerdings gelernt, Angst als etwas Sinnvolles zu sehen in unserem Leben, nicht nur als etwas, das uns am Leben hindert, wir hätten wohl auch gelernt, besser mit ihr umzugehen. Aber wir haben es nicht gelernt, es ist also jetzt zu lernen.

Mit dem Verdrängen der Angst geraten wir in eine Situation der Passivität: einmal dadurch, daß wir die Angstbewältigung an die Autoritäten delegieren und dabei einen Unterschied machen zwischen der Angst aus dem persönlichen Lebensbereich, die wir weniger leicht delegieren können, und der Angst aus dem «öffentlichen» Bereich, die wir leicht delegieren; dabei vergessen wir aber leicht, daß wir die Öffentlichkeit auch sind. Das Umgehen mit der Angst muß aber auch deshalb gelernt werden, weil wir durch das Verdrängen der Angst auch unsere Gestaltungskraft lähmen, ebenso unsere Angriffslust, die ja auch meint, daß wir Probleme in Angriff nehmen wollen, daß wir uns Ziele stecken, daß wir Leben gestalten wollen, daß wir uns durchaus noch auf eine Utopie hin ausrichten wollen. Der fehlende Wille zur Gestaltung äußert sich etwa auch darin, daß wenig Fantasien da sind, wie denn das Leben mit den Fremden und mit dem Fremden auszusehen hat. (Raus oder rein – sind wenig fantasievolle Optionen.)

Noch aus einem weiteren Grunde ist es sehr wichtig, daß wir uns unserer Angst stellen: Die verdrängte Angst verstellt uns andere Gefühle, die wir dringend brauchen.

Verdrängen wir die Angst, sind wir unbewußt von der Angst bestimmt. Wir fühlen uns dann vielleicht nicht ängstlich, sind aber ständig von vielen Befürchtungen heimgesucht. Es wird in dieser ängstlich-dysphorischen etwas depressiv getönten Stimmung schwierig sein, Gefühle der Freude, Gefühle der Liebe zum Leben in der vollen Tiefe auch zu erleben.[10] Die Freude brauchen wir, weil wir, wenn wir uns freuen, einmal in einer ganz selbstverständlichen Weise ein gutes Selbstwertgefühl haben. Die Frage nach der Identität stellt sich uns in freudigen Momenten nicht, denn wenn wir uns freuen, erleben wir unsere Identität als fraglos sicher, wir akzeptieren uns fraglos in unserer Verbundenheit mit anderen Menschen, mit der Mitwelt, der Umwelt und mit der Transzendenz. Die Angst treibt uns in die Vereinzelung, der wir dann allerdings wieder zu entgehen versuchen, wenn wir uns einer Autorität unterwerfen; die Freude verbindet uns den Mitmenschen und natürlich auch der Umwelt. Freude haben alle Menschen; verdrängen wir aber die Angst, ist uns auch der Zugang zu vielen Freuden verstellt.

Es gibt also viele gute Gründe, daß wir uns unseren Ängsten, so weit als jeweils möglich, stellen. Es auch öffentlich machen, daß Angst zu haben wichtig ist, daß es ebenso wichtig ist zu lernen, mit der Angst umzugehen, damit wir auch wieder das Hoffen lernen.

Im Zusammenhang mit der Angst vor der Faszination ist zu lernen, daß es diese gibt und daß sie vielleicht der größte Entwicklungsblocker ist, den es gibt. Dann sind verschiedene Verhaltensmöglichkeiten offen: Wir können uns klar machen, daß unsere Identität eine flexible Identität sein muß, wir können uns damit einverstanden erklären, daß immer wieder unser Selbstbild sich auch wandeln muß, wir können auch dafür sorgen, daß unsere Identität als sich wandelnde eine sicherere wird. Und dann können wir lernen, den eigenen Standpunkt uns immer wieder bewußt zu machen und uns gleichzeitig auch auf Faszination und Befremdlichkeit des Fremden einzulassen, Faszination und Angst zuzulassen.

Alles läuft auf die Identität hinaus

Ob das Fremde uns faszinieren darf und damit das Ausschreiten des persönlichen Potentials möglich wird oder ob es vor allem Angst auslöst und wir abwehren müssen, damit aber weit hinter unseren Lebensmöglichkeiten zurückbleiben, oder ob Faszination und Angst zugelassen werden dürfen, die Faszination uns begeistert sein läßt, die Angst uns gewisse Zügel an die Begeisterung legen läßt, uns darauf hinweist, daß wir auch gefährdet sind in unserer Identität, daß wir achtsam mit uns umgehen müssen: das alles hängt wesentlich mit unserem jeweiligen Identitätsgefühl zusammen.

Was können wir tun, um das Identitätsgefühl zu stützen? Die Theorien zur Identität sind naturgemäß sehr viele und sehr komplizierte. Ich möchte deshalb die Frage mit einigen Bildern andeutungsweise beantworten.

Zuviel Fremdheit vertragen wir nicht. Wir brauchen ein paar Orientierungspunkte, die uns beheimatet sein lassen in einem sich ständig wandelnden Leben.

Was braucht der Mensch dazu? Der mythische Mensch, der ein lebendiger Mensch in einem lebendigen Körper war, brauchte einen Weltenbaum, ein Baum, der die ganze Welt miteinander verbindet: mit Wurzeln in der Erde; die Krone des Baumes ragt in den Himmel; auf den Ästen leben die Menschen, da wird gearbeitet, geliebt, gegessen usw.; zwischen den einzelnen Etagen bewegt sich das Eichhörnchen Ratatöskr, das für nicht ganz ausgewogene Berichterstattung zwischen den verschiedenen Etagen sorgt und so den Zwist in die Welt bringt. Das mythische Bild des Weltenbaums ist ein Bild der Orientierung. In den Wurzeln befindet sich die Quelle, das Wasser des Lebens, das sich nicht erschöpft. Ich würde noch ein Feuer dazu sehen und einige Menschen, die einander wahrnehmen und erkennen und die man selber wahrnimmt und erkennt.

Diese Bilder sind nun übersetzbar auf den Alltag. Eine Frage wäre: Wo ist meine Quelle, was ist meine Quelle – zumindest heute? Und vielleicht auch für länger, Quellen wechselt man nicht so schnell. Kann keine Quelle gefunden werden, kann man sie zumindest suchen. Wo ist unser kleiner Weltenbaum? Es ist stabilisierend für unser Selbsterleben, wenn wir uns als aktive, nützliche Mitglieder auch in einer ganz kleinen Gemeinschaft eingebunden fühlen, in der wir miteinander und füreinander etwas tun. Der Weltenbaum kann sehr klein sein, die eigene Welt halt, in der wir uns aber anderen Menschen verläßlich verbinden in der Aktivität, die uns möglich ist. Hier ist dann auch ein Wirerleben möglich. Schmarotzen nährt den Selbstwert auf die Länge nicht.

Das Feuer: Für irgend etwas und für irgend jemanden muß man brennen auf dieser Welt.

Uns wahrnehmen, anblicken: Wir zerstören einander tagtäglich ein gutes Selbstwertgefühl, indem wir einander nicht wirklich wahrnehmen, Bestätigungen nicht geben, die dringend gewünscht werden. Wir sehen uns nicht wirklich an, bringen uns wenig Interesse entgegen. Hier wäre viel zu verändern. Wir versagen einander viel Akzeptanz, dadurch wird unser Selbstwertgefühl viel labiler als notwendig, und wir werden in der Folge destruktiv.

In diesen Bildern, scheint mir, sind Hinweise für Grundpfeiler einer hinreichend guten Identität angesprochen, auf die wir uns selbst beziehen können, auf die wir achten können, an denen wir bauen können.

Gelingt es uns, immer wieder ein hinreichend gutes Gefühl der Identität aufzubauen und in Zeiten, in denen wir unserer Identität nicht so sicher sind, darauf vertrauen, daß es auch wieder Zeiten geben wird, in denen es uns gelingt, eine hinreichend gute Identität aufzubauen, dann wäre es möglich, das Fremde mehr zuzulassen, uns mehr damit auseinanderzusetzen, uns davon herausfordern und verändern zu lassen – dann könnten Faszination und Angst zugelassen werden. Ohne das Zulassen dieser Faszination aber riskieren wir, in unserer Entwicklung steckenzubleiben.

Anmerkungen und Literatur

Christian Scharfetter
Im Fremden das Eigene erkennen
Erfahrungen aus der Psychiatrie

Blankenburg, W. (1971): Der Verlust der natürlichen Selbstverständlichkeit. Stuttgart: Enke.

Frank, J. D. (1981): Die Heiler. Stuttgart: Klett-Cotta.

Dittrich, A./Scharfetter, C. (1987): Ethnopsychotherapie. Psychotherapie mittels außergewöhnlicher Bewußtseinszustände in westlichen und indigenen Kulturen. Stuttgart: Enke.

Graumann, C. F. (1960): Grundlagen einer Phänomenologie und Psychologie der Perspektivität. Berlin: W. de Gruyter.

Griesinger, W. V. (1871): Die Pathologie und Therapie der psychischen Krankheiten. Stuttgart: Krabbe, 3. Aufl.

Jaspers, K. (1947): Von der Wahrheit. München: Piper.

Laasch, C. (1982): Das Zeitalter des Narzißmus. München: Bertelsmann.

Maharshi, Ramana (1944): Der Weg zum Selbst, hrsg. von H. Zimmer. Zürich: Rascher.

Milarepa (1978), hrsg. W. Y. Evans-Wentz. Bern-München: Barth, Scherz.

Rösing, I. (1988): Mundo Ankari I, II, III. Nördlingen: Greno.

Scharfetter, C. (1976): Die Haltung des Therapeuten. In: Therapeutische Umschau 33, S. 472–572.

– (1988): Liebe und Friede, Meditation als Meta- und Metta-Therapie. In: Buddhistische Monatsblätter 34, S. 31–40.

– (1989): Die Persönlichkeit und Entwicklung des Heilers in verschiedenen Kulturen. In: SALIX, Zeitschrift für Ethnomedizin, Würzburg, Bd. 5, H. 1.

– (1989): Heilkunde und Menschenbild. In: Vierteljahresschrift der Naturforschenden Gesellschaft in Zürich 134/1, S. 55–66.

– (1990): Liebe und Frieden. Meditation als Meta- und Metta-Therapie. In: Braun, H. J./Henking, K. H. (Hrsg.): Homo Religiosus. Völkerkundemuseum Zürich. S. 203–215.

– (1990): Der Weg des Pilgers, des Heilers und des Heiligen. In: Braun, H. J./Henking, K. H. (Hrsg.): Homo Religiosus, Völkerkundemuseum Zürich, S. 141–151.

– (1990): Schizophrene Menschen, 3. Auflage. München: Psychologie Verlags Union.

– (1992): Der spirituelle Weg und seine Gefahren. Stuttgart: Enke.

– (1992): Verantwortung und Schuld in psychiatrisch-psychotherapeutischer Sicht. In: Schweiz. Arch. Neurol. Psychiatr., Bd. 143, 3, S. 211–227.

– (1993): Eros therapeutikós. Liebe und Ethik in der Therapie. Sonderdruck. Thieme, Stuttgart.

Wilber, K. (1977): The spectrum of consciousness. Theosophical Publishing, Wheaton.

Winnicott, D. W. (1965): The maturational process and the facilitating environment. Madison, Con.: International Universities Press.

Leopold-Joseph Bonny Duala-M'bedy
Xenologie
Sinn und Zweck einer Lehre vom Fremden

Anmerkungen

1 Hier soll auf die Mitglieder des Kaiserswerther Instituts für Xenologie verwiesen werden, die folgende Vorträge auf dieser Tagung gehalten haben: Jürgen Ph. Furt-wängler über «Psychoxenologie» und Carl-Hellmut Hoefer über «Sozioxenologische Perspektiven der Großstadtpathologie».

2 Vgl. Bade, Klaus (Hrsg.): Das Manifest der 60. Deutschland und die Einwanderung. München 1993.

3 Vgl. Todorov.

4 Dieses Eigenschaftswort ist wie der Begriff der Xenologie aus dem Symbol Xenios abgeleitet.

Literatur

Bade, Klaus: Das Eigene und das Fremde. In: Bade, Das Manifest.

– (Hrsg.): Das Manifest der 60. Deutschland und die Einwanderung. München 1993.

Bitterli, Urs: Die Wilden und die Zivilisierten. München 1976.

Boehlich, Walter (Hrsg.): Der Berliner Antisemitismusstreit. Frankfurt/Main 1988.

Bonny Duala-M'bedy, Leopold-Joseph (Hrsg.): Das Begehren des Fremden – Beiträge zur Xenologie. Essen 1992.

Fanon, Frantz: Peau noire masques blancs. 1952.

Furtwängler, Jürgen Ph.: Das Selbst und das Fremde – Versuch zur Eröffnung einer psycho-xenologischen Perspektive. In: Bonny Duala-M'bedy, Das Begehren des Fremden.

Hogrebe, Wolfram: Die epistemische Bedeutung des Fremden. In: Wierlacher, Kultur-thema Fremdheit.

Kristeva, Julia: Fremde sind wir uns selbst. Frankfurt/Main 1990.

Lewin, Kurt: Grundzüge der topologischen Psychologie. Bern und Stuttgart 1969.

Moulakis, Athanasios: Homonoia. Eintracht und die Entwicklung eines politischen Bewußtseins. München 1973.

Munasu Duala M'bedy: Xenologie. Die Wissenschaft vom Fremden und die Verdrängung der Humanität in der Anthropologie. Freiburg und München 1977.

Todorov, Tzvetan: Die Eroberung Amerikas. Das Problem des Anderen. Frankfurt/Main 1985.

Wierlacher, Alois (Hrsg.): Kulturthema Fremdheit – Leitbegriffe und Problemfelder kulturwissenschaftlicher Fremdheitsforschung. München 1993.

Annette Streeck-Fischer

«Haßt du was, dann bist du was»

Über Fremdenhaß und seine selbstreparative Funktion
am Beispiel jugendlicher rechtsextremer Skinheads

Amigorena, H./Vignar, M. (1979): Zwischen Innen und Außen. In: Psyche 33, S. 610–619.

Becker, P. (1992): Ohne Haß keine Versöhnung. Freiburg: Kore.

Blos, P. (1962): Adoleszenz. Stuttgart: Klett 1973.

– (1963): Die Funktion des Agierens im Adoleszenzprozeß. In: Psyche 18 (1964/65) S. 120–138.

– (1976): The Split Parental Imago in Adolescent Social Relations. In: Psa. Study Child 35, S. 7–33.

Chasseguet-Smirgel, I. (1975): Das Ichideal. Frankfurt: Suhrkamp 1981.

Coppolillo, H. P. (1991): The Tides of Change in Adolescence. In: St. I. Greenspan, G. H. Pollock: The Course of Life, Adolescence, Vol. 4. Madison Inc., S. 235–252.

Eissler, K. R. (1958): Bemerkungen zur Technik der psychoanalytischen Behandlung Pubertierender nebst einigen Überlegungen zum Problem der Perversion. In: Psyche 20 (1966) S. 837–852.

Emde, R. N. (1991): Die endliche und die unendliche Entwicklung. I: Angeborene und motivationale Faktoren aus der frühen Kindheit. In: Psyche 45, S. 745-779.

Enzensberger, H. M. (1993): Ansichten auf den Bürgerkrieg. Frankfurt: Suhrkamp.

Erdheim, M. (1983): Die gesellschaftliche Produktion von Unbewußtheit. Frankfurt: Suhrkamp.

Gilmore, D. D. (1991): Mythos Mann. München: Artemis und Winkler.

Green, A. (1983): Narcissime de vie, narcissime de mort. Paris: Minuit, S. 222–254.

Grubrich-Simitis, I. (1979): Extremtraumatisierung als kumulatives Trauma. In: Psyche 33, S. 991–1023.

Hacker, F. (1990): Das Faschismus-Syndrom. Psychoanalyse eines aktuellen Phänomens. Düsseldorf: Econ.

Heitmeyer, W. (1988): Ökonomische soziale Alltagserfahrungen und rechtsextremistische Orientierungen bei Jugendlichen. In: Risiko Jugend. Münster: Votum, S. 219–232.

Heitmeyer, W./Olk, Th. (Hrsg.) (1990): Individualisierung von Jugend. Weinheim: Juventa.

Heitmeyer, W. (1992): Die Bielefelder Rechtsextremismusstudie. Weinheim: Juventa.

Holderegger, H. (1993): Der Umgang mit dem Trauma. Stuttgart: Klett-Cotta.

Horn, K. (1983): Die insgeheime Lust am Krieg, den niemand wirklich will. In: Passett, P./Modena, E. (Hrsg.): Krieg und Frieden aus psychoanalytischer Sicht. München: Piper, S. 52–78.

Kernberg, O. E. (1975): Borderline-Störungen und pathologischer Narzißmus. Frankfurt: Suhrkamp 1979.

– (1980): Innere Welt und äußere Realität. München-Wien: Verl. Int. Psychoanalyse 1988.

Ladame, F. (1991): Adolescence and the Repetition Compulsion. In: Int. J. Psycho-Anal. 72, S. 253–273.

Lichtenberg, J. D. (1992): Haß im Verständnis der Selbstpsychologie. Ein motivationstheoretischer Ansatz. In: Schöttler, Chr./Kutter, P. (Hrsg.): Sexualität und Aggression. Frankfurt: Suhrkamp Taschenbuch, S. 48–76.

Meloy, J. R. (1988): The Psychopathic Mind, Origins, Dynamics and Treatment. Northwale, N. J.: Jason Aronson.

Morgenthaler, F. (1974): Die Stellung der Perversionen in Metapsychologie und Technik. In: Psyche 28, S. 1077–1098.

Moses, R. (1990): On Dehumanizing the Enemy. In: V. D. Volkan/D. A. Julius/J. V. Montville: The Psychodynamics of International Relationship, vol. I. Lexington Books.

Parin, P. (1983): Die therapeutische Aufgabe und die Verleugnung der Gefahr. In: Passett P./Modena, E. (Hrsg.): Krieg und Frieden aus psychoanalytischer Sicht. München: Piper 1983, S. 22–35.

Piaget, J./Inhelder, B. (1977): Die Psychologie des Kindes. Frankfurt: Fischer.

Shatan, Ch. F. (1981): «Zivile» und «militärische» Realitätswahrnehmung. Über die Folgen einer Absurdität. In: Psyche 35, S. 557–572.

– (1983): Militarisierte Trauer und Rachezeremoniell. In: Passett, P./Modena, E. (Hrsg.): Krieg und Frieden aus psychoanalytischer Sicht. München: Piper, S. 220–259.

Silverman, M. A. (1986): Das männliche Überich. In: Friedmann, R. M./Lerner, L. (Hrsg.): Die Psychoanalyse des Mannes. Berlin: Springer 1991, S. 21–28.

Stein, H. F. (1990): The Indispensable Enemy and American-Soviet Relations. In: V. D. Volkan/D. A. Julius/J. V. Montville: The Psychodynamics of International Relationship, vol. 1. Lexington Books.

Streeck-Fischer, A. (1992): Geil auf Gewalt. Psychoanalytische Bemerkungen zu Adoleszenz und Rechtsextremismus. In: Psyche 46, S. 745–768.

– (1993a): Adoleszenz, Narzißmus und Übergangsphänomene. Demnächst in: Psyche.

– (1993b): «Ihr könnt uns nicht vernichten, denn wir sind ein Teil von Euch» – über den deadly dance eines jugendlichen Skinheads. In: U. Streeck (Hrsg.): Das Fremde in der Psychoanalyse. München: Pfeiffer.

- (1993c): «Wir sind die Kraft, die Deutschland sauber macht» – oder die Entstehung von Fremdenhaß und Gewalt als Gruppenprozeß. Demnächst in Zeitschrift für Gruppenpsychotherapie und Gruppendynamik.

Thomä, H. (1990): Aggression und Destruktivität jenseits der Triebmythologie. In: P. Buchheim/Th. Seifert (Hrsg.): Zur Psychodynamik und Psychotherapie von Aggression und Destruktion. Berlin: Springer, S.29–42.

Volkan, V. D. (1988): The Need to have Enemies and Allies. From Clinical Practices to International Relationship. New York: Jason Aronson.

Winnicott, D. W. (1965): Reifungsprozesse und fördernde Umwelt. Frankfurt: Fischer.

- (1984): Aggression. Stuttgart: Klett-Cotta 1988.

Wirth, H. J. (1989): Sich fühlen wie der letzte Dreck. Zur Sozialpsychologie der Skinheads. In: M. Bock/M. Reimitz/H. E. Richter/W. Thiel/H. J. Wirth: Zwischen Resignation und Gewalt. Opladen: Budrich und Leske, S.81–93.

Wulf-Volker Lindner
Die Fremden und unsere Identität
Überlegungen aus psychoanalytischer und psychosozialer Sicht

Beland, H. (1993): Nach 1989: Das verunsicherte Europa. In: Psyche 4, 47.Jg., 378–396.

Bohleber, W. (1992): Das Phantasma der Nation. In: Psyche 8, 46.Jg., 689–709.

- (1993): Nationalismus, Fremdenhaß und die Sehnsucht nach einer «heilen» Gesellschaft. In: ezi Korrespondenz 11/12 Frühjahr 1993, 12–17.

Bosse, H./Knauss (1984): Erfahrung mit Jugendlichen in Papua-Neuguinea. Die Gruppenanalyse als Methode, gesellschaftliche Veränderungen zu verstehen. In: Psychosozial 23, 7.Jg., 68–90.

Brede, K., u. Krovoza, A. (1992): Sozialpsychologische Überlegungen zur deutschen Vereinigung. In: Psyche 5, 46.Jg., 419–446.

Brocher, T. (1967): Gruppendynamik und Erwachsenenbildung. Zum Problem der Entwicklung von Konformismus oder Autonomie in Arbeitsgruppen. Braunschweig.

Büttner, Chr./Ostermann, Ä. (1988): Bruder, Gast oder Feind? Sozialpsychologische Aspekte der Fremdenbeziehung. In: Fuchs, O.(Hrsg.): Die Fremden. Düsseldorf, 104–119.

Connolly, B., u. Anderson, R. (1987): First Contact. New Guinea's Highlanders encounter the outside World, New York.

Erdheim, M. (1985): Zur Psychogenese der Imagines von Kultur und Familie. In: Friedrich, V./Ferstl, H. (Hrsg.): Bruchstellen in der Psychoanalyse. Hamburg, 66–73, wieder abgedruckt in: Erdheim, M.: Die Psychoanalyse und das Unbewußte in der Kultur, Frankfurt 1988, 237–241.

- (1992): Das Eigene und das Fremde. In: Psyche 8, 46. Jg., 730–743.

Erikson, E. H. (1956): The Problem of Ego Identity. In: Journal of the American Psychoanalytic Association, Vol. 4, 56–121; deutsche Übersetzung: Das Problem der Ichidentität. In: Psyche, Bd. 10, S. 561–604, 1956/57.

Grotjahn, M. (1979): Analytische Gruppentherapie. Kunst und Technik. München.

Hamburger Rundschau, Nr. 2, Januar 1989, 1.

Heim, R. (1992): Fremdenhaß und Reinheit. In: Psyche 8, 46. Jg., 710–729.

Heitmeyer, W. u. a. (1992): Die Bielefelder Rechtsextremismus-Studie. Erste Langzeituntersuchung zur politischen Sozialisation männlicher Jugendlicher. Weinheim und München.

Holländer, H. (1985): Rudolf Hausner. Werkmonographie. Offenbach.

Kernberg, O. F. (1991): Die Psychopathologie des Hasses. In: Forum der Psychoanalyse, Bd. 7, Heft 4, 251–270.

Kristeva, J. (1990): Fremde sind wir uns selbst, Frankfurt.

Lang, H.-J. (1988): Die ersten Lebensjahre. Psychoanalytische Entwicklungspsychologie und empirische Forschungsergebnisse, München.

Lichtenberg, J. D. (1979): Factors in the development of the sense of the object. In: J. Am. Psa. Ass. 27, 375–386.

– (1989): Implications for the psychoanalytic theory of research on the neonate. In: Int. Rev. Psycho-Anal. 8, 35–52.

– (1982): Relections on the first year of life. In: Psychoanalytic Inquiry 1, 695–730.

– (1985): Response: In research of the elusive baby. In: Psychoanalytic Inquiry 4, 621–648.

Lindner, W.-V. (1989): Die Angst vor dem Fremden. In: Deutscher Evangelischer Kirchentag in Berlin, Dokumente, Stuttgart, 528–534.

– (1990): Begegnung mit dem Fremden. In: Praxis der Kinderpsychologie und Kinderpsychiatrie, 39. Jg., Heft 6, 210–214.

Mahler, M. S. (1978): Symbiose und Individuation, Bd. 1: Psychosen im frühen Kindesalter. Stuttgart.

– u. a. (1978): Symbiose und Individuation, Bd. 2: Die psychische Geburt des Menschen. Frankfurt.

Mitscherlich, A. (Hrsg.) (1969): Bis hierher und nicht weiter. Ist menschliche Aggression unbefriedbar? München.

Pfürtner, St. H. (1991): Fundamentalismus. Die Flucht ins Radikale. Freiburg.

Richter, H. E. (1970): Patient Familie. Entstehung, Struktur und Therapie von Konflikten in Ehe und Familie. Reinbek.

Spitz, R. (1967): Vom Säugling zum Kleinkind. Stuttgart.

Sprengstoff im Sockel. In: Der Spiegel Nr. 42, 18. Oktober 1993.

Stern, D. N. (1974): The goal und structure of mother-infant play. In: J. Am. Acad. Child Psychiat. 13, 402–421.

– (1983): The early development of schemas of self, other, and «self with other». In: Lichtenberg, J. D./Kaplan, S. (eds.): Reflections on self psychology. Hillsdale, 49–84.

– (1984): Affect attunement. In: Call, J./Galenson, E./Tyson, R. (eds.): Frontiers of infant psychiatry, Vol. 2. New York.

Streeck-Fischer, A. (1992): Adoleszenz und Rechtsradikalismus. In: Psyche 8, 745–768.

– (1993): «Ihr könnt uns nicht vernichten, denn wir sind ein Teil von Euch.» Über den «deadly dance» eines jugendlichen Skinheads. In: Streeck, U. (Hrsg.): Das Fremde in der Psychoanalyse. München 1993, 28–39.

Elisabeth Moltmann-Wendel
Selbstentfremdung und Eigensein
Der Weg der Frau zu sich selbst

Beauvoir, Simone de (1986): Das andere Geschlecht. Hamburg.
Keller, Catherine (1987): Penelope verläßt Odysseus. Gütersloh.
Moltmann-Wendel ([7]1987): Ein eigener Mensch werden. Frauen um Jesus. Gütersloh.
– (1989): Wenn Gott und Körper sich begegnen. Gütersloh.
Novotny, Helga (1989): Eigenzeit. Frankfurt.
Olbricht, Ingrid (1989): Die Brust. Reinbek.
Olivier, Christiane (1987): Jokastes Kinder. Düsseldorf.
Stopczyk, Annegret (1991): Leibphilosophie. SDR.
Weisshaupt, Brigitte: Selbstlosigkeit und Wissen. In: Conrad/Konnertz (1986): Weiblichkeit in der Moderne. Tübingen.

Heidi Gidion
«Die Hoffnung lag im Weg wie eine Falle»
Vom Umgang mit dem Fremden im Eigenen

Zitierte Literatur in der Reihenfolge ihrer Erwähnung im Text:
Volker Braun: Das Eigentum. In: K. O. Conrady (Hrsg.): Von einem Land und vom andern. Gedichte zur deutschen Wende 1989/90. Leipzig: Ed. Suhrkamp 1993.
Brigitte Reimann: Die geliebte, die verfluchte Hoffnung. Tagebücher und Briefe. Luchterhand 1983.
Brigitte Reimann/Christa Wolf: Sei gegrüßt und lebe – Eine Freundschaft in Briefen. Aufbau 1993.
Brigitte Reimann: Franziska Linkerhand. München: dtv 1977.
Maxie Wander: Guten Morgen, du Schöne – Frauen in der DDR. Protokolle. Luchterhand 1991.
Anna Mudry (Hrsg.): Gute Nacht, du Schöne – Autorinnen blicken zurück. Sammlung Luchterhand 1991.
Christa Wolf: Nachdenken über Christa T. Sammlung Luchterhand 1971
Angela Drescher (Hrsg.): Dokumentation zu Christa Wolf «Nachdenken über Christa T.». Luchterhand Literaturverlag 1991.
[Zum «Literaturstreit»:] Thomas Anz: «Es geht nicht um Christa Wolf.» Der Literaturstreit im Vereinten Deutschland. München: edition spangenberg 1991.

Hans-Joachim Maaz: Der Gefühlsstau – Ein Psychogramm der DDR. Berlin: Argon 1990.

Christa Wolf: Kindheitsmuster. Berlin-Weimar: Aufbau 1976.

–: Was bleibt. Erzählung. Berlin-Weimar: Aufbau 1990; auch im Luchterhand Literatur-verlag.

Monika Maron: Flugasche. Fischer Taschenbuch Verlag 1981.

–: Die Überläuferin. Fischer Taschenbuch Verlag 1988.

–: Stille Zeile Sechs. Frankfurt/M.: Suhrkamp 1991

Verena Kast
Angst und Faszination
Emotionen in bezug auf das Fremde

1 Sure 18, Koran.

2 Handwörterbuch des deutschen Aberglaubens II, Spalte 1264.

3 C. G. Jung, GW 16, § 501.

4 C. G. Jung, GW 10, § 864

5 Ebenda.

6 C. G. Jung, GW 12, § 439.

7 C. G. Jung, GW 16, § 502, 503.

8 Ernst Bloch (1959): Das Prinzip Hoffnung, S. 187.

9 I. Strauch/B. Meier (1992): Den Träumen auf der Spur. Bern: Huber, S. 104 f.

10 Verena Kast (1991): Freude, Inspiration, Hoffnung. Olten: Walter.

Kurzbiographien

Hans-Eckehard Bahr
Bochum. o. Professor für Praktische Theologie (Friedensforschung) an der Ruhr-Universität Bochum. Letzte Veröffentlichungen: «Seht, da kommt der Träumer. Unterwegs mit Martin Luther King»; «Mit dem Wolf leben. Der Mann aus Assisi» (Kreuz); «Der verlorene Sohn oder Die Ungerechtigkeit der Liebe» (Herder).

Yaacov Ben-Chanan
Berlin. Studium der Geschichte, Philosophie und Medizin. Dr. med. Jahrzehntelang als Arzt tätig. Jetzt Honorarprofessor für jüdische Geschichte und Kultur an der Gesamthochschule Kassel. Arbeitsschwerpunkte sind jüdische Geschichte und Kultur im Rahmen der Weltgeschichte, insbesondere der Neuzeit, neuzeitliche jüdische Literatur. Veröffentlichungen zu medizinethischen und jüdischen Themen.

Leopold-Joseph Bonny Duala-M'bedy
Düsseldorf. Studium der Ethnologie, Soziologie, Philosophie und der Politischen Wissenschaften. Lehrtätigkeit an der Universität Bochum, Direktor des Kaiserswerther Instituts für Xenologie e. V.

Helga Egner
Darmstadt. Verlagslektorin und dipl. analytische Psychologin des C. G. Jung-Instituts Zürich.

Heidi Gidion
Göttingen. Dr. phil., Dozentin, Literaturwissenschaftlerin und Pädagogin an der Universität und in der Erwachsenenbildung. Kollegiumsmitglied der Ev. Akademie Hofgeismar. Arbeitsschwerpunkte und Veröffentlichungen in den Bereichen Literaturverstehen, Literatur und Selbsterfahrung, DDR-Literatur, Women's Studies.

Jörn-Erik Gutheil
Düsseldorf. Theologe, Landeskirchenrat im Landeskirchenamt der Ev. Kirche im Rheinland. Veröffentlichungen und Arbeitsschwerpunkte in den Bereichen Minderheiten, Migration, Kirchenasyl, Ausländerarbeit, Roma und Sinti, «vergessene Opfer» des NS-Regimes.

Verena Kast
St. Gallen. Dr. Phil., Professorin für Psychologie an der Universität Zürich, Dozentin und Lehranalytikerin am C. G. Jung-Institut Zürich, Psychotherapeutin in freier Praxis. Arbeitsschwerpunkte: Politische Relevanz Jungscher Psychologie, Psychologie der Emotionen. Veröffentlichungen in den Bereichen Trauern, Partnerschaft, Freude, Grundfragen der Therapie, Symbolik.

Hans-Joachim Maaz
Halle. Dr. med. Facharzt für Neurologie und Psychiatrie, Psychotherapeut. Chefarzt der Psychotherap. Klinik im Ev. Diakoniewerk Halle. 1. Vors. des Mitteldeutschen Inst. für Psychoanalyse. Besonderes Interesse für gruppendynamische und körperorientierte Therapiemethoden, das Zusammenspiel individueller und gesellschaftlicher Fehlentwicklungen unter dem Gesichtspunkt des Autoritarismus, das Problem Gewalt, psychosoziale Schwierigkeiten und Folgen der autoritär-repressiven Verhältnisse in der ehem. DDR und nach der deutschen Vereinigung.

Wulf-Volker Lindner
Hamburg. Professor für Praktische Theologie mit Schwerpunkt Seelsorge, Psychoanalytiker in freier Praxis, 1. Vorsitzender des DPG-Instituts für Psychoanalyse und Psychotherapie. Veröffentlichungen und Schwerpunkte in den Bereichen Theorie der Seelsorge, Gruppenanalyse, Abhängigkeit und Sucht, Angst vor dem Fremden, psychoanalytische Interpretation von Kunst.

Elisabeth Moltmann-Wendel
Tübingen. Dr. theol., freie Publizistin. Arbeits- und Interessenschwerpunkte: Literatur, Theologie, feministische Theologie. Veröffentlichungen zu den Bereichen Frau, Kirche, Gesellschaft, feministische Theologie.

Christian Scharfetter
Zürich. Prof. Dr. med., Psychiatrische Universitätsklinik Zürich, Forschungsdirektion, Professor für Klinische Psychiatrie, Psychotherapie, Psychoanalyse. Arbeitsschwerpunkte und Veröffentlichungen in den Bereichen Forschung und Lehre, allgemeine Psychopathologie, Schizophrenie, Interkulturelle Psychiatrie und Ethnopsychotherapie; Bewußtseinslehre.

Dietmar Seiler
Sindelfingen. Evangelischer Pfarrer mit den Arbeits- und Interessenschwerpunkten Gesellschaftspolitik und ihre theologische Bearbeitung (Industrieethik, Entwicklungshilfe, Migration, Rechtsextremismus). Veröffentlichungen zu den Themen Sonntagsarbeit, Asyl, Rechtsextremismus.

Eva-Maria Steiger
Konstanz. Pfarrerin in der Frauenarbeit der Evang. Landeskirche in Baden mit den Arbeitsschwerpunkten Schulung von ehrenamtlichen Mitarbeiterinnen, Weltgebetstag

der Frauen, Partnerschaft und Solidaritätsarbeit mit Frauen in Mittelamerika, bes. El Salvador, Mitarbeit am Arbeitskreis Asyl, Konstanz, Friedensarbeit «vor Ort».

Annette Streeck-Fischer
Rosdorf. Dr. med., Psychoanalytikerin, Kinderpsychiaterin, Leiterin der Abteilung Klinische Psychotherapie von Kindern und Jugendlichen des Krankenhauses für psychotherapeutische und psychosomatische Medizin Tiefenbrunn bei Göttingen. Arbeitsschwerpunkte und Veröffentlichungen zu Stationäre Psychotherapie, Adoleszenz, Zwangssyndrome im Kindes- und Jugendalter, Adoleszenz und Rechtsextremismus.

Die vorhergehenden Bände im Walter-Verlag

Herausgegeben von Peter Michael Pflüger

Freund- und Feindbilder
Begegnung mit dem Osten

179 Seiten, Broschur, 1986

Mit Beiträgen von

Ursula Baumgardt, Wjatscheslaw Daschitschew, Iring Fletscher,
Jörg K. Hoensch, Mario Jacoby, Verena Kast, Wladimir Markow,
Peter Michael Pflüger, Gerhard Rein.

Tiefenpsychologen, Historiker, Politologen und Journalisten aus Ost und West
befaßten sich mit diesem Thema. Dabei wurde deutlich, wie schwierig es ist,
anderen Menschen und vor allem Fremden vorurteils- und feindbildfrei zu
begegnen. In diesem Buch sind Möglichkeiten und Grenzen aufgezeigt, diese
Hemmschwellen zu überwinden.

Wendepunkte Erde, Frau, Gott
Am Anfang eines neuen Zeitalters

250 Seiten, Broschur, 1987, 2. Auflage 1988

Mit Beiträgen von

Ursula Baumgardt, Kurth Lüthi, Hubertus Mynarek, Ingrid Olbricht,
Helmut Quast, Ingrid Riedel, Christian Sailer, Günther Schiwy, Anne
Springer, Hildegunde Wöller.

Die Ergebnisse der modernen Wissenschaften zeigen immer deutlicher, daß
Geist und Materie, Seele und belebter Leib, Natur und Gott eine Einheit
bilden. Die Frauen besinnen sich auf ihre eigenen Werte und ihren spezifischen Beitrag zur Gestaltung unserer Welt. Vielleicht ist gerade die Frau dazu
berufen, in der Praxis des Lebens die Verbindung zwischen Erde und Gott
wiederherzustellen.

Das Paar – Mythos und Wirklichkeit
Neue Werte in Liebe und Sexualität
236 Seiten, Broschur, 1988

Mit Beiträgen von
Gertrude Deninger-Polzer, Jörg Fengler, Verena Kast, Heidemarie Langer,
Hans-Karl Seeger, Dietrich Stollberg, Gerhard Wehr, Rosmarie
Welter-Enderlin, Hans-Georg Wiedemann, Ute Wild.

«Psychologen und Theologen greifen umstrittene Themen aus dem Bereich
der Paarbeziehung auf: Das Verhältnis von Mythos und Wirklichkeit, den
fruchtbaren Streit in der Paarbeziehung, Konflikt und Gewalt in Paarbeziehungen, die Psychodynamik von Paarbeziehung und Dreieck als Herausfor-
derung. Beziehung unter Frauen, die Schwierigkeiten zärtlicher Männerbezie-
hungen, die Beziehungsgestaltung in den helfenden Berufen, menschliche
Reifung im Spiegel der Heiligen Hochzeit, Erfahrungen mit einem Paar aus
der Bibel sowie die Versuchung zum Gott-Sein.»
Zentralblatt Neurologie/Psychiatrie, Heidelberg 1989

Der Mann im Umbruch
Patriarchat am Ende?
237 Seiten, Broschur 3. Auflage 1992

Mit Beiträgen von
Hans-Eckehard Bahr, Helmut Barz, Marina Gambaroff, Matthias Hirsch,
Walter Hollstein, Hans Jellouschek, Lutz Müller, Helmut Remmler, Gisela
Rieß, Peter Schellenbaum.

«Die Frage, welchen Adam braucht die neue Eva, wird von Frauenseite beantwortet, nämlich ein männliches Gegenüber, das selber und mit der Frau am
Weg ist. Die Liebe wird als ein Impuls gesehen, die Partner auf einen gemeinsamen Weg zum eigenen Ich zu setzen. Im ganzen Buch, das von verschiedenen Ansätzen kommend, den ‹neuen Mann› aus seiner Entfremdung befreien
und in seinem Denken, Handeln und Fühlen zu sich selber führen kann.
Es schenkt Orientierungshilfe allen Frauen und Männern, die nach neuen
Beziehungsmustern suchen.»
Sendbote, Werthenstein 1989

Die Suche nach Sinn – heute

280 Seiten mit 26 Farbbildern, Broschur, 1990

Mit Beiträgen von

Marga Bühring, Wolf Büntig, Hinderk M. Emrich, Ursula Eschenbach,
Günter Funke, Heidi Gidion, Günther Schiwy, Hans-Jürgen Schultz,
Theodor Seifert, Peter Sloterdijk, Dorothee Sölle, Hermann Strobel.

«Der Theologe G. Funke betont – wie viele andere Beiträge auch –, daß bei
der Suche nach Sinn der Weg und das Sich-Aufmachen das Entscheidende ist.
Die Theologin M. Bührig sieht es als besonderes Kennzeichen des Feminismus, daß er ‹Hoffnung gegen Vernichtung› setzt… Die Literaturwissenschaftlerin H. Gidion befaßt sich mit der Zuordnung von Sinn und Schreiben bei
Christa Wolf. Der Arzt W. Büntig untersucht, ob und wie Krankheit als Chance
zur Sinnfindung gesehen beziehungsweise erfahren werden kann… Gerade
diese Vielfalt macht den Reiz dieses Buches aus.»
Theologie und Glaube, Klaus Hollmann, 1991

Abschiedlich leben

Umsiedeln – Entwurzeln – Identität suchen

244 Seiten, Broschur, 1991

Mit Beiträgen von

Tobias Brocher, Alfred Drees, Hinderk M. Emrich, Mario Jacoby, Verena
Kast, Elcin Kürsat-Ahlers, Karin Lorenz-Lindemann, Franz Nuscheler,
Ingrid Riedel, Theo Stammen, Johanna Vogel.

«Abschiedlich leben, ein Phänomen, das uns alle in verschiedenen Lebensphasen mehr oder weniger betrifft. Menschen, die aus verschiedenen Gründen aus
ihrer Heimat auswandern oder fliehen müssen oder wollen, sind von dieser Problematik besonders betroffen – Peter M. Pflüger läßt Politologen, Soziologen,
Psychologen, eine Theologin, eine Literaturwissenschaftlerin und einen Neuro-
biologen zu Wort kommen –. Das Buch richtet sich aber nicht nur an Fachleute,
sondern an Leser, die nicht in Vorurteilen, Abwehr und Ängsten steckenbleiben,
sondern sich selbst und Fremde in dieser Problematik besser verstehen lernen
wollen; es ist also eine Hilfe zu tieferem Verständnis der politischen, der
persönlichen, auch gefühlsmäßigen Entwicklung aller Betroffenen.»
Luzerner Zeitung vom 26. 3. 1992

Gewalt – warum?

Der Mensch: Zerstörer und Gestalter

245 Seiten mit 8 Farb- und 4 Schwarzweißabbildungen, Broschur, 1992

Mit Beiträgen von

Brigitte Dorst, Hinderk M. Emrich, Abdoljavad Falaturi, Wolfgang Giegerich, Adolf Guggenbühl-Craig, Peer Hultberg, Gunther Kosinski, Elisabeth Wellendorf, Hildegunde Wöller.

«Im vorliegenden Buch sind die zum Teil überarbeiteten, erweiterten oder zum besseren Verständnis mit Skizzen und Abbildungen ergänzten neun Referate von Ärzten, Seelsorgern, Psychotherapeuten, Psychologen, Pädagogen, Juristen und Sozialarbeitern gesammelt worden. Klärungen werden vor allem versucht zu Fragen, wie Gewalt entsteht, ob sie unvermeidlich ist, inwiefern sie zur Natur des Menschen gehört und ob (wie) sie sich kontrollieren oder bändigen läßt. Besonders bedeutsam ist jedenfalls die Absicht, die Fragen und Antworten nicht nur auf Ausbrüche von Gewalt wie etwa Krieg und Bürgerkrieg zu beziehen, sondern auch auf die vielfältigen Formen von Gewaltausübung und Gewalterfahrung im täglichen Umgang der Menschen miteinander.

Ein wichtiges und gutes Buch zur rechten Zeit…»

Bücherbord Graz, Franz Deimbacher, 1993

Tier – Pflanze – Mensch
Eingebunden sein und Verantwortung
Herausgegeben von Helga Egner

252 Seiten, Broschur

Mit Beiträgen von
Günter Altner, Gertrude Deninger-Polzer, Eugen Drewermann, Sergius
Golowin, Sylvia Greifenhagen, Mario Jacoby, Barbara Mettler-Meibom,
Ingrid Riedel, Rüdiger Rogoll, Hildegunde Wöller.

«Die gegenwärtige Überlebenskrise der Natur hat 1992 die Jahrestagung der
Internationalen Gesellschaft für Tiefenpsychologie bestimmt. Die Vorträge,
die in diesem Band gesammelt sind, zeigen nicht nur unmißverständlich, wie
gefährdet der Lebensraum auch des Menschen ist, sollten die Rohstoffquellen
und Pflanzen und Tiere weiterhin lediglich nach ihrem sachlichen Nutzen
bewertet und ausgebeutet werden. Es werden auch Anreize gegeben, für die
Bewahrung der Natur sowohl die eigenen Kreativität einzusetzen als auch an
den Möglichkeiten weiterzudenken, welche die Technik bietet. Der Entwurf
einer ‹Bioethik› schließlich zielt auf eine neue Einstellung des Menschen,
damit das Lebensrecht von Pflanze und Tier gewährleistet bleibt.»
Technische Rundschau, Bern 1993

Walter-Verlag